RAÍZES
teológicas do
PENTECOSTALISMO

RAÍZES
teológicas do
PENTECOSTALISMO

DONALD DAYTON

Direção Executiva: Luciana Cunha

Direção Editorial: Renato Cunha

Tradução: Paulo Ayres Mattos

2ª edição

Revisão: Renato Cunha

Capa e diagramação: Marina Avila

Impresso no Brasil. *Printed in Brazil*

2021

Dados Internacionais de Catalogação na Publicação (CIP)

Ficha Catalográfica elaborada pela bibliotecária Maria Jucilene Silva dos Santos CRB-15/722

D276r
Dayton, Donald.
Raízes teológicas do pentecostalismo / Donald Dayton ; tradução de Paulo Ayres Mattos ; revisão de Renato Cunha. – Natal, RN : Editora Carisma, 2020.
304p. : 14x21cm

ISBN 978-85-92734-12-1

1. Pentecostalismo - História. 2. Pentecostalismo - Norte-americano e mundial. 3. Movimentos eclesiásticos. I. Mattos, Paulo Ayres, trad. III. Cunha, Renato, rev. IV.Título.

CDU 284.57(091)

Caixa Postal 3412
Natal-RN | 59082-971
editoracarisma.com.br
sac@editoracarisma.com.br

© Copyright 1987 by Donald W. Dayton. Originally published in English under the title Theological Roots of Pentecostalism by Baker Academic, a division of Baker Publishing Group, Grand Rapids, Michigan, 49516, U.S.A. All rights reserved. **De acordo com a Lei 9.610/98 fica proibida a reprodução por quaisquer meios a não ser em citações breves com indicação da fonte.**

Sumário

Prefácio à edição brasileira   11
Prólogo   27

Capítulo 1
**UMA ANÁLISE TEOLÓGICA
DO PENTECOSTALISMO**   35

Em busca de um padrão comum   40
Dois padrões em conflito   45
O padrão comum do pentecostalismo quadrangular   50
A hermenêutica pentecostal   54
O movimento da "Chuva Serôdia"   61

Capítulo 2
AS RAÍZES METODISTAS DO PENTECOSTALISMO — 67

A conexão Metodista	73
O motivo primitivista em Wesley	79
John Wesley: um teólogo do Espírito	82
Wesley e os dons do Espírito	88
A soteriologia de Wesley	91
Perfeição cristã *versus* batismo no Espírito Santo	97
A divisão crucial	102

Capítulo 3
O AVIVAMENTO NORTE-AMERICANO DA PERFEIÇÃO CRISTÃ — 109

O surgimento do Movimento de Santidade	114
Novas correntes teológicas	120
O surgimento do imaginário pentecostal	127
A mudança para a retórica pentecostal	131

Capítulo 4
O TRIUNFO DA DOUTRINA PENTECOSTAL DO BATISMO DO ESPÍRITO
147

A mudança para a santificação pentecostal	153
Fletcher revivido	158
"Poder" ou "Santidade"?	160
O ensino das "três bênçãos"	163
A doutrina avivalista do "batismo do Espírito Santo"	175
O Movimento de Keswick	183
Os últimos precursores: Simpson e Gordon	187

Capítulo 5
O SURGIMENTO DO MOVIMENTO DE CURA DIVINA
191

Wesley e a cura divina	196
A influência do pietismo	201
Desenvolvimento na Inglaterra e na América	205
"Cura pela fé"	207
"Cura na expiação"	216
Outras considerações	223
Discordâncias na "Holiness Association"	227

Capítulo 6
O SURGIMENTO DO PRÉ-MILENISMO
239

Influências puritanas e pietistas	249
Wesley *versus* Fletcher	252
Correntes milenistas nos avivamentos	262
Profético *versus* apocalíptico	270
Uma visão em mutação	273
Pré-milenismo no Movimento Santidade	280

Epílogo
O SURGIMENTO DO PENTECOSTALISMO
287

Prefácio à edição brasileira

A PUBLICAÇÃO EM PORTUGUÊS da obra clássica de Donald Dayton, *Raízes Teológicas do Pentecostalismo*, é um marco dos estudos sobre o Movimento Pentecostal no Brasil. Após 30 anos da publicação de sua primeira edição em inglês[1], e de 28 anos de sua publicação em espanhol[2], finalmente chega ao público brasileiro sua versão em português, numa feliz e oportuna iniciativa da Editora Carisma. Vem preencher uma imperdoável lacuna sentida ao longo dos anos pelos estudos sobre a história e teologia do pentecostalismo em nosso país.

O movimento pentecostal em seu nascedouro foi vilipendiado pelas principais denominações, pelo Movimento

---

[1] Donald Dayton. *Theological Roots of Pentecostalism*. Ada, MI: Baker Academic, 1987.

[2] Donald Dayton. *Raíces Teológicas del Pentecostalismo*. Buenos Aires: Nueva Creación, 1991. [Tradução de Elsa R. de Powell; Prólogo da Edição em espanhol pelo Dr. Norberto Saracco, pastor pentecostal da *Iglesia Buenas Nuevas*, em Buenos Aires. A versão em português em alguns momentos valeu-se da ajuda da versão em espanhol, pelo que o tradutor manifesta gratidão a seus autores].

de Santidade (tanto por sua vertente wesleyana como pela "*keswickiana*"), pelos fundamentalistas, pela academia norte-americana, pela imprensa da época e pela sociedade em geral. Nasceu proscrito e marginal. O Movimento Pentecostal se constituiu em uma grande ameaça a todo tipo de establishment, religioso ou não – pois era considerado demasiadamente subversivo[3]. Uma religião que "lavou no sangue do Cordeiro" os preconceitos e exclusões de raça, gênero, classe, nível de escolaridade e credo[4], não podia ter esperado outra coisa, pois seus participantes eram "homens e mulheres dos quais o mundo não era digno" (Hb 11.38). Segundo Vinson Synan,

> durante décadas, os pentecostais eram os párias da sociedade. Uma das razões para essa rejeição era que a maioria das igrejas pentecostais surgia entre as classes mais pobres e marginalizadas. David Barrat dizia que "nenhum movimento do século XX foi mais ridicularizado, atormentado, atacado e exposto a maus-tratos" por sua fé que os pentecostais.[5]

E acrescenta,

---

[3] Darío A. López Rodríguez. "From Alternative Religion to Established Religion: The Deconstruction of the 'Subversive Memory' of the Church of God". [Traduzido por Richard E. Waldrop]. *Pax Pneuma*, vol. 5, no. 2, Outuno 2009, p. 55.

[4] Frank Bartleman. *Azusa Street*. Plainfield: Logos International, 1980. p. 40.

[5] Vinson Synan. *O Século do Espírito Santo* – 100 anos do avivamento pentecostal e carismático. São Paulo: Vida, 2009, p. 136.

Durante seis décadas (1901-1960), o pentecostalismo foi excluído do que era considerado cristianismo respeitável nos Estados Unidos e no mundo. Os pentecostais eram barulhentos e, para alguns, desordeiros. Sua adoração estava além do entendimento daqueles que não conheciam a espiritualidade interior que orientava o movimento. Acima tudo, os pentecostais eram pobres, desprivilegiados, sem instrução e alheios às últimas tendências teológicas que interessavam à maior parte do protestantismo[6].

Daí, obviamente, o pentecostalismo global não se tornou um objeto prioritário ou privilegiado de estudos acadêmicos durante quase toda primeira metade do século XX, pois para muita gente na academia, o pentecostalismo da Rua Azusa e seus congêneres só podiam ser coisa de gente doida. Por seu lado, diante da rejeição generalizada que sofreram desde sempre, pentecostais acabaram por desenvolver um anti-intelectualismo que tem caracterizado a maioria do movimento onde quer que tenha se implantado, com grande desconfiança e até mesmo desprezo pela academia, particularmente pelas instituições teológicas. E não tem sido diferente no Brasil.

Como consequência desse mútuo estranhamento, estudos acadêmicos sobre o movimento pentecostal começaram a ser desenvolvidos nos Estados Unidos e Europa só na segunda metade do século XX, e, mais recentemente, na

---

[6] Synan, 2009, p. 205.

América Latina. Acontece que, tanto no campo teológico como no das ciências humanas, a discussão acadêmica sobre a religião do Espírito Santo só passou a ser considerada devido à explosão do movimento nos quatro quadrantes do mundo nos anos após a Segunda Guerra Mundial, como veremos mais adiante.

Os comentários que fiz tempos atrás sobre a marginalização dos estudos sobre teologia pentecostal nas instituições brasileiras que oferecem cursos de teologia, é uma constatação pessoal sobre o "zeitgeist"[7] presente na academia, no e fora do Brasil, que de forma sistemática tem marginalizado a reflexão teológica sobre todas as manifestações religiosas brasileiras que têm a ver com o estado alterado da consciência. Entre nós no Brasil, tais manifestações religiosas em muitos círculos acadêmicos ainda são consideradas como fenômenos subalternos da cultura nacional.

Desde o final da Segunda Grande Guerra, em 1945, a sociedade brasileira viu um pequeno e marginal fenômeno religioso como o pentecostalismo tornar-se um enorme e poderoso maremoto religioso e social na vida do país. De tal sorte que o movimento pentecostal no Brasil desde cerca de 40 anos atrás passou a receber maior atenção dos círculos acadêmicos brasileiros. A pujança do movimento em suas múltiplas manifestações impôs-se ao mundo da academia. Os estudos desenvolvidos pelas diversas áreas das ciências sociais e da religião sobre suas distintas manifestações têm produzido respeitável bibliografia. Assim, os estudos sobre os pentecostalismos brasileiros na perspectiva da sociologia, antropologia, história, economia e de outras

---

[7] Termo alemão cuja tradução significa espírito da época, espírito do tempo ou sinal dos tempos. [Nota do Editor]

áreas das ciências humanas têm procurado entender e explicar seu extraordinário crescimento nos últimos 60 anos, nada ficando a dever aos estudos desenvolvidos em outras partes do mundo.

Entretanto, estudos sobre a teologia do movimento pentecostal continuam não tendo um espaço reconhecido na academia brasileira. Programas diversos de pós-graduação reconhecem a importância dos estudos sociológicos, antropológicos, históricos, psicológicos e até econômicos sobre o movimento pentecostal. Mas a verdade é que, no que diz respeito à teologia pentecostal *"per se"*, seus estudos continuam sendo marginalizados na sociedade, na academia, nas igrejas chamadas tradicionais e entre a maioria de pentecostais e carismáticos. A formação de teólogos pentecostais brasileiros entre pentecostais tem sofrido de um déficit histórico causado por diversos motivos, inclusive a uma recorrente resistência, até mesmo desconfiança, de pentecostais quanto à educação teológica mais formalmente institucionalizada.

O fato de nos últimos vinte anos novas gerações de pentecostais procurarem por instituições teológicas não-pentecostais para estudos, quer em nível de graduação quer no de pós-graduação, acaba por produzir na verdade teólogos pentecostais sem teologia pentecostal. Por mais boa-vontade que tais instituições tenham ao acolher estudantes pentecostais, a verdade é que elas não têm condições de oferecer orientações cujas episteme e hermenêutica sejam próprias à experiência pentecostal em si mesma, possibilitando assim uma teologia pentecostal que se legitime por si só ainda que em diálogo com outras disciplinas. Assim, homens e mulheres pentecostais e carismáticos que buscam uma formação livre do cativeiro babilônico do fundamentalismo e do dispensacionalismo pré-tribulacionista, são obrigados a desenvolverem suas pesquisas não segundo uma ótica pentecostal, mas subordinadas a epistemes e hermenêuticas teológicas que não são suficientes para responder à natureza da experiência pentecostal e às necessidades e oportunidades missiológicas e pastorais do Movimento Pentecostal contemporâneo.

O trágico resultado desta lacuna tem sido ou a alienação de estudantes pentecostais de suas comunidades originárias, ou sua rendição a teologias de diversos matizes que, no fundo, pouco têm a ver como as narrativas das experiências pentecostais. Com isto quem sofre são as pessoas que nas comunidades pentecostais e carismáticas por esse Brasil afora são alvo de pregadores inescrupulosos a serviço de ideologias que as mantém subordinadas aos interesses consumistas do capitalismo selvagem em contraponto à liberdade que o Espírito Santo oferece a todos os filhos de Deus. As dificuldades para implantação de uma proposta de estudos acadêmicos sobre a teologia pentecostal são muito fortes pois os preconceitos contra pentecostais continuam impondo sobre o movimento e seus membros, aos homens e muito mais às mulheres, uma condição de subalternidade.

Todavia, como já dito, o estranhamento tem sido mútuo – academia e pentecostalismo não têm comido no mesmo prato. Pentecostais amiúde preferiram comer no prato do fundamentalismo e do dispensacionalismo, assumindo uma profunda e constante suspeita do estudo acadêmico de sua história e teologia. Por exemplo, a maior parte dos trabalhos sobre as diversas expressões denominacionais e personalidades do pentecostalismo norte-americano, publicados na primeira metade do século passado, foi de autores pertencentes aos próprios órgãos eclesiásticos das suas diferentes denominações pentecostais, sem qualquer pretensão ou intenção acadêmica, e de teor mais laudatório e triunfalista do que crítico. Também a maioria das obras doutrinárias de autores pentecostais de então foi escrita seguindo a lógica das obras teológicas do protestantismo magisterial[8]. A grande exceção naquele período foi certamente a do britânico pentecostal Donald Gee que, na década de 1930, começou a tratar a teologia pentecostal de forma mais sistematizada sem apelar para esquemas teológicos estranhos à lógica interna da experiência pentecostal.

O cenário adverso para os estudos acadêmicos sobre o movimento pentecostal começou a mudar no início da segunda metade do século XX. Depois da Segunda Guerra Mundial, o crescimento exponencial do pentecostalismo global começou a chamar a atenção da academia norte-americana. Concomitantemente, novas gerações de pentecostais norte-americanos começaram a experimentar ascendente mobilidade social que lhes proporcionou o acesso à educação superior, inclusive em nível de pós-graduação. Assim, nos anos 1960, autores como Walter Hollenweger (1966)[9] e William Menzies

---

[8] Mesmo em 1972, Faupel afirmou que "até agora a maioria dos seminários pentecostais para o treinamento de seus futuros ministros usa teologias escritas por outras tradições evangélicas". Idem, p. 36.

[9] Walter Hollenweger. *The Pentecostals*: The Charismatic Movement in the Church. Minneapolis: Augsburg. 1972.

(1968)[10], vão produzir dissertações nos Estados Unidos e Europa que nos próximos anos serão convertidas em livros, tornando-se obras de referência sobre teologia pentecostal em todo mundo. Nos anos 1970, finalmente Vinson Synan vai inaugurar um novo momento para os estudos acadêmicos sobre o Movimento Pentecostal ao publicar em 1971 o seu afamado *"The Holiness-Pentecostal Movement in the United States"*[11]. A partir daí, os estudos acadêmicos sobre o Movimento Pentecostal nos Estados Unidos vão experimentar um grande crescimento, inclusive alimentado em grande parte pela formação já em 1970 da *Society for Pentecostal Studies*, cujos objetivos são "estimular, incentivar, reconhecer e divulgar o trabalho acadêmico de estudiosos sobre o Movimento Carismático-Pentecostal, estudar as implicações da teologia pentecostal em relação a outras disciplinas acadêmicas, e buscar desenvolver uma visão pentecostal de "mundo-e-vida", apoiando plenamente, na medida do possível, as atividades próprias a uma sociedade acadêmica"[12]. Assim, nas duas últimas décadas, especialmente por ocasião da celebração dos cem anos do

---

[10] William Menzies. *Anointed to Serve*: The Story of the Assemblies of God. Springfield, MO: Gospel Publishing House, 1971.

[11] Vinson Synan. *The Holiness-Pentecostal Movement in the United States*. Grand Rapids, MI: Eerdmans, 1971.

[12] Site da *Society for Pentecostal Studies* [SPS]. Disponível em http://www.sps-usa.org/home/who-we-are/?view=mobile. Acessado em 15 de abril de 2018. Certos setores da academia norte-americana, inclusive evangélicos e pentecostais, têm criticado, entretanto, a atuação da SPS como uma zona de conforto, quase um gueto, que estaria assim evitando ser confrontada por outros ramos mais secularizados no mundo acadêmico dos Estados Unidos. Mais recentemente, a SPS conseguiu um espaço dentro dos encontros da American Academy of Religion (AAR),

Avivamento da Rua Azusa, o público norte-americano em geral tem podido receber obras sobre diversas áreas dos estudos pentecostais de alta qualidade acadêmica[13].

Infelizmente, como já dito anteriormente, esta não tem sido a experiência dos estudos acadêmicos pentecostais no Brasil. Nas duas últimas décadas do século XX, poucas obras de teologia sistemática de orientação pentecostal foram publicadas pelas editoras brasileiras, evangélicas ou católicas. Grande parte da literatura de conteúdo doutrinário publicada pelas editoras das diversas denominações pentecostais foi mais de natureza catequética e voltada principalmente para o público leigo.

É preciso, entretanto, mencionar-se o fato de que mesmo as obras de Horton e de Bergstén não foram elaboradas segundo a perspectiva de uma hermenêutica pentecostal, mas antes tentaram reproduzir a metodologia característica das obras teológicas do protestantismo magisterial. Com a virada do século, nos últimos quinze anos a publicação de obras teológicas pentecostais, algumas consideradas como de referência pelo pentecostalismo global, tiveram um maior impulso entre nós. É de chamar atenção o fato de que grande parte de tais obras tem sido fruto do trabalho

---

a "Pentecostal–Charismatic Movements Unit", o que tem ajudado a fomentar o diálogo entre scholars pentecostais e não-pentecostais.

[13] Mesmo assim, ainda persiste uma grande desconfiança mútua entre estudiosos seculares e estudiosos na academia norte-americana. Um estudo crítico sobre as difíceis relações entre acadêmicos pentecostais e acadêmicos em geral é o de Jonathan Olson, "The Quest for Legitimacy: American Pentecostal Scholars and the Quandaries of Academic Pursuit". *Intermountain West Journal of Religious Studies* vol. 4, no. 1, 2012. Disponível em http://digitalcommons.usu.edu/imwjournal/vol4/iss1/6. Acessado em 15 de abril de 2018.

de editoras não-denominacionais. O público pentecostal brasileiro demandando por obras teológicas elaboradas sob uma hermenêutica segundo a experiência pentecostal que leve às últimas consequências as narrativas bíblicas sobre a pessoa e a obra do Espírito Santo, quer na experiência da comunidade do Espírito, quer na experiência pessoal de cada crente, tem sido atendido em suas expectativas muito mais por essas editoras independentes do que pelas casas publicadoras de suas próprias denominações.

É neste contexto que se ressalta de modo inovador a experiência da Editora Carisma. Apesar de ser uma iniciativa recente no campo editorial pentecostal, entre todas as suas congêneres, Carisma tem se caracterizado por lançamentos de alta qualidade teológica que têm enriquecido a reflexão pentecostal entre nós, com projeto de novos lançamentos para os próximos anos que certamente produzirão em pouco tempo um grande avanço nos estudos doutrinários do movimento pentecostal brasileiro.

A obra de Donald Dayton é parte do ambicioso projeto editorial da Carisma. Lançada em 1987, foi o fruto de suas pesquisas sobre o processo histórico-teológico que iniciado ainda no século dezoito acabou por desaguar aos vagalhões na pequena Rua Azusa de Los Angeles na primeira década do século vinte.

O livro foi um desdobramento de dois de seus trabalhos apresentados nos Encontros Anuais da *Wesleyan Theological Society* na década de 1970. O primeiro trabalho em 1974 teve como título *"Asa Mahan and the Development of American Holiness Theology"* [Asa Mahan e o Desenvolvimento da Americana Teologia da Santidade]. No qual discutiu como a teologia do primeiro reitor do

Oberlin College ajudou o Movimento de Santidade nos Estados Unidos a migrar da teologia wesleyana da *"entire sanctification"* [plena santificação], em termos da "perfeição cristã" em amor, para a doutrina pentecostal do "batismo do Espírito Santo" em termos de revestimento de poder para a obra cristã[14].

O segundo, *"The Doctrine of the Baptism of the Holy Spirit: Its Emergence and Significance"* [A Doutrina do Batismo do Espírito Santo: seu surgimento e significado], em 1978, foi uma explanação mais elaborada das teses do primeiro texto que seriam plenamente expostas em sua tese doutoral a ser defendida logo depois[15]. Segundo Dayton, tendo a teologia de Wesley permanecido dentro da hermenêutica cristocêntrica da Reforma Protestante, não havia como torná-la assimilável à hermenêutica pneumatocêntrica dos grupos mais radicalizados do movimento de santidade no final do século XIX, hermenêutica essa que possibilitou a primeira irrupção do pentecostalismo contemporâneo em Topeka, na noite do Ano Novo da virada para o século XX. Nesse segundo texto, Dayton deixou claro que suas pesquisas o tinham levado a identificar teologicamente os pilares sobre os quais havia edificado toda sua argumentação sobre as raízes teológicas do pentecostalismo. Na

---

[14] Donald W. Dayton. "Asa Mahan and the Development of American Holiness Theology". Wesleyan Theological Journal, Vol. 9, Primavera de 1974, p. 60-69. Outra versão desse mesmo trabalho apareceu em "From 'Christian Perfection' to the 'Baptism of the Holy Spirit'", em H. Vinson Synan, Aspects of Pentecostal-Charismatic Origins. Plainfield, NJ: Logos, 1975, p. 39-54.

[15] Donald Dayton. "The doctrine of the baptism of the Holy Spirit: Its emergence and significance". *Wesleyan Theological Journal*, Vol. 13, no. 1, 1978, p. 11-15.

verdade, esta obra de Dayton não foi propriamente sobre a teologia do movimento pentecostal, mas sim sobre o processo histórico-teológico que o antecedeu. Portanto, a importância deste livro clássico reside em explicitar o complexo e longo processo teológico desenvolvido durante mais de cem anos para a formação posterior da teologia do movimento pentecostal.

Para Dayton, tal processo teve como seu centro gravitacional a releitura ocorrida dentro dos círculos evangélicos norte-americanos que direta ou indiretamente acabaram influenciadas pelo ensino de Wesley sobre a experiência da perfeição cristã. Essa releitura, entretanto, não ocorreu de forma monolítica. Antes, pelo contrário, teve sua origem em quatro fontes distintas que, na medida em que suas águas se avolumaram, foram confluindo para a formação do caudaloso e impetuoso rio em que haveria de se tornar o movimento pentecostal de nossos dias. Pois, para ele, no chamado pentecostalismo de quatro-pontos, todos seus "elementos vieram a se constituir separadamente ou a partir de várias combinações de outras tradições cristãs"[16]. Esses quatro elementos – *Jesus salva; Jesus batiza com o Espírito Santo; Jesus cura; Jesus voltará* – hoje universalmente confessados por todo pentecostalismo – se formaram separadamente no interior do movimento de santidade, confluindo ao longo do século dezenove para sua transformação em movimento pentecostal. Dayton relembra que um ponto comum que vai progressivamente contribuir para tal transformação foi o deslocamento do centro paulino da hermenêutica bíblica protestante para o

---

[16] Dayton, 1987, p. 22.

centro lucano da hermenêutica bíblica pentecostal – isto é, do uso dos textos bíblicos do *modelo didático* para o *modelo narrativo*[17]. Para aqueles setores do movimento de santidade que cada vez mais se apartavam dos ensinos sobre *santidade em amor* em termos wesleyanos, assumindo o discurso e a experiência da *santidade em poder* em termos pentecostais, foi se tornando uma de suas principais características a afirmação da contemporaneidade dos dons extraordinários do Espírito, em drástico contraste com o posicionamento Protestante que afirma que tais dons cessaram ainda nos primeiros séculos do cristianismo com o fechamento do cânon bíblico do Antigo e Novo Testamentos. Dayton considera que o "que parecia fazer o movimento mais do que ilegítimo – sua descontinuidade com as formações clássicas do Cristianismo – transformou-se em elemento de sua maior legitimação"[18].

Definidos os princípios metodológicos que daí por diante determinariam sua pesquisa sobre as raízes teológicas do pentecostalismo, Dayton vai desenvolver sua discussão em cinco capítulos nos quais de maneira quase cirúrgica discute como os "quatro-pontos" do pentecostalismo nascente foram se desenvolvendo e se impondo ao longo do século dezenove dentro do movimento de santidade. Assim, ele analisa as raízes metodistas do pentecostalismo, a releitura da doutrina wesleyana da perfeição cristã no contexto dos avivamentos evangélicos na América do Norte e os processos

---

[17] Essa percepção de Dayton exposta em seu trabalho publicado em 1987 somente agora nas duas primeiras décadas do século vinte e um veio a florescer com muito vigor na discussão sobre teologia narrativa como chave hermenêutica da teologia pentecostal.

[18] Dayton, 1987, p.28.

da afirmação pentecostal do batismo do Espírito Santo, da cura divina e da escatologia pré-milenista. Para ele, no final daquele século, os quatro elementos constitutivos do movimento pentecostal estavam já devidamente amadurecidos e consolidados no interior dos grupos mais radicais do movimento de santidade e "é impressionante se perceber a extensão em que permearam no final daquele século o evangelicalismo popular e o movimento fundamentalista" norte-americanos. Para Dayton, pouco faltava para Charles Parham formular no último ano do século XIX o axioma pentecostal que haveria de separar de vez o pentecostalismo do movimento de santidade, ou seja, as línguas estranhas como *evidência inicial* do batismo do Espírito Santo. A fagulha que faltava para fazer explodir o barril de pólvora do pentecostalismo contemporâneo.

A iniciativa da Editora Carisma de publicar em português o clássico de Donald Dayton é certamente uma contribuição inestimável para pentecostais e não-pentecostais compreenderem melhor como foram semeadas e nutridas as sementes teológicas que possibilitaram a irrupção, expansão e consolidação da experiência pentecostal como uma nova maneira de viver e compreender o Evangelho pleno de nosso Senhor e Salvador Jesus Cristo. Além disso, serve também para ajudar a derrubar de uma vez por todas a falácia de que pentecostais não têm e não fazem teologia, reduzindo tudo a uma experiência subjetiva de puro emocionalismo. Mesmo antes de seu surgimento em 1906 na pequena rua Azusa de Los Angeles, o movimento pentecostal entre seus precursores teve homens e mulheres, como Asa Mahan e Phoebe Palmer, que foram capazes de teologizar sobre sua própria experiência com o amor e o poder manifestos na pessoa e na obra do Espírito Santo.

A publicação de *Raízes Teológicas do Pentecostalismo* pela Editora Carisma, deve ser saudada por todas as pessoas interessadas em aprofundar seus conhecimentos histórico-teológicos sobre o movimento pentecostal e, particularmente, deve passar a ser bibliografia obrigatória em todo e qualquer curso de graduação e pós-graduação que preze sua credibilidade acadêmica.

PAULO AYRES MATTOS
PhD - Drew University

Prólogo

OS ESTUDANTES QUE TÊM DIFICULDADES com datas dos acontecimentos históricos frequentemente demonstram satisfação ao ouvirem falar sobre o pentecostalismo norte-americano. Uma das maneiras de se ler a história deste movimento é vê-lo como uma "erupção" durante um culto de cura divina em Topeka, Kansas, Estados Unidos da América, quando uma certa Srta. Agnes Ozman teria sido ouvida "falar em outras línguas", da mesma maneira como os discípulos de Jesus experimentaram no primeiro Dia de Pentecostes do calendário cristão. Este moderno acontecimento se deu na noite do Ano Novo de 1901. O grupo que encorajou e ouviu a Srta. Ozman voltou a reunir-se na manhã daquele dia, a primeira manhã de um novo século – o século XX. Se assim for, vê-se facilmente que o pentecostalismo antes de tudo é um fenômeno religioso do século XX.

Portanto, assim sendo, este livro é também sobre o século XIX, pois é sobre a pré-história do agora conhecido Movimento Pentecostal que tem varrido todo o mundo cristão nos últimos cem anos, atraindo muita atenção de diferentes segmentos das nossas sociedades. Naturalmente, a tarefa do seu autor, Donald Dayton, é mostrar que este moderno movimento cristão é muito mais complicado do que somente uma assombrosa tempestade numa pequena xícara de chá na cidade de Topeka da qual outras assombrosas maravilhas posteriormente surgiram. Dayton está interessado mesmo é no crescimento das folhas do chá – se podemos arriscar o uso do chá como metáfora – e isto significa que, mais do que aos pés do chá, chegar-se às suas próprias raízes. Ele mostra nesta sua obra que há muitas espécies de arbustos, árvores, folhas e xícaras, sem afastar-se por um momento sequer daqueles eventos da virada do último século.

Não seria apropriado e até mesmo justo afirmar-se que ninguém teria dado atenção à pré-história e à história do movimento. Charles Edwin Jones em 1974 publicou "*Um Guia para Estudo do Movimento de Santidade*" ["A Guide to the Study of the Holiness Movement"] com 7.338 verbetes. Em 1983 o próprio Jones publicou o outro pé que faltava no par de sapatos, "*Um Guia para Estudo do Pentecostalismo*" ["A Guide to the Study of Pentecostalism"]. Mesmo Jones tendo acrescentado mais 9.883 verbetes, Dayton diz que "estas duas listas de referências bibliográficas não são obviamente completas". Elas de fato sugerem que o movimento Pentecostal é um dos movimentos que tem sido melhor divulgado, registrado e preservado entre os fenômenos cristãos dos tempos atuais.

Entretanto, por que o movimento Pentecostal não tem sido suficientemente estudado? Uma possível explicação seria que a maioria das pessoas, inclusive dos historiadores em geral e até mesmo dos historiadores da religião nos Estados Unidos da América do Norte, nunca tenha lido um desses milhares de itens de ambas as listas de Jones. Até recentemente, poucas gerações atrás, Pentecostalismo era considerado um movimento de analfabetos, "caipiras", "fanáticos", "milagreiros", "santarrões", marginais à cultura dominante, e que ali permaneceriam sem qualquer necessidade ou produção de uma literatura digna de importância.

Nos últimos tempos isto começou a mudar. O pentecostalismo tem se espalhado como um grande agente do crescimento do cristianismo na África Subequatorial, que nesta geração vem se tornando num dos maiores centros de concentração da população evangélica mundial. O pentecostalismo é muito forte onde quer que o cristianismo esteja crescendo. Na América do Norte, tem penetrado nas diferentes regiões a partir de seus bastiões no Meio-Sul e no Sudeste do país. Os bisnetos dos seus fundadores agora controlam impérios multimilionários dos meios de comunicações e são personalidades familiares a milhões de telespectadores regulares da chamada "igreja-eletrônica". Desde os anos sessenta têm procurado mudar sua imagem de tal maneira que as teorias sobre sua marginalização social já não mais conseguem explicar o surgimento e crescimento do movimento, como é sugerido pelo próprio Dayton. Atualmente segmentos da classe média e média-alta do catolicismo e das chamadas igrejas evangélicas históricas e tradicionais têm aderido também ao movimento pentecostal em sua versão carismática.

Na medida em que os tentáculos e conexões do movimento crescem e o fenômeno se torna mais visível, cresce também a curiosidade sobre ele. É deste meio que surge Donald W. Dayton, cuja biblioteca de milhares de obras sobre o movimento lhe tem proporcionado a centelha inicial de suas pesquisas, inclusive o seu extraordinário levantamento preliminar da bibliografia sobre o tema. A Faculdade de Teologia da Universidade de Chicago estava ansiosa por ter alguém com sua formação, conhecimento e capacidade para ajudar a explicar o movimento de tamanha importância. Esta obra é o resultado de seus esforços em traçar a pré-história do movimento Pentecostal. Será de grande ajuda para desmitologizar e talvez remitologizar a visão de mundo da maioria das pessoas não-pentecostais que a lerem.

Cristãos pentecostais também terão razões suficientes para consultar esta obra. Como Dayton menciona, alguns deles de fato não querem realmente qualquer explicação histórica. Uma das afirmações de alguns desses cristãos cheios-do-Espírito é que o Espírito Santo desceu simplesmente sobre seus antecessores após dezenove séculos de uma relativa calmaria espiritual, quase que exatamente como no primeiro Pentecostes. Se assim foi, não seria oportuno estudar alguma coisa que aconteceu antes desse novo evento, ou (como ficará claro nas páginas seguintes) antes da "chuva serôdia", desviando atenção do caráter milagroso de tal derramamento. Eles não têm outra alternativa, este livro deixa claro, senão reconhecer que houve faíscas que antecederam as chamas que os alcançaram, que houve raízes para o crescimento da árvore de onde colheram os frutos de sua experiência. Devido ao fato de que Dayton está tão bem informado e é profundamente respeitoso, tais pessoas não poderiam ter escolhido um historiador com mais empatia e, ainda assim, crítico em sua abordagem.

Os pentecostais a-históricos logo se verão como as demais pessoas os veem. Isto é, suas raízes serão parte da tradição wesleyana, pois nutriram-se principalmente do ensino de John Wesley sobre a salvação e outros aspectos de seu movimento reformador em solo inglês. Mas não importando qualquer e nem todo ensino Wesleyano. Somente aqueles que importam dentro de um determinado tempo e lugar. Os que Dayton vai demonstrar que são determinativos têm uma etiqueta "Made in America" estampada sobre eles. Também está pendente o desenvolvimento que acabou por jogar do tema de um certo tipo de "perfeccionismo".

Logo, alguém é levado a perceber que o pentecostalismo é muito mais e, sem dúvida, algo distinto do "falar em outras línguas". Dayton mostra como, pelo menos, quatro elementos foram fundidos pelos pioneiros do movimento – salvação, cura, batismo do Espírito Santo e a segunda vinda de Cristo. É bem-sucedido em sua intenção de demonstrar que estes quatro elementos juntos constituem um todo que tem sua própria lógica interna. Por de lado um desses quatro elementos traz imediatas consequências sobre os outros três e o todo constituído. Dayton os trabalha intrincadamente e os tece com um todo. A lógica se sustenta. A gente pentecostal pioneira não era composta por ignorantes inconsistente e extasiados.

Elas checavam sua própria experiência. E mesmo que não concordassem entre si em todas as coisas – as listas bibliográficas de Jones mencionam muitas diferentes denominações que se formaram a partir do evento original – podiam discordar de todos aqueles que estavam totalmente fora de sua lógica.

Membros dos movimentos pentecostais que tomam conhecimento de esforços acadêmicos que procuram explicá-los se ressentem do "reducionismo", uma forma de teoria ou método que acaba por reduzí-los dizendo-lhes a eles mesmos e ao mundo que "não são mais do que" isto ou aquilo. Pentecostais não querem ser "nada mais do que" gente marginalizada que busca melhorar sua vida mediante o favor de Deus clamando pelo Espírito. Tais pessoas não são e nem querem ser "nada mais do que" gente à margem da sociedade que necessitam de uma nova brecha na cultura que as circundam. Elas não querem ser "nada mais do que" pessoas com traumas psicossexuais e confusões teológicas. Pode-se ainda fazer julgamentos de caráter social e psicológico que ajudem no estudo do pentecostalismo da mesma forma como iluminariam o estudo da "Alta-Igreja" da classe-alta do Anglicanismo ou de qualquer outro movimento religioso. Mas mesmo assim, o pentecostalismo é "algo mais" e que esse "algo mais" inclui a sorte de teologia aqui exposta.

Poder-se-ia dizer de Dayton o que ele diz de Jones, que seu livro "é incompleto" e que não "completa" o que falta nos livros de Jones. Assim mesmo, é um trabalho muito importante, que sem o qual os trabalhos posteriores sobre o pentecostalismo não darão uma explanação inteligível. Aqui está uma nova contribuição à teologia cristã e aos movimentos populares que estão sob os olhares acadêmicos. Pentecostais fizeram bem em chamar atenção de Dayton. E se forem atentos e perceptivos, poderiam chamar e chamarão esta obra uma "benção" dos últimos dias.

MARTIN E. MARTY
University of Chicago.

Capítulo 1

PARA UMA ANÁLISE TEOLÓGICA DO PENTECOSTALISMO

O MOVIMENTO PENTECOSTAL — deve admitir-se que naturalmente — tem sido interpretado em primeiro lugar a partir de sua mais característica manifestação — o falar em "línguas estranhas", a glossolalia — uma verdade professada tanto dentro como fora do movimento. A clássica apologia do movimento de autoria de Carl Brumbeck, "*O que isso quer dizer?*", é de fato uma defesa da prática da glossolalia praticada desde o início do movimento.[19] Semelhantemente, a literatura produzida pelos críticos do movimento tem procurado denunciá-lo adjetivando-o de "o moderno movimento de línguas".[20] O estudo aparentemente

---

[19] Carl Brumbeck, *What Meaneth This?* Pentecostal Answer to a Pentecostal Question. Springfield: Gospel Publishing House, 1946.

[20] Veja o levantamento desta literatura em Horace S. Ward Jr., "The Anti-Pentecostal Argument, in Vinson Synan, *Aspects of Pentecostal-Charismatic Origins*. Plainfield, NJ: Logos International, 1975, p. 99-122.

bastante abrangente dos desenvolvimentos do movimento pentecostal *"A Renovação Carismática e as Igrejas"*, de autoria do teólogo católico-romano Kilian McDonnell, é essencialmente um inventário das pesquisas psicológicas e sociológicas sobre o fenômeno da glossolalia.[21]

Embora não negando o seu valor, tal aproximação do pentecostalismo tem sérias limitações. Em primeiro lugar, glossolalia não ajuda a definir adequadamente o movimento de modo a distingui-lo plenamente de outros movimentos religiosos. Até o surgimento do "Movimento Carismático" dentro das chamadas igrejas "tradicionais", tal definição servia razoavelmente para distinguir as igrejas pentecostais das demais igrejas cristãs. Igrejas "pentecostais" eram aquelas cujos membros "falavam em línguas". A prática da "glossolalia na verdade é um fenômeno religioso comum",[22] que ocorre numa grande diversidade de contextos. Na América do Norte, por exemplo, no século XIX a glossolalia ocorreu em grupos como os *Shakers* e os Mórmons.[23] Apesar de algumas semelhanças entre eles, tais movimentos têm só uma relação

---

A equação entre pentecostalismo e glossolalia pode ser observada, por exemplo, numa crítica luterana do movimento feita por H. J. Stolee; originalmente publicada como *Pentecostalism*. Minneapolis: Augsburg, 1936, foi reeditada inalterada em 1953 com o título *Speaking in Tongues*.

[21] Kilian McDonnell, *Charismatic Renewal and the Churches*. New York, NY: Seabury, 1976.

[22] John T. Bunn, "Glossolalia in Historical Perspective", in Watson E. Mills, ed., *Speaking in Tongues*: Let's Talk about It. Waco, TX: Word Books, 1973, p. 46.

[23] George H. Williams and Edith Waldvogel, "A History of Speaking in Tongues and Related Gifts", in Michael Hamilton, ed., *The Charismatic Movement*. Grand Rapids, OH: Eerdemans, 1975, p. 81-9.

indireta com o pentecostalismo. A glossolalia, portanto, por si mesma não basta para definir o pentecostalismo ou distingui-lo totalmente de outros movimentos cristãos e religiosos.

Segundo, tal ênfase na glossolalia entre os estudiosos do movimento pentecostal impede uma compreensão adequada do movimento ao encorajar pretensões ahistóricas de seus defensores de que o pentecostalismo surgiu *de novo*, ou numa pequena escola bíblica perto de Topeka no Kansas por volta de 1900, sob a liderança do evangelista Charles F. Parham, ou seis anos depois numa missão negra na Rua Azusa, em Los Angeles, Califórnia, dependendo da maior credibilidade que se dá a uma ou outra dessas duas narrativas.[24] Tanto seus críticos, como, em menor número, seus defensores, têm se inclinado a centrar seus ataques ou defesas nas tentativas de desqualificar ou estabelecer uma linha histórica para as pessoas que advogam e praticam este "dom do Espírito" dentro da tradição cristã. Tal foco na glossolalia tem desviado a atenção sobre análises teológicas e históricas mais cuidadosas do desenvolvimento das raízes do movimento pentecostal no final do século XIX, antes estimulando um salto retroativo para movimentos anteriores, como os *"Irvingitas"* dos anos 1830 na Inglaterra, no meio dos

---

[24] Este tema controvertido depende em parte da ênfase que se dá às origens brancas ou negras do pentecostalismo e em parte se se busca pela primeira declaração da teologia pentecostal plena ou pelos inícios de seu impacto mundial. As presentes preocupações teológicas desta obra indicam certo foco na primeira alternativa mencionada. Para os assuntos relacionados com as origens brancas e negras do pentecostalismo, ver Leonard Lovett, "Black Origins of the Pentecostal Movement", in Synan, *Aspects of Pentecostal-Charismatic Origins*, p. 123-41.

quais teriam surgido práticas e posicionamentos teológicos semelhantes aos do pentecostalismo.[25]

Terceiro, o foco na prática da glossolalia tem desviado a atenção dos estudiosos do movimento das categorias de análise teológica para dar-se preferencialmente maior atenção às categorias sociológicas e psicológicas.[26] Até o recente aparecimento da glossolalia nos meios eclesiásticos e culturais das chamadas igrejas tradicionais, o fenômeno

---

[25] Sobre esta tendência, ver o capítulo 2, "Antecedentes do pentecostalismo Contemporâneo", in John T. Nichol, *Pentecostalism*, 1966, reimpressão em 1971, sob o título *The Pentecostals* (Plainfield, NJ: Logos International, 1971), p. 18-24, um tratamento histórico padronizado do movimento. Esforços mais recentes tratam com mais detalhes os desenvolvimentos ocorridos no período final do século XIX. Veja especialmente Frederick Dale Bruner, *A Theology of the Holy Spirit*. Grand Rapids: Eerdmans, 1970, p. 35-55 e os respectivos apêndices; Vinson Synan, *The Holiness-Pentecostal Movement in the United* States. Grand Rapids: Eerdmans, 1971; e o ensaio de 1975 acima citado de autoria de George H. Williams and Edith Waldvogel, "A History of Speaking in Tongues and Related Gifts", que contém partes da tese doutoral de Waldvogel, "The 'Overcoming Life': A Study in The Reformed Evangelical Origins of Pentecostalism". Ph.D. dissertation, Harvard Divinity School, 1977. A literatura que dá ênfase aos antecedentes *Irvingitas* inclui o trabalho de Andrew Landale Drummond, "*Edward Irving and His Circle*, Including Some Considerations of the "Tongues Movement" in the Light of Modern Psychology. London: James Clarke, 1937; Larry Christenson, "Pentecostalism's Forgotten Forerunner", em Synan, *Aspects of Pentecostal-Charismatic Origins*, p. 15-35, um sumário *de A Message to the Charismatic Movement*. East Weymouth: Dimension, 1972; and Charles Gordon Strachan, *The Pentecostal Theology of Edward Irving*. London: Darton, Longman and Todd, 1973.

[26] A literatura tem sido levantada por McDonnell em *Charismatic Renewal and the Churches, and effort to refute the "deprivation" theories of the emergence of Pentecostalism.*

foi considerado como uma resposta anormal à alguma forma de privação, quer social, quer psíquica.

Mesmo quando têm ocorrido intentos de abordagem mais teológica, o foco na glossolalia tem reduzido a análise teológica ao restringir o tipo de questões a serem consideradas. O resultado tem sido a típica análise teológica do pentecostalismo centrada quase que exclusivamente nas questões pneumatológicas, particularmente na doutrina do batismo no Espírito Santo e nos dons do Espírito.[27] Mesmo quando tal compreensão é um avanço decisivo sobre as interpretações do pentecostalismo que só se ocupam da prática da glossolalia, ela, como veremos mais adiante, não consegue apreender a lógica mais complicada do Gestalt[28] dos temas teológicos que constituíram o pentecostalismo pelo menos em seu início. Tal reducionismo no tratamento da teologia pentecostal não somente impediu uma compreensão mais plena do movimento, mas também não proporcionou uma avaliação crítica de suas afirmações teológicas mais características.

---

[27] Esta tendência é evidente, por exemplo, na melhor interpretação teológica do pentecostalismo até o momento, a obra de Bruner já citada. Uma tese apresentada na Universidade de Hamburgo, consiste quase que totalmente numa extensa exegese dos textos relevantes do livro dos Atos dos Apóstolos e das cartas paulinas aos Coríntios. Ver também James D. G. Dunn, *Baptism in the Holy Spirit*. London: SCM Press, 1970, e também Naperville, IL: Allenson, 1970, e Philadelphia: Westminster, 1977.

[28] Originando-se no trabalho de Max Wertheimer, o princípio orientador por trás da Gestalt é de que o todo é maior do que a soma das suas partes. Ou seja, considera-se que um conjunto de informações é mais relevante do que um trecho.

EM BUSCA DE UM PADRÃO COMUM

As limitações dos esforços para se interpretar o pentecostalismo a partir da prática da glossolalia levantam questões sobre se é possível oferecer-se uma alternativa de análise que vai além da prática de se falar em línguas estranhas para uma compreensão mais plena das afirmações teológicas sobre as quais se apoia tal prática – e fazer isto de tal modo que capacite seu estudioso a entender as precisas relações históricas e teológicas do pentecostalismo com antecedentes tradições teológicas e eclesiásticas com as quais se relaciona.

À primeira vista, qualquer esforço para reduzir a desconcertante variedade de tradições pentecostais a um padrão teológico comum parece que está fadado ao insucesso. Afortunadamente, contudo, muito da variedade dentro do pentecostalismo deve-se a fatores culturais, tais como as divisões ao longo das linhas de separação racial ou alinhamento a um fundador cuja liderança carismática tem produzido uma determinada facção, perpetuando suas práticas e convicções idiossincráticas.[29] Para nosso propósito teológico, estes fatores serão ignorados por completo.

Mesmo quando as afirmações de fé e doutrina formalizadas dentro do pentecostalismo refletem uma surpreendente variedade, que contem não só as doutrinas clássicas e comuns a todo o cristianismo usualmente com os acréscimos característicos do pentecostalismo – línguas

---

[29] Estes fatores são indicados nos habituais levantamentos sobre o pentecostalismo, talvez o mais útil em Synan, *The Holiness-Pentecostal Movement in the United States*.

estranhas, batismo no Espírito Santo, etc. – mas também os costumeiros "artigos de fé" sobre tópicos como o lava-pés, as propriedades eclesiásticas, o uso dos *"camp meetings"*[30] e a associação às sociedades secretas e sindicatos.[31] Tais afirmações não são sempre dignas de confiança na busca

---

[30] Camp Meetings: Fenômeno da fronteira norte-americana, próprio dos avivamentos religiosos do final do século XVIII e princípios do XIX, tornou-se parte da religião popular dos Estados Unidos por quase cem anos. Fruto da migração de milhares de colonos para os novos territórios do interior do país, onde não havia espaços apropriados para as comunidades religiosas e nem a presença permanente de pregadores, pastores ou leigos, os "camp meetings" reuniam grandes concentrações ao ar-livre sob a liderança de pregadores itinerantes, com seus participantes abrigados em barracas armadas muitas vezes em clareiras abertas no meio da mata. Foram uma resposta inovadora que supriu as necessidades religiosas de uma população em marcha para a conquista do oeste dos Estados Unidos. Caracterizaram-se por despertar experiências religiosas de grande intensidade emocional e objetivavam a conversão dos impenitentes e o reavivamento religioso dos já convertidos. Uma inovação criada por pregadores presbiterianos e batistas, foi apropriada posteriormente pelos pregadores metodistas e ajudou a promover o vertiginoso crescimento do metodismo norte-americano durante a primeira metade do século XIX. Posteriormente, veio a ser o principal meio de expansão do Movimento de Santidade com a organização e expansão da *The National Camp Meeting Association for the Promotion of Christian Holiness*, a poderosa instituição que muito colaborou para a formação histórico-teológica do Movimento Pentecostal. [N.T.]

[31] A coleção completa de materiais desse tipo encontra-se em Walter J. Hollenweger, *Handbuch der Pfindstbewegung* (Genebra: publicação particular, 1965-67). A coleção de dez volumes de sua tese de doutorado na Universidade de Zurique foi depositada por Hollenweger nas maiores bibliotecas do mundo e está disponível no Banco de Microtextos da Associação Norte-Americana de Bibliotecas Teológicas. Excertos foram publicados em várias línguas com diferentes conteúdos. A edição em espanhol foi publicada em 1976 pela Editora Aurora de Buenos Aires, sob o título *El Pentecostalismo*.

de uma compreensão teológica característica do pentecostalismo. Frequentemente, são apropriações de outras tradições eclesiásticas e teológicas que penetraram os ambientes pentecostais, muitas vezes no esforço aparente de afirmar uma "ortodoxia" em continuidade com as mais clássicas tradições do cristianismo. A "Afirmação da Verdade" ["*Statement of Truth*"] da Fraternidade Pentecostal da América do Norte, por exemplo, foi tomada literalmente da "Afirmação de Fé" da Associação Nacional dos Evangelicais da América do Norte, excetuando-se o seu artigo 5º, que em termos pentecostais assim diz:

> Cremos que o Evangelho Pleno inclui a santidade de coração e vida, a cura do corpo e o batismo no Espírito Santo com a evidência inicial do falar em outras línguas conforme o Espírito as concede.[32]

Esta declaração oferece algumas chaves de interpretação na busca de um Gestalt das intenções caracteristicamente pentecostais, particularmente quando ampliadas por chaves adicionais oferecidas por um emergente consenso no esforço de se desenvolver uma tipologia dos grupos pentecostais. Trabalhando contribuições de predecessores seus, como Klaude Kendrick e Everett Moore, David W. Faupel divide as igrejas e movimentos pentecostais em três grupos segundo suas diferentes ênfases teológicas:

---

[32] Toda Afirmação está em Nichol, *Pentecostalism*, p. 4-5. Nichol usa o fato da clonagem desta publicação para [*com certa razão*, adição do tradutor] classificar o pentecostalismo como um subgrupo do fundamentalismo ou do evangelicalismo norte-americano.

1. Aqueles que ensinam a doutrina da santificação segundo a tradição Wesleyana de Santidade das "três obras da Graça" – pentecostais que mantêm que a experiência cristã normalmente se expressa no padrão tríplice que engloba conversão, "plena santificação" como uma distinta experiência subsequente à do novo nascimento, e posterior batismo no Espírito Santo, evidenciado pela experiência do falar em outras línguas, que empodera a pessoa crente para o testemunho e serviço;

2. Aqueles que restringem o ensino a "duas obras da Graça", por encapsular os primeiros dois momentos do padrão acima mencionado em uma só "obra consumada" e que é suplementada por um processo de gradual santificação (advogando um padrão que foca na conversão e num subsequente batismo no Espírito Santo como já acima definido);

3. Aqueles que sustentam a concepção da Unicidade de Deus, ou seja, de "Só Jesus", proclamando um "unitarianismo evangélico" na segunda pessoa da Trindade.[33]

---

[33] David W. Faupel, *The American Pentecostal Movement*: A Bibliographical Essay, material bibliográfico ocasional publicado pela Biblioteca B. L. Fisher, no. 2. Wilmore, KY: B. L. Fisher Library, Asbury Theological Seminary, 1972, com base no trabalho preliminar de Everett L. Moore, "Handbook of Pentecostal Denominations in the United States", dissertação de mestrado no Pasadena College, 1954, e no de Klaude

Embora o terceiro desses três padrões é em muitos casos a maior novidade que mereceria uma cuidadosa análise em seus próprios termos,[34] fica bastante claro, pelo menos para nossos propósitos, que é antes de mais nada um subgrupo do segundo tipo e que levantou um problema subsidiário. O movimento unicista é uma variante dentro do pentecostalismo produzido pelo esforço literalista de harmonizar a fórmula batismal trinitária de Mateus 28.19 com o padrão mais comum em Atos (particularmente 2.38) do batismo em o nome do "Senhor Jesus" ou de "Jesus Cristo". Este ramo do pentecostalismo resolve esta dificuldade ao afirmar que, segundo Colossenses 2.9, o padrão de Atos 2.38 e as demais passagens relacionadas com ele deixam claro que Jesus é a plena manifestação de Deus nesta nossa dispensação. Embora tocando em temas mais amplos, tais como a compreensão dispensacionalista do trinitário envolvimento de Deus na história humana e o problema pentecostal maior de relacionar a obra do Espírito com a obra de Cristo, este grupo de ideias unicistas não expressa algo que seja universalmente característico do

---

Kendrick, *The Promise Fulfilled*: A History of the Modern Pentecostal Movement. Springfield: Gospel Publishing House, 1961.

[34] Esta análise foi desenvolvida por David Reed em "Aspects of the Origins Oneness Pentecostalism", in Synan, *Aspects of Pentecostal-Charimastic Origins*, que antecipou sua tese de doutorado de 1978 na Boston University, "Origins and Development of the Theology of Oneness Pentecostalism". Em adição aos levantamentos usuais, também são úteis dois trabalhos de autores pertencentes ao próprio movimento unicista, Fred J. Foster, *Think it not Strange*. St. Louis, MO: Pentecostal Publishing House; e Frank J. Ewart, *Phenomenon of Pentecost*. Houston: World Aflame Press, 1975.

pentecostalismo. O movimento "Jesus só" é uma derivante do segundo tipo do pentecostalismo, tanto teológica como historicamente, ou seja, do pentecostalismo das "duas obras da Graça".

DOIS PADRÕES EM CONFLITO

Nosso problema então é desenvolver uma análise teológica do pentecostalismo que seja característica dos dois maiores tipos do movimento e que, se possível, ajude a explicar por que o pentecostalismo acabou por se separar nestas duas expressões. O focar demasiadamente rápido na tensão entre estas duas compreensões da "obra da Graça" produziria um reducionismo soteriológico que não se diferenciaria muito daquele produzido pela já mencionada concentração no tema da glossolalia. O artigo 5º da "Afirmação da Verdade" da Fraternidade Pentecostal da América do Norte anteriormente mencionado, emprega a expressão "Evangelho Pleno" e chama atenção para a "cura do corpo" como também para a "santidade" e o batismo no Espírito Santo.

A expressão "Evangelho Pleno" caracteristicamente usada nos meios pentecostais, descreve a constelação de temas parcialmente escondidos na declaração doutrinal da Fraternidade Pentecostal. Os temas que têm a ver com o "evangelho pleno" ou o "evangelho completo" são mencionados numa declaração anterior, da seguinte forma:

> Durante a Reforma, Deus usou Martinho Lutero e outros reformadores para restaurar

para todo mundo a doutrina da justificação pela fé (Rm 5.1). Mais tarde, Deus usou os irmãos Wesley e outros no grande movimento de santidade para restaurar o evangelho da santificação pela fé (At 26.18). Mais tarde ainda, Deus usou várias pessoas para restaurar o evangelho da cura divina pela fé (Tg 5.14-15) e também o evangelho da segunda vinda de Cristo (At 1.11). Agora, o Senhor está usando muitas testemunhas no grande movimento Pentecostal para restaurar o evangelho do batismo com o Espírito Santo e fogo (Lc 3.16; At 1.5) com os sinais que o seguem (Mc 16.17-18; At 2.4, 10.44-46; 19.6; 1.1-28.31. Graças a Deus, temos agora pregadores do "evangelho total".[35]

Esta citação sugere os cinco temas incluídos no "evangelho total" – três na vertente do pentecostalismo das "três obras da Graça" e mais dois outros: a "cura divina mediante a fé" e a "segunda vinda de Jesus". Estes dois temas podem ser adicionados aos ensinos de qualquer um dos ramos do pentecostalismo e geralmente aparecem em passagens que listam os temas mais característicos do movimento. Esta constelação de motivos atravessa todas expressões da tradição pentecostal.

O padrão estava presente, por exemplo, no início mesmo do movimento, quando estudantes da Escola

---

[35] H. S. Malby, *The Reasonableness of Hell*. Santa Cruz, CA: s.e., 1913, p. 82-3.

Bíblica de Topeka se esforçavam para descobrir o elo final da cadeia dos ensinos pentecostais. Como o seu mestre, Charles F. Parham, registrou:

> Em dezembro de 1900, tivemos os exames sobre os temas do arrependimento, conversão, consagração, santificação, cura e iminente volta do Senhor. Tínhamos chegado em nossos estudos a um problema: "O que fazer com o segundo capítulo de Atos?" [...] Determinei que os estudantes trabalhassem estudando diligentemente sobre qual era a evidência bíblica do batismo do Espírito Santo.[36]

Tal tarefa suscitou a questão cuja resposta seria dada poucos dias depois para a emergência da teologia Pentecostal quando a estudante Agnes Ozman teria "recebido o Espírito Santo" e supostamente falado em Chinês.[37]

Padrão semelhante também ocorreu nos primórdios da denominação afro-americana denominada "First

---

[36] Charles F. Parham, "The Latter Rain", reimpresso em Sarah E. Parham, *The Life of Charles F. Parham. Founder of the Apostolic Faith Movement*. Joplin: Three-State Print, 1930; reprint (Joplin, MO: Hunter Printing, 1969). Ver também sobre o mesmo padrão sua própria pregação no Sermão "Earnestly Contend for the Faith Once Delivered to the Saints", in Robert L. Parham, comp., *Selected Sermons of the Late Charles F. Parham, Sarah R. Parham, Co-founders of the Original Apostolic Faith Movement*, s.e., 1941, p. 9-22.

[37] Isto está relatado no ensaio de Parham, "Latter Rain", e de forma mais completa em Agnes N. Ozman, *What God hath Wrought*. Chicago, IL: Herald Publishing, s.d.

Baptized Holiness Church of God of the Americas", que se constituiu posteriormente em 1926 por um processo de fusão de alguns grupos cujas raízes reportam a acontecimentos ocorridos em 1898. O documento constitutivo de sua fusão continha os seguintes temas doutrinários: arrependimento, regeneração, justificação, santificação, batismo pentecostal, cura divina do corpo e segunda pré-milenial vinda de Cristo.[38] O mesmo padrão pode igualmente ser encontrado na Missão de Fé Apostólica, um dos mais antigos locais pentecostais, que traçou suas origens diretamente ao Avivamento da Rua Azusa e de onde o pentecostalismo projetou-se para alcançar sua notoriedade mundial:

> Esta igreja [...] dá especial ênfase à necessidade de se ter três distintas, separadas, experiências espirituais operadas no coração e vida: JUSTIFICAÇÃO, SANTIFICAÇÃO, BATISMO DO ESPÍRITO SANTO [...] Tais doutrinas concernentes a experiências espirituais, junto com os ensinos sobre Cura Divina, a iminente volta de Jesus – pré-milenial [...] proporcionam

---

[38] Esta afirmação encontra-se em *Religious Bodies*: 1936, vol. 2, pt. 1 (Washington, D.C.: U.S. Government Printing Office, 1941. Ver também uma semelhante declaração de fé mais elaborada, mas sem a cláusula sobre a Segunda Vinda de Cristo, no primeiro número do jornal *Apostolic Faith*, de setembro de 1906, órgão oficial da Azusa Street Mission e de seu líder, William J. Seymour. Os primeiros números do jornal foram reimpressos por Fred T. Corum em *Like as of Fire*. Wilmington: s.e., 1981. O texto da afirmação encontra-se em um dos apêndices publicados em *El Pentecostalismo*, de Hollenweger, p. 513.

os fundamentos sólidos sobre os quais a igreja se firma.[39]

Este padrão é mais claro em outro dos ramos principais do pentecostalismo, de onde o segundo tema da santificação foi abandonado para se dar ênfase ao "evangelho pleno" como "evangelho quadrangular". O teólogo norte-americano Stanley Horton, das atuais Assembleias de Deus, organiza em sua obra *"Into All Truth"* [*"Em toda a Verdade"*], um manual da denominação para treinamento de seus obreiros, em torno de "quatro ensinos fundamentais: salvação, cura, batismo do Espírito Santo e a segunda vinda de Cristo", porque "estes quatro ensinos têm recebido espacial ênfase e iluminação dada pelo Espírito Santo durante o presente avivamento Pentecostal".[40]

O padrão, contudo, acabou por encontrar uma expressão mais clara no trabalho de Aimee Semple McPherson, a controvertida fundadora da Igreja Internacional do Evangelho Quadrangular, cuja mensagem fundamental pode ser assim sumarizada: Jesus nos salva segundo João 3.16; batiza com o Espírito segundo Atos

---

[39] *A Historical Account of the Apostolic Faith, Trinitarian-Fundamental Evangelistic Organization.* Portland: Apostolic Faith Mission Headquarters, 1965, p. 20-21, onde estão delineados seus "fundamentos doutrinários". Nas páginas 31 e 32 as "doutrinas de Cristo, como lhe enunciadas por ele mesmo" são relacionadas com textos de prova tais como a *Justificação e Salvação, a Santificação, o Batismo do Espírito Santo, a Cura Divina e a Segunda Vinda de Cristo.*

[40] Stanley Horton, *Into All Truth*: A Survey of the Course and Content of Divine Revelation Springfield: Gospel Publishing House, 1955, p. 13.

2.4. Cura nossos corpos segundo Tiago 5.14-15; e está vindo de novo para nos receber junto a si de acordo com 1 Tessalonicenses 4.16-17.[41]

O PADRÃO COMUM DO PENTECOSTALISMO QUADRANGULAR

Tomaremos este último padrão de quatro-pontos como base para nossa análise histórica e teológica do pentecostalismo. Ainda que o padrão de cinco-pontos seja historicamente anterior e reclame também nossa atenção, o padrão de quatro-pontos expressa mais clara e transparentemente a lógica da teologia pentecostal. Além disso, por estar contido dentro de um padrão mais complexo, tem então certo direito de ser considerado, pelo menos logicamente, se não historicamente, anterior ao padrão de cinco-pontos. Os quatro temas são praticamente universais a todo movimento pentecostal, estando presente, como temos

---

[41] Raymond L. Cox compilou os escritos de Aimee Semple McPherson sobre este padrão em *The Four-Square Gospel*. Los Angeles: Foursquare Publications, 1969, p. 9. Ver semelhante modo de expressar a doutrina pentecostal na Grã-Bretanha na obra de George Jeffreys, o fundador da Aliança Elim do Evangelho Quadrangular, cujos ensinos foram difundidos em *The Miraculous Foursquare Gospel – Doctrinal*, vol. 1. London: Elim Publishing, 1929, especialmente o capítulo 1, 1-11. De igual modo, D. Wesley Myland relata em *Latter Rain Covenant and Pentecostal Power with Testimonies of Healings and Baptism*. Chicago: Evangel Publishing House, 1910, reimpressa com nova paginação por A. N. Trotter de Billings, Springfield: Temple Press, 1973, que, conforme a informação na página 119, saudou os participantes de um acampamento, da seguinte maneira: *"O que vocês andam fazendo? Estão ainda pregando o evangelho quadrangular?"*

argumentado, em todos os ramos e variedades do pentecostalismo,[42] já que, em última análise e de modo específico, o tema da santificação plena é considerado somente pelo ramo "Holiness". A opção pelo padrão mais dinâmico do pentecostalismo de quatro-pontos não significa ignorar-se o ramo "Holiness". As razões teológicas e históricas para sua existência serão claramente reveladas na medida em que trabalharmos com o padrão mais universal.

Imediatamente deve ser admitido que todos os elementos do pentecostalismo de quatro-pontos vieram a se constituir separadamente ou a partir de várias combinações de outras tradições cristãs. Mesmo o padrão de quatro-pontos em si foi, por exemplo, algo já antecipado

---

[42] Este padrão também pode ser traçado fora do pentecostalismo clássico no movimento carismático e, talvez, nas manifestações do pentecostalismo em países do Terceiro Mundo, como em certas igrejas independentes na África. A crença na cura divina permeia tais manifestações e pode muito bem caracterizar o movimento mais do que a glossolalia. O estudo sociológico de Joseph H. Fitcher sobre o Movimento da Renovação Carismática Católica não só indica a importância da crença na cura divina, mas também encontra certos elementos "heterodoxos" nos grupos renovados de oração onde a maioria dos participantes estão de acordo em afirmar que "Aceitar Jesus como meu Salvador pessoal significa que já estou salvo" e que "a segunda vinda de Cristo é iminente". Ver Fichter, *Catholic Cult of the Paraclete*. New York: Sheed and Ward, 1975, capítulo 3, especialmente a página 44. A doutrina do batismo do Espírito Santo tem sido também introduzida nas igrejas evangélicas chamadas históricas ou tradicionais, mas a esta altura, especialmente no Catolicismo, tem havido um esforço para se criticar esta doutrina exegeticamente e substituir expressões como "liberar o Espírito". Sobre tais críticas, ver Simon Tugwell, O.P., *Did you receive the Spirit?* New York: Paulist Press, 1972; e também London: Darton, Longman and Todd, 1972.

no "evangelho quadrangular" de A. B. Simpson[43], que no final do século XIX fundou a Aliança Cristã e Missionária. Simpson falava de Cristo como nosso "Salvador, Santificador, Curador e Rei que Está Voltando".[44] Entretanto, a emergência deste padrão é de fato o último passo do desenvolvimento de um complexo processo que veio a culminar no pentecostalismo do século XX. Seu significado emergirá posteriormente neste trabalho, todavia é possível argumentar-se a esta altura que o padrão de quatro-pontos oferece uma análise do pentecostalismo que é suficientemente característica do movimento como um todo para ser empregado como base para sua análise histórica e teológica.

Outras análises poderiam muito bem ser oferecidas, mas o valor da opção pelo padrão de quatro-pontos, em primeiro lugar, será demonstrado *empiricamente*, como vimos argumentando, já que aparece largamente na

---

[43] A. B. Simpson: pastor presbiteriano canadense, emigrou para os Estados Unidos em 1873 para assumir pastorados de igrejas, primeiro no Kentucky e, posteriormente, em Nova York. Seu compromisso com a evangelização da população pobre nova-iorquina o levou a deixar sua denominação em 1881, atuando principalmente entre pobres, imigrantes, prostitutas, população sem-teto e gente doente. Tal compromisso motivou seu envolvimento com a evangelização de povos em outros continentes. Em 1887 fundou a Aliança Cristã Missionária. Maiores informações sobre A. B. Simpson, ver https://www.cmalliance.org/about/history/simpson. [N. T.].

[44] A. B. Simpson, The Four-Fold Gospel. New York: Gospel Alliance Publishing, 1925. O prefácio retoma um tema de quarenta anos atrás. Outras figuras do final do século XIX que revelam uma fascinação com variações dos quatro-pontos incluem R. A. Torrey, Andrew Murray e A. J. Gordon, ainda que excluam sempre a glossolalia.

literatura do pentecostalismo. Em segundo lugar, *teologicamente*, como logo indicaremos, pelo modo mediante o qual permite-se que possa ser explicada a lógica do pensamento pentecostal. E, em terceiro lugar, *historicamente*, já que, como o todo deste estudo demonstrará, ao traçar-se o processo da emergência deste padrão de quatro-pontos será revelada com toda clareza a narrativa sobre as raízes da teologia pentecostal.

O significado mais completo de cada um dos elementos deste "evangelho quadrangular" ficará mais claramente exposto na medida em que for traçado processo de emergência de cada um dos deles. Agora estamos preocupados em demonstrar como estes elementos foram ligados numa peculiar constelação que exprime a lógica interna do movimento. Embora possam ter estado presentes separadamente em outros fenômenos religiosos da época, estes quatro temas são reunidos dentro do pentecostalismo de tal maneira que cada um deles reforça os demais. A lógica característica desta vinculação pode ser observada mais facilmente nos três nomes iniciais do movimento: "Movimento Pentecostal", "Fé Apostólica", "Movimento da Chuva Serôdia". Todos estes três nomes aparecem no título dado por Charles F. Parham ao seu primeiro relato sobre o novo fenômeno religioso, "*Chuva Serôdia: A história das Origens do Movimento Original Apostólico ou Pentecostal*".[45]

---

[45] O título do capítulo 7, escrito pelo próprio Parham, na obra *The Life of Charles F. Parham*.

A HERMENÊUTICA PENTECOSTAL

Explorando-se o primeiro destes títulos, "Movimento Pentecostal", constata-se como os dois primeiros elementos do evangelho de quatro-pontos, salvação/justificação e batismo no Espírito Santo, são mantidos juntos. Este padrão baseia-se numa determinada hermenêutica, um modo caracteristicamente pentecostal de apropriar-se das Escrituras Sagradas. Diferentemente do protestantismo magisterial que tende a ler o Novo Testamento pelos olhos do apóstolo Paulo, o pentecostalismo lê o Novo Testamento pelos olhos de Lucas, especialmente com as lentes do livro dos Atos dos Apóstolos. Walter J. Hollenweger faz o seguinte comentário: "Os pentecostais e seus predecessores basearam suas opiniões quase que exclusivamente no Evangelho de Lucas e nos Atos dos Apóstolos".[46]

Voltar-se dos textos paulinos para os textos lucanos, entretanto, é mudar de um gênero de literatura a outro, de um material didático para um narrativo.[47] Textos narrativos são notoriamente difíceis de interpretar-se teologicamente.[48]

---

[46] *El Pentecostalismo*, p. 324-25.

[47] Críticos do pentecostalismo, especialmente os de tradição do protestantismo clássico, têm algumas vezes identificado este como a maior falha da exegese e hermenêutica pentecostais – já que partem da narrativa ao invés dos textos docentes das Escrituras. Ver, por exemplo, John R. W. Stott, em seu *Baptism and Fullness*: The Work of the Holy Spirit Today. Downers Grove, IL: interVarsity, 1976, p. 15 [Edição brasileira: *Batismo e plenitude do Espírito Santo*: O Mover Sobrenatural de Deus, 2ª edição. São Paulo: Vida Nova, 2007].

[48] Um dos poucos esforços de abordagem das afirmações doutrinárias pentecostais em termos desta questão é o trabalho de Gordon D.

Pentecostais leem os relatos de Lucas e Atos e insistem que o padrão geral da recepção do Espírito Santo pela Igreja Primitiva deve ser repetido individualmente na vida de cada pessoa crente, especialmente por ela estar de certa forma distanciada no tempo da experiência de Jesus Cristo vivida pela própria Igreja.

Ao fazer tal afirmação, o pentecostalismo coloca-se numa longa tradição de uma "*hermenêutica subjetivante*". Claude Welch, por exemplo, indica que no Pietismo o voltar-se para a experiência subjetiva se deveu em parte à insistência de que o "drama da raça – Criação, Queda e Redenção – tem que ser repetido individualmente na vida de cada pessoa". Dentro do pietismo, "o verdadeiro nascimento de Cristo é o seu nascimento em nossos corações, sua verdadeira morte é o morrer dentro de nós, sua verdadeira ressurreição está no triunfo de nossa fé".[49]

Fee, "Hermeneutics and Historical Precedent – A Major Problem in Pentecostal Hermeneutics", in Russell P. Spittler, ed., *Perspectives on the New Pentecostalism*. Grand Rapids: Baker, 1978, p. 118-132. [N.T.: Desde a publicação desta obra de Donald Dayton, um grande debate tem acontecido na comunidade teológica pentecostal, principalmente nos Estados Unidos, na procura da superação desta grande lacuna na teologia pentecostal. Entre os autores mais importantes que desde então têm publicado sobre o tema da hermenêutica pentecostal, além de Gordon Fee, pode-se enumerar, entre outros, os seguintes: Amos Yong, Archie T. Wright, Clark H. Pinnock, Craig Keener, Elizabeth Guntrip, French Arrington, Harlyn Graydon Purdy, Howard M. Ervin, James Dunn, James Shelton, John Christopher Thomas, Kenneth Archer, Kevin L. Spawn, Roger Stronstad, Russell P. Spittler, Scott A. Ellington, Timothy B. Cargall, Veli-Matti Kärkkäinen e William Menzies].

[49] Claude Welch, *Protestant Thought in the Nineteenth Century*, vol. 1, 1799-1870. New Haven, CT: Yale University Press, 1972, p. 28.

Os antecedentes do pentecostalismo no "Movimento de Vida Superior" no século XIX tiveram uma abordagem semelhante das Escrituras apropriando-se devocionalmente de elementos da "História da Salvação [*Heilgeschichte*]". O êxodo do Egito, a peregrinação pelo deserto, o atravessar do Rio Jordão e a entrada na Terra Prometida, tudo isto transformava-se em estágios nos padrões normativos da peregrinação desde a conversão até a "segunda bênção" [a "Terra de Beulá" (cf. Is 62.4)].[50]

O historiador William Menzies, das Assembleias de Deus dos Estados Unidos, sugere que

> o movimento pentecostal é aquele grupo na Igreja Cristã que se caracteriza pela crença de que os acontecimentos narrados no capitulo 2 de Atos dos Apóstolos no Dia de Pentecostes não só marcaram o nascimento da Igreja, mas também descreve uma experiência à disposição de todas as pessoas crentes de todas as épocas. Crer-se que a experiência de revestimento de poder, denominada "batismo no Espírito Santo", é evidenciada pelo sinal do "falar-se em outras línguas, conforme o Espírito as concede".[51]

---

[50] Este padrão comum foi talvez resumido no trabalho de Martin Wells Knapp, *Out of Egypt into Canaan*: Or Lessons in Spiritual Geography. Boston: McDonald and Gill, 1889, e na série de edições e reimpressões posteriores.

[51] Menzies propõe esta definição em *Anointed to Serve*. Springfield: Gospel Publishing House, 1971, p. 9, até então a mais recente história da

Tal análise capta a afirmação chave do pentecostalismo e indica a razão do porque o movimento carrega este nome. O modo característico pelo qual o movimento lê o Novo Testamento leva à conclusão de que, como na igreja primitiva, os crentes nos tempos atuais tornam-se discípulos de Jesus Cristo e recebem a plenitude do batismo do Espírito em eventos ou "experiências" distintas. Deste modo, os dois primeiros elementos do evangelho quadrangular estão unidos pela hermenêutica própria do pentecostalismo.

Suscitar a questão da disponibilidade da experiência do Pentecostes para cada geração de crentes é levantar explicitamente a questão da permanente validade do fenômeno relatado no Novo Testamento – não só os *charismata* como a glossolalia, mas também, o que é ainda mais difícil, a questão da cura divina, considerada no Novo Testamento como um "dom do Espírito".

O pentecostalismo afirma o lugar integral que os milagres de cura literais ocupam no ministério de Jesus, insistindo que tais milagres devem ainda ser experimentados em nossos tempos porque eles são parte da experiência da igreja primitiva pós-Pentecostes, conforme os relatos do livro dos Atos dos Apóstolos. Os milagres de cura são não só parte da salvação e alivio trazidos à humanidade pelo Evangelho, mas são também um sinal de segurança para as pessoas crentes e testemunho para descrentes. Charles Parham escreveu em 1902 que

---

denominação pentecostal predominantemente branca. Esta definição foi também adotada por Faupel em *The American Pentecostal Movement*, p. 9.

> Cristo não deixou seus filhos crentes sem sinais que os distinguissem e que os acompanhariam para que o mundo pudesse saber quem são cristãos ou não-cristãos. Nem ele enviou seus servos para pregar vagas teorias especulativas de um mundo vindouro, mas sim com extraordinário poder para aliviar o sofrimento da humanidade, alimentar os famintos, vestir aos nus, curar os enfermos, expulsar demônios, falar novas línguas, confirmando internamente a palavra para edificação própria – tudo operado por meio de Jesus Cristo – mediante estes visíveis sinais externos.[52]

Nesta citação a palavra-chave é "poder". Um dos mestres pré-pentecostais do "Movimento de Vida Superior", Andrew Murray, afirmava que

> onde quer que seja que o Espírito opere com poder, ali ele opera a cura divina [...] Se a cura divina é raramente vista em nossos dias, podemos atribuir isso a nenhuma outra causa senão ao fato de que o Espírito não está atuando com poder.[53]

---

[52] *A Voice Crying in the Wilderness*, 4ª edição. Joplin: Joplin Printing, para Robert L. Parham, 1944, p. 44-5. Este livro foi publicado antes em 1902.

[53] Andrew Murray, *Divine Healing*. New York: Christian Alliance Publishing, 1900, p. 26.

Se o "revestimento com poder" pentecostal está disponível a todas gerações de crentes, então o poder do Espírito se manifestará em nossos dias mediante milagres de cura divina, pelo menos nas vidas daquelas pessoas que verdadeiramente experimentaram o batismo pentecostal e sabem onde buscar tais bênçãos.

Com tais afirmações os pentecostais revelam o motivo "restauracionista" lançado diretamente na cara do protestantismo clássico que afirma que os *charismata* e "os dons sobrenaturais do Espírito" cessaram no final da era apostólica. Benjamin B. Warfield ilustra bem este modo de compreender o elemento sobrenatural no Novo Testamento. Warfield, que defendia a teologia da "Velha Escola" de Princeton, usou tal doutrina cessacionista para refutar os movimentos de cura divina que no final do século XIX antecederam o movimento pentecostal. Mesmo concedendo aos pentecostais que a "Igreja Apostólica caracteristicamente foi uma igreja que operava milagres", ele insistia que tal estado de coisas foi sim

> uma peculiaridade característica da Igreja Apostólica e, portanto, pertencia exclusivamente ao período apostólico [...] tais dons [...] formam parte das credenciais apostólicas como agentes autorizados de Deus na fundação da Igreja. Sua função estava, portanto, confinada à Igreja Apostólica e necessariamente cessou com o fim dela.[54]

---

[54] *Counterfeit Miracles*. New York, NY: Charles Scribner's Sons, 1918, reimpressão London: Banner of Truth, 1972, p. 5-6. Este livro também

Pentecostais, todavia, argumentando baseados na imutabilidade de Deus,[55] afirmam que a natureza da Igreja Apostólica neste respeito é normativa para todos os tempos. Ao afirmar a restauração dos elementos sobrenaturais da era apostólica, o Movimento Pentecostal reclamou de fato para si a "Fé Apostólica" – um título frequentemente usado por seus primeiros seguidores e utilizado por eles em um grande número de esforços jornalísticos pioneiros e institucionais. Um dos seus defensores intitulou um livro seu de "*Fé Apostólica Restaurada*", e afirmou haver

> no mundo religioso de hoje uma grande atividade do Espírito do Senhor conhecida como Movimento Pentecostal ou da Fé Apostólica [...] Homens e mulheres de coração reto deste grande movimento têm se esforçado para retornar à fé e prática de nossos irmãos que serviram a Deus antes da apostasia. Têm feito do Novo Testamento a regra de suas vidas [...] O Movimento Pentecostal salta os anos intermediários desde então, clamando: "*Voltemos ao Pentecostes!*" [...] esta obra de Deus nos dias

---

foi publicado sob o título *Miracles:* Yesterday and Today, True or False. Grand Rapids: Eerdmans, 1953. A mais bem fundamentada réplica a este livro é de Jon Mark Ruthven. A edição brasileira foi publicada pela Editora Carisma com o título "Sobre a cessação dos charismata: a polêmica cessacionista dos milagres pós-bíblicos", 2017.

[55] O apelo à esta afirmação é usualmente explícito. Ver, por exemplo, Maltby, *The Reasonableness of Hell*, 84; *Selected Sermons of the Late Charles F. Parham, Sarah Parham*, 18; B. F. Lawrence, *The Apostolic Faith Restored*. St. Louis: Gospel Publishing House, 1916, p. 13-14; Mrs. M. B. Woodworth-Etter, *Signs and Wonders*. Indianapolis: publicada particularmente, 1916, p. 192-93.

de hoje está ligada diretamente à obra de Deus nos dias do Novo Testamento. Erigida pelas mesmas mãos, sobre os mesmos fundamentos dos apóstolos e profetas, segundo o mesmo padrão, de acordo com a mesma aliança ... não reconhecem uma doutrina ou costume como autorizativo a não ser que possa ser rastreado até aquela primeira fonte da instrução da Igreja, o Senhor e seus apóstolos.[56]

Esta afirmação sobre o acesso direto à experiência do Pentecostes, então, leva rapidamente à afirmação de ter restaurado a "fé apostólica" e todos os elementos sobrenaturais relatados no Novo Testamento. Entre eles, a cura divina, que se torna não só uma dádiva de Deus para o sofrimento de seu povo, mas também um sinal da presença do Espírito para a pessoa crente e uma forma de testemunho para a incrédula na obra do evangelismo.

O MOVIMENTO DA "CHUVA SERÔDIA"[57]

Tal reivindicação sobre a restauração da fé apostólica suscita sérias questões apologéticas para os pentecostais. Como pode ser que algo aparentemente raro na história da Igreja seja considerado como uma manifestação essencial da fé

---

[56] Lawrence, *The Apostolic Faith Restored*, p. 11-12.
[57] "*Chuva Serôdia*": No Oriente Médio a chuva serôdia [em inglês, "*latter rain*"] é a chuva antes do período da colheita, uma abundante chuva durante o Outono que proporciona aos frutos a energia necessária para seu pleno amadurecimento e possam ser devidamente colhidos. A metáfora pentecostal é tomada de textos bíblicos como Joel 2.23 e Tiago 5.7. [N.T.]

e da prática cristãs? Pentecostais têm duas respostas para esta questão. Alguns de seus adeptos – geralmente dando ênfase à evidência inicial além de seus limites – afirmavam que era possível "estabelecer-se uma comunidade de fé e prática" ao se desenterrar na maioria dos momentos da vida da Igreja a memória de pessoas e movimentos que experimentaram o "falar em línguas" e os demais dons do Espírito[58]. Houve, entretanto, outra resposta que faz mais justiça à lógica do pentecostalismo, pelo menos em seus primórdios. Essa resposta está vinculada à doutrina da "chuva serôdia" [também conhecida como "chuva tardia"], um ensino que ilustra bem como a expectativa da iminente volta de Cristo está intimamente ligada aos demais elementos do evangelho quadrangular.

O pentecostalismo em seus primórdios frequentemente ficou conhecido pelo nome de "Movimento da Chuva Serôdia".[59] A clássica expressão desta doutrina pode ser encontrada na obra "A Aliança da Chuva Serôdia", de D. Wesley Myland.[60] O relato sobre o pentecostes em Atos

---

[58] Lawrence, *The Apostolic Faith Restored*, 12. Lawrence aparentemente foi um dos primeiros adeptos do desenvolvimento desta percepção sobre experiências pentecostais ao longo da história da Igreja. A validade de tal percepção muito cedo veio a ser o maior foco das defesas e das críticas do Movimento Pentecostal.

[59] Ver "The Wonderful History of the Latter Rain", de Miss Lilian Thistlewaite, um dos primeiros relatos sobre os acontecimentos na Escola Bíblica Bethel, de Charles F. Parham. É o capítulo 8 do livro *The Life of Charles F. Parham*, p. 57-68. *The Latter Rain Evangel* foi uma publicação de T. B. Barratt a partir de 1908 – T. B. Barratt: *In the Days of the Latter Rain*. London: Simpkin, Marshall, Hamilton, Kent, 1909.

[60] D. Wesley Myland, *The Latter Rain Covenant and Pentecostal Power*.

2 cita a profecia de Joel que diz que "nos últimos dias" o Espírito iria ser derramado sobre toda a humanidade. Pentecostais, portanto, foram atraídos desde o início pelo livro do profeta Joel[61] e pela menção em outros textos, como Tiago 5.7-8, das primeiras e últimas chuvas.

A precipitação das chuvas na Palestina ocorre em duas principais estações: na primavera durante o plantio dos alimentos e no outono para o seu amadurecimento antes da colheita. O fenômeno climático das terras bíblicas acabou fornecendo a metáfora mediante a qual os pentecostais puderam compreender sua própria relação com a igreja apostólica e o iminente fim dos tempos. O Pentecostes original do Novo Testamento foram as "chuvas da primavera" quando o derramamento do Espírito foi acompanhado pelo "plantio da igreja". O Pentecostalismo contemporâneo representaria, portanto, as "últimas chuvas", o especial derramamento do Espírito nos últimos dias para a restauração dos dons como parte da preparação da "colheita", o retorno de Cristo em glória. E Myland insistia que "agora estamos no Pentecostes gentio, o primeiro Pentecostes deu início à Igreja, o corpo de Cristo, e este, o segundo Pentecostes, *une* e *aperfeiçoa* a Igreja para a volta do Senhor".[62]

---

[61] Ver, por exemplo, Aimee Semple McPherson, *Lost and Restored*. Los Angeles, CA: Foursquare Bookshop, s.d., uma elaborada interpretação da história da Igreja e o processo pelo qual a "fé apostólica" foi "perdida e restaurada" em termos da imagem profética do livro de Joel, especialmente de suas passagens que são citadas no capítulo 2 do livro dos Atos dos Apóstolos.

[62] Myland, *The Latter Rain Covenant*, p. 101.

Myland chegou a afirmar que tanto a precipitação das chuvas na Palestina, como a informação sobre o aumento das chuvas na última parte do século XIX, eram parte do argumento sobre o seu paralelismo com a emergência do pentecostalismo, que servia para confirmar sua validade e indicar que o fim dos tempos era iminente.[63]

Embora os paralelismos especificamente com o regime de chuvas na Palestina perderam hoje qualquer validade, a doutrina mais abrangente sobre a Chuva Serôdia forneceu a chave para uma premissa que faltava na lógica do pentecostalismo, dando ao movimento um sentido de protagonismo na aproximação do clímax da história como um dos meios pelos quais Deus estaria preparando a "noiva", a Igreja, para encontrar-se com o seu Senhor. Mary B. Woodworth-Elter, uma figura quase ignorada pelo pentecostalismo, assim descreveu seu "chamado especial para esta obra" recebido numa visão para

> dar à família da fé o alimento na devida estação; oferecer a última chamada para os pecadores gentios, a última chamada para as bodas do Cordeiro, para sua esposa que está por entrar em seu relacionamento matrimonial [...]; fortalecendo os que foram chamados para que permaneçam fieis e verdadeiros, para que sejam ungidos com o Espírito Santo e poder,

---

[63] Argumento baseado nos dados da carta das precipitações pluviais que aparece como apêndice na página 95 da edição original, indicando que entre os anos de 1890 e 1900 "43% de chuvas caíram a mais do que entre os anos de 1860 e 1870".

selados com o apropriado conhecimento de sua segunda vinda.⁶⁴

Além de indicar a tarefa especial a ser desenvolvida nos "últimos dias" pelo surgimento do pentecostalismo, a doutrina da Chuva Serôdia também explicava porquê os dons e milagres deveriam reaparecer depois de uma "seca" tão longa. Mary Woodworth-Elter, escreveu ainda: "Deus disse que antes que Jesus volte, estes mesmos 'sinais e maravilhas' acontecerão: os enfermos serão curados, os demônios expulsos, pessoas falarão em línguas – antes de que ele volte".⁶⁵ Os "sinais e maravilhas" não só unem os temas escatológicos no todo complexo do evangelho quadrangular, mas a moldura da Chuva Serôdia fez com que o grande problema apologético do pentecostalismo se tornasse em seu maior aporte apologético.⁶⁶ A longa

---

⁶⁴ Woodworth-Etter, *Signs and Wonders*, p. 189-190.

⁶⁵ Idem, p. 535.

⁶⁶ Apesar da demonstração da necessidade da escatologia e da doutrina da Chuva Serôdia na lógica inerente ao pentecostalismo, ainda permanecem em aberto algumas questões sobre este assunto. Como já mencionado, não há qualquer artigo sobre escatologia na primeira declaração da *Fé Apostólica* em 1906 (veja a nota 19). A doutrina da Chuva Tardia tendeu a desaparecer do pentecostalismo (reaparecendo, entretanto, mais tarde na radical revitalização do Movimento Chuva Serôdia dos anos 1940), embora temas escatológicos mais amplos tenham permanecido. Tais desenvolvimentos podem indicar que o elemento escatológico não é tão integral ao pentecostalismo como os outros três elementos, Nils Bloch-Hoell, por exemplo, em *The Pentecostal Movement*. Oslo: Universitetsforlaget, 1964, p. 154-56, diz que o tema é importante, mas não crucial ao movimento. É, entretanto, mais provável o fato que tal orientação apocalíptica seja o primeiro elemento a sucumbir diante das forças para institucionalização em tais movimentos. Robert

seca que se seguiu aos tempos apostólicos até o presente, é vista como sendo parte do plano dispensacionalista de Deus para todas as épocas. O que parecia fazer o movimento mais do que ilegítimo – sua descontinuidade com as formações clássicas do cristianismo – transformou-se em elemento de sua maior legitimação.

Isto, portanto, é algo da lógica interna mediante a qual faz com que os elementos do pentecostalismo de quatro-pontos tenham coerência entre si. O fato de que esta lógica existe e pode assim ser devidamente explicada confirma de certo modo a forma apropriada de uma análise teológica que dá ênfase ao padrão distintivo de quatro--pontos, isto é, sua Gestalt. Traçar o desenvolvimento e a interconexão destes quatro temas possibilita o entendimento da gênese histórica e teológica do pentecostalismo. Sua complicada narrativa constituirá o restante deste livro.

Mapes Anderson afirma que a escatologia é de fato o elemento central na mensagem pentecostal, *Vision of the Disinherited*: The Making of American Pentecostalism. New York: Oxford University, 1979, capítulo 5. E David W. Faupel argumenta em sua tese de doutorado na Universidade de Birmingham, Inglaterra, que o tema da chuva serôdia é chave para entender-se o pentecostalismo. De minha parte, busco demonstrar neste trabalho que a escatologia é **_um_** elemento crucial, mas não _o_ tema central do pentecostalismo.

Capítulo 2

AS RAÍZES METODISTAS DO PENTECOSTALISMO

SE PODEMOS ASSUMIR, pelo menos provisoriamente, que procede nossa análise do pentecostalismo fundamentada nos quatro-pontos explanados no primeiro capítulo, podemos agora usar estas quatro chaves para a busca das raízes teológicas do pentecostalismo. Tal busca, é claro, tem seus perigos e problemas. Para as pessoas que se acham comprometidas de corpo e alma com o movimento pentecostal pode parecer que tenha até mesmo um certo odor de blasfêmia, já que o movimento não é nada menos do que a providencial restauração da "fé apostólica" vinda do próprio Deus. Não seria necessário, portanto, buscar-se outras fontes além daquelas que se encontrariam no Novo Testamento mesmo. Esta compreensão também se inclina a dar ênfase na descontinuidade com tudo aquilo que precedeu o advento do pentecostalismo, abstraindo-o de tudo aquilo que tem a ver com o seu imediato contexto histórico.

Não podemos desprezar por completo tais objeções. O surgimento do pentecostalismo foi parte de uma luta contínua para entender e tornar vital para nosso próprio tempo o significado do Novo Testamento. Como tal, essa busca não deixa de ter percepções que são úteis para o restante da Igreja Cristã – embora, até o aparecimento do movimento carismático e suas rearticulações com os temas próprios do pentecostalismo, tais percepções não foram devidamente consideradas e nem expressas em termos que pudessem fazê-las aceitáveis em outros círculos cristãos. Não obstante, é surpreendente, por exemplo, que na medida em que o movimento foi reafirmando no nível mais popular os elementos apocalípticos e escatológicos das Escrituras, figuras com Albert Schweitzer e Johannes Weiss fossem também no nível da teologia acadêmica assinalando pontos similares que foram negligenciados pela erudição bíblica do século XIX.

Podemos, por outro lado, ser advertidos por tais preocupações que não se deve dar ênfase exagerada à continuidade do pentecostalismo com os acontecimentos que o antecederam. A visão retrospectiva pode clarear muitas coisas – talvez algumas vezes de forma demasiadamente clara. A busca por "antecedentes" ou "raízes" pode desvelar paralelos e continuidades que acabam por obscurecer o que existe de novidade e descontinuidade no movimento. O "novo" no pentecostalismo, especialmente no que se refere aos seus predecessores, não deve ser negado, mas esta preocupação não deve necessariamente deixar de lado o esforço para chegar-se a um melhor entendimento histórico da emergência de suas afirmações teológicas e doutrinais.

Mesmo no caso de considerar-se válida tal busca, o ponto inicial de toda sua história não é imediatamente óbvio. Os vários temas pentecostais podem ser traçados retrospectivamente até ao ponto de se tornarem cada vez menos distintivamente pentecostais, tomando a forma de temas semelhantes nas tradições cristãs clássicas. Recentemente, uma variedade de pontos iniciais tem sido proposta. Devemos considerá-los antes de escolher um outro que englobe em si mesmo tais pontos iniciais.

Alguns intérpretes[67] têm buscado as raízes do pentecostalismo na doutrina Romana e Anglo-Católica da confirmação, em que há a tendência de se separar a recepção do Espírito do batismo com água. Esta posição é muitas vezes defendida com base no texto de Atos 8.14-17, um texto chave para os pentecostais. As semelhanças com o caso pentecostal podem ser bem percebidas no texto de um de seus defensores, L. S. Thornton:

> Em Gálatas 4.6 [...] a frase que relembra que o Pentecostes está ligado definitivamente com uma segunda etapa de iniciação: "E porque sois filhos, enviou Deus ao nosso coração o Espírito de seu Filho" [...] a relação filial com Deus que é própria de nossa humanidade foi restaurada mediante nossa incorporação no

---

[67] Ver James D. G. Dunn, "Spirit-Baptism and Pentecostalism", *Scottish of Theology* 23, novembro de 1970, p. 397-407. Textos representativos desta tradição aparecem em Bruner, *A Theology of the Holy Spirit*, em uma "nota ampliada", p. 184-88

> encarnado Filho de Deus, e isto teve lugar em nosso batismo [...] Pelo ato da nova criação, contudo, estamos agora em condições para um estágio mais avançado de renovação, um indispensável corolário daquela primeira renovação. O Espírito do Filho é o próprio complemento daquela nova filiação na qual temos sido admitidos.[68]

É difícil ler este texto e outras passagens com ele relacionadas sem ver os surpreendentes paralelos com a separação que os pentecostais fazem entre conversão e batismo do Espírito Santo. A possibilidade do enraizamento da teologia pentecostal nas tradições Romana e Anglo-Católica é talvez fortalecida pela tendência a manter um sentido de continuidade do "miraculoso" até os nossos dias, não somente em seu sistema sacramental, mas também afirmando a atualidade de milagres de cura (geralmente relacionados com a sua compreensão sobre santidade) e preservando antigos ritos de exorcismo e a imposição de mãos sobre pessoas enfermas.

Outros intérpretes têm buscado as raízes do pentecostalismo no puritanismo, considerando que "uma linha de influência pode ser traçada a partir do ensino puritano sobre o Espírito".[69] Garth Wilson tem elaborado esta

---

[68] L. S. Thornton. *Confirmation*: Its Place in the Baptismal Mystery. London: Dacre Press, A. e C. Black, 1954.

[69] Dunn. "Spirit-Baptism and Pentecostalism", p. 398. Bruner sugere que o puritanismo seria uma área fértil para futuros estudos sobre os antecedentes da história do pentecostalismo, "*A Theology of the Holy Spirit*", p. 37, n. 5.

proposta em seu estudo "Doutrina Puritana do Espírito Santo". Ele afirma que insinuações de doutrinas pentecostais podem ser encontradas, por exemplo, nos textos de Richard Sibbes, John Owen, Thomas Goodwin, Richard Baxter e outros autores puritanos contendo o ensino que indica uma "obra do Espírito" posterior à regeneração e à santificação.[70] Thomas Goodwin, baseado em Efésios 1.13-14, fala de um "selar do Espírito", relacionando-o com o Pentecostes com o argumento de que "[o Espírito Santo] deve ser recebido como um santificador antes de poder ser recebido com o Consolador", afirmando ainda que "vocês que são crentes devem esperar por uma promessa posterior do Espírito Santo como aquele que os selará [...] pois assim como se encontra em Atos 1.4 que os apóstolos deveriam esperar pela promessa do Espírito, assim também vocês devem aguardá-lo".[71]

Tais temas no Puritanismo frequentemente se acham combinados com uma renovada ênfase na escatologia e na "glória do último dia" da igreja. Estes temas foram radicalizados nos setores puritanos marginais em suas várias formas de milenismos.[72] Neste misto de percepções

---

[70] Garth Wilson, "The Puritan Doctrine of the Holy Spirit: A Critical Chapter in the History of Doctrine", tese de doutorado. Toronto School of Theology, 1978.

[71] Thomas Goodwin. *The Works of Thomas Goodwin*, Vol. 1, contendo uma "Exposition of the First Chapter of the Epistle to the Ephesians". Edimburgo: James Nichol, 1861, p. 238, 247.

[72] Para uma análise destas questões, ver Peter Toon, "*Puritans, the Millenium and the Future of Israel*: Puritan Eschatology 1600 to 1660". Cambridge, Inglaterra: James Clarke, 1970.

puritanas podem ser identificadas certas insinuações muito próximas dos ensinos pentecostais.

O Pietismo, que de certa forma tem sido negligenciado, também pode ser uma frutífera fonte na busca das raízes do pentecostalismo. O pietismo alemão tendeu a romper com a dialética luterana do "*simul iustus et peccator*"[73] ao dar ênfase no ensino de que na graça de Cristo alguém pode "superar" o pecado e o mundo – como veremos mais adiante, um tema comum e crucial nos anos que imediatamente antecederam o surgimento do pentecostalismo.[74] De semelhante modo, quando tratarmos da doutrina da cura divina, veremos também como o Pietismo exerceu um importante papel na evolução da doutrina.[75] Como Jürgen Moltmann já observou,

> Muito cedo no século XVII, na era da ortodoxia e do absolutismo, teorias apocalípticas e

---

[73] Ver este tema em C. John Weborg, "The Eschatological Ethics of Bengel", uma conferência apresentada à seção Pietismo da American Academy of Religion, San Francisco, 29 de dezembro de 1977. Esta conferência foi posteriormente incluída em sua tese de doutoramento "Johann Albrecht Bengal: Personal and Ecclesial Piety and the literature of Beatification in the Letters to the Seven Churches in Revelation 2 and 3", na Northwestern University e Garrett-Evangelical Theological Seminary, 1983.

[74] Note-se que este tema aparece no título da tese de Edith Waldvogel, "The 'Overcoming Life': A Study in the Reformed Evangelical Origins of Pentecostalism", tese de doutoramento, Harvard Divinity School, 1977.

[75] Ver, por exemplo, os Comentários sobre Tiago 5.14-15 de Johann Albrecht Bengel, *Gnomon of the New Testament*, vol. 5, 7ª ed., Edimburgo: T & T Clark, 1877, p. 39-41 e Endure Zsindely, *Krankheit und Heilung in alteren Pietismus*, Zurich: Zwingli Verlag, 1962.

milenistas tiveram um notável ressurgimento na teologia Protestante. Começou na Holanda e na Inglaterra, florescendo plenamente em Württemberg e na Saxônia.[76]

É claro que Moltmann está se referindo ao surgimento do Puritanismo e do Pietismo.

A CONEXÃO METODISTA

Estas percepções antecipadas mais clássicas do pentecostalismo são em certa medida paralelas antes de serem direta ou verdadeiramente suas fontes, embora em certos casos também não se possa negar sua influência, ainda que indireta.[77] Começaremos nossa narrativa pelo Metodismo. Isto em parte porque é claro que aqui podemos ter de tal maneira elementos para implementar a narrativa que demonstre os elos e os desenvolvimentos históricos reais que culminaram no advento do pentecostalismo. O metodismo, acima de tudo, se coloca de modo excepcional como ponto de confluência das três fontes acima mencionadas, o que levou John T. McNeil a comentar que John Wesley estava "visceralmente ligado ao anglicanismo, ao puritanismo e ao pietismo".[78]

---

[76] Jürgen Moltmann, *Hope and Planning*. New York: Harper and Row, 1968, p. 185.

[77] Sobre o Pietismo isto é especialmente verdadeiro como veremos mais adiante.

[78] O capítulo intitulado "Evangelicalism" em John T. McNeill, *Modern Christian Movements*, edição revisada, New York: Harper Torchbooks, 1968, p. 91.

Mas mesmo este ponto de partida poderá parecer bastante estranho àqueles que conhecem bem tanto o Metodismo, como o pentecostalismo. É verdade que defensores posteriores dos vários temas tratados isoladamente no capítulo anterior muitas vezes tentam reivindicar Wesley para respaldar suas opiniões – Wesley teria ensinado pré-milenismo,[79] sido "ortodoxo sobre cura divina",[80] ou que fazia distinção entre crentes que teriam recebido batismo no Espírito Santo e crentes comuns".[81] Como veremos mais adiante, todas essas reivindicações "pentecostais" de Wesley, ou estão equivocadas ou, pelo menos, superestimadas. Mesmo quando o Metodismo e o avivamento evangélico mais amplo sejam fontes maiores para a piedade orientada para o conversionismo que também encontrou expressão posteriormente no pentecostalismo, não é possível juntar facilmente as doutrinas metodistas e pentecostais sobre a conversão. Wesley estava mais inclinado a falar da "experiência da graça justificadora" e mesmo assim seu entendimento disso estava altamente qualificado pelo seu compromisso com a eclesiologia e a teologia sacramental da igreja da Inglaterra (a tal ponto

---

[79] Ver, por exemplo, Nathaniel West, *John Wesley and Premillennialism*. Louisville: Pentecostal Publishing, 1894. O nome de Wesley tem sido frequentemente incluído nas listas de antecedentes pré-milenistas divulgadas pelas "conferências de profecia" e entre outros defensores do pré-milenismo no final do século XIX.

[80] W. B. Godbey, *Spiritual Gifts and Graces*. Cincinnati God's Revivalist Office, 1895, p. 37.

[81] W. J. Hollenweger, *The Pentecostals*. London: SCM Press e Minneapolis: Augsburg, 1972, p. 21.

de afirmar a regeneração batismal)[82] e uma altamente complexa doutrina da salvação na qual a conversão era um entre muitos outros momentos do caminho da salvação.

De outro lado, não é de todo surpreendente que tenha sido atribuída a Wesley uma grande variedade de afirmações cristãs. Provavelmente poucos personagens na história da Igreja geraram tanta diversidade de julgamentos acerca de suas convicções sobre as tradições cristãs. Isto revela-se claramente nos estudos sobre Wesley que frequentemente parecem concordar muito pouco entre si. No que diz respeito a temas sociais, por exemplo, Wesley tem sido acusado por ter enfraquecido o potencial revolucionário da classe trabalhadora inglesa,[83] louvado por sua contribuição ao avivamento evangélico como "contrapartida inglesa às 'revoluções democráticas' do século XVIII",[84] e como paladino das "raízes wesleyanas do socialismo cristão".[85] Teologicamente, Wesley tem sido visto como um "retrocesso" ao catolicismo no interior da tradição protestante,[86] de estar diante do calvinismo por um fio de cabelo,[87] e de ser um verdadeiro filho da

---

[82] Ver, por exemplo, John Chongnahm Cho, "John Wesley's View on Baptism", *Wesleyan Theological Journal*, 7, primavera de 1972, p. 60-73.

[83] Ver B. P. Thompson, *The Making of the English Working Class*. New York: Pantheon, 1964, passim.

[84] Bernard Semmel, *The Methodist Revolution*. New York: Basic Books, 1973, p. vii.

[85] Robert Hughes III, "The Wesleyan Roots of Christian Socialism", em *Ecumenical* 13, maio-junho de 1975, p. 49-53.

[86] Maximin Piette, *John Wesley in the Evolution of Pentecostalism*. London: Sheed and Ward, 1937.

[87] George Croft Cell, *The Rediscovery of John Wesley*. New York: Henry Holt, 1938.

Reforma Luterana,[88] de ter antecipado a orientação ética e experiencial da teologia liberal,[89] de ter enraizado sua teologia principalmente na teologia dos Pais Orientais,[90] com uma forma de sinergismo que retorna ao Nominalismo por meio da Reforma Inglesa,[91] considerado um "protobarthiano", pelo menos em sua cristologia,[92] e assim por diante. Eclesiasticamente Wesley tem sido aclamado tanto por adeptos da "High-Church"[93] como por aqueles da "Low-Church".[94]

---

[88] Ver o trabalho de Franz Hildebrandt em *Christianity According to the Wesleys* London: Epworth, 1955; e *From Luther to Wesley*. London: Lutterworth, 1951.

[89] Ver George Eayrs, *John Wesley*: Christian Philosopher and Church Founder. London: Epworth, 1926, e Umphrey Lee, *John Wesley and Modern Religion*. Nashville: Cokesbury, 1936.

[90] Ver a agora famosa nota de rodapé número 26 das páginas 9-10 da introdução do livro editado por Albert C. Outler, *John Wesley*. London: Oxford, 1964.

[91] Ver Albert C. Outler, "Methodism's Theological Heritage", Paul N. Minus, Jr., ed., *Methodism's: Destiny in an Ecumenical Age*. Nashville: Abingdon, 1969, p. 44-70.

[92] John Deschner, *Wesley's Christology*: An Interpretation. Dallas: Southern Methodist University Press, 1960. Não deve constituir-se em uma surpresa o fato de que essa obra é originalmente uma tese elaborada sob a orientação de Karl Barth.

[93] Especialmente nos eventos que se seguiram ao movimento de Oxford no final do século XIX e como parte das discussões sobre a unificação entre anglicanos e metodistas na Grã-Bretanha. Para o caso do Movimento de Oxford, ver *Um Velho Metodista, John Wesley in Company with High Churchmen*, 4ª edição. London: John Hodges., 1871; para as discussões anglicano-metodistas, talvez, B. Lawson, *John Wesley and the Christian Ministry*. London: SPCK, 1963.

[94] No contexto norteamericano, profundamente influenciado pelos avivamentos, o Metodismo encontrou sua mais radical expressão na tradição "avivamentista" do Movimento de Santidade que surgiu entre

Tal diversidade de opiniões surge em parte devido ao caráter assistemático e "ad-hoc" do *corpus* wesleyano e ao fato de que seu pensamento se desenvolveu historicamente em seus esforços para canalizar as energias do Metodismo entre a Cila do moralismo e o Caríbdis do antinomianismo.[95] Também surge da catolicidade das fontes de Wesley e do fato que conseguiu mesclar numa frágil Gestalt temas aparentemente incompatíveis, o que ora pode oferecer evidências de sua genialidade e ora são mantidos apenas pela simples força de sua personalidade e convicções. O resultado tem sido uma sorte de instabilidade constitucional na qual o Metodismo tem oscilado de um lado para outro ou se fragmentado em diferentes interpretações, cada uma delas preservando somente certas partes e temas da visão original de Wesley. Estas tendências foram ampliadas quando após a morte de Wesley perdeu-se o controle do movimento, o que levou à sua separação da Igreja da Inglaterra. Nos Estados Unidos, tais tendências para a fragmentação se tornaram especialmente signifi-

---

os Metodistas na segunda metade do século XIX. Ver W. H. Fitchett, *Wesley and His Century*: A Study in Spiritual Forces. New York: Eaton and Mains,1906. Para um estudo mais recente que relaciona Wesley com as eclesiologias dos setores evangélicos mais à esquerda, ver Howard A. Snyder, *The Radical Wesley and Patterns for Church Renewal* Downers Grove, IL: InterVarsity, 1981, que incorpora o material das Conferência Ryan, de 1972, no Asbury Theological Seminary, sob o tema "John Wesley and the Radical Traditions".

[95] Cila é uma rocha perigosa na costa italiana oposta ao redemoinho Caríbdis. A passagem entre Cila e Caríbdis antigamente era considerada extremamente perigosa. Assim, o dito "entre Cila e Caríbdis" significa um grande perigo de ambos os lados.

cantes devido a maior liberdade desfrutada no contexto norte-americano.

Este padrão de instabilidade talvez é mais claro na eclesiologia de Wesley. Ao reduzir os "Trinta e Nove Artigos de Religião" da Igreja da Inglaterra nos "Vinte Cinco" do Metodismo, Wesley manteve intacto o artigo referente à Igreja, entretanto o interpretando a fim de indicar os elementos

> essenciais à Igreja visível. Primeiro, a fé vital, sem a qual, sem dúvida, não pode absolutamente haver igreja, visível ou invisível. Segundo, a pregação e o consequente ouvir a pura Palavra de Deus, sem a qual a fé definharia e morreria. E, terceiro, a devida administração dos sacramentos – os meios ordinários pelos quais Deus aumenta a fé.[96]

Em sua preocupação pelo potencial ecumênico do Metodismo, Collin Williams sugeriu que ao dar ênfase a estes três elementos, Wesley teve a intenção de manter juntas as ênfases próprias à tradição das "Igrejas Livres", o Protestantismo Clássico e o Catolicismo.[97] De igual modo, Donald Durnbaugh usou os eixos da tradição, Palavra e Espírito para desenvolver um diagrama triangular sobre o qual constitui as eclesiologias. Para ele, "o meio campo é

---

[96] "An Earnest Appeal to Men of Reason and Religion", 1744, seção 77, agora disponível na edição crítica da nova versão das Obras Completas de Wesley, *Works*, vol. 11, Gerald R. Crag, ed. Oxford: Clarendon, 1975.

[97] Ver Colin Williams, *John Wesley's Theology Today*. Nashville: Abingdon, 1960, cap. 9 e apêndice.

ocupado pelos movimentos que são instáveis por natureza"⁹⁸ – entre eles, primeiro o Metodismo com sua tendência de retroceder a formas mais clássicas da vida eclesial ou, ao contrário, radicalizando na direção das "igrejas livres" ou dos estilos de vida eclesial "pneumaticamente" orientados.

Qualquer direção que se queira tomar com relação a este elemento de instabilidade no interior do Metodismo – louvá-lo como fruto da genialidade de Wesley ao preservar um delicado equilíbrio ou atacá-lo por ser inconsistente – talvez alguém poderá ser ajudado por esta análise para entender que Wesley de muitas maneiras se posicionou em algum ponto entre as tradições cristãs mais clássicas (protestantes ou católicas) e as tradições cristãs mais radicais. Devido à consequente tendência do Metodismo de afirmar um lado ou outro desta tensão, poderá ser útil se proceder a revisão de três áreas em que este assunto vem à tona particularmente em referência a temas do pentecostalismo: (1) o motivo "primitivista" em Wesley, (2) se ele adequadamente pode ser chamado de "teólogo do Espírito", (3) e sua compreensão sobre dos dons do Espírito.

O MOTIVO PRIMITIVISTA EM WESLEY

A nota primitivista em Wesley convida de imediato a uma comparação com a preocupação pentecostal com a restauração da "fé apostólica". Wesley compreendeu-se a

---

⁹⁸ *The Believer's Church*: The History and Character of Radical Protestantism. New York: Macmillan, 1968.

si mesmo como um advogado da "religião antiga" ou do "verdadeiro cristianismo primitivo".[99] Algo desta sua compreensão pode ser encontrado num tratado que teve grande influência sobre Wesley desde os seus dias de missionário na América do Norte, passando pelos anos iniciais do avivamento metodista, até 1749 quando resolveu traduzi-lo e publicá-lo. Em sua edição do "Práticas dos Antigos Cristãos" ["*Manners of the Ancient Christians*"], escrito por Claude de Fleury, estas são as palavras introdutórias:

> Como a religião cristã não é uma invenção humana, mas uma obra de Deus, ela recebeu sua plena perfeição desde seu início. Pois ninguém pode imaginar que os apóstolos eram ignorantes de qualquer verdade necessária ou útil para a salvação.[100]

Alguns detalhes diferentes daqueles do pentecostalismo já podem ser percebidos. É verdade que Wesley, particularmente nos anos iniciais de seu ministério, compartilhava suas preocupações com a ala "*high-church*"[101] da igreja de Inglaterra de sua época, cuja principal ênfase apologética era fundamentar as práticas do Anglo-Catolicismo nos quatro primeiros séculos do cristianismo.

---

[99] "A Letter to a Roman Catholic", 1749, sec. 15. Esta carta pode ser encontrada em várias edições das *Obras de Wesley* e também em Outler, *John Wesley*, p. 498. Expressões como essas, no entanto, são frequentes em Wesley.

[100] John Wesley. *The Manner: of the Ancient Christian*: Extracted from a French Author, segunda edição. Bristol: Felix Farley, 1749.

[101] A expressão "*High-Church*"

Devido sua experiência na América do Norte, a maior preocupação de Wesley passou a ser a restauração das práticas e ordem da Igreja Primitiva. E para ele os *antigos* para os quais apelava não tinham muito a ver com o período neotestamentário. Wesley neste afã, apelava para os três primeiros séculos da Igreja, especialmente os anteriores ao Concílio de Niceia, para a Igreja antes do imperador Constantino.[102] O caráter primitivista de Wesley era nesse sentido algo mais historicamente determinado do que o recurso biblicista dos pentecostais ao livro dos Atos dos Apóstolos.

O primitivismo de Wesley dos seus anos iniciais, entretanto, foi profundamente transformado por sua experiência evangélica em 1738 e pelas influências e acontecimentos com ela relacionados. Luke Keefer Jr. sugere que o "primitivismo eclesiástico" de Wesley foi então transformado numa espécie de "primitivismo soteriológico".[103] De modo semelhante, F. Ernest Stoeffler sugere que "desde então a eclesiologia de Wesley passou a ser condicionada por seu interesse soteriológico resultante de sua própria experiência de renovação influenciada pelo Pietismo alemão".[104] Segundo o mesmo autor, Wesley por

---

[102] Ver Outler, *John Wesley*, p. 9-10.

[103] Luke Keefer, Jr., em um trabalho intitulado "The Primitivistic Note in John Wesley", primavera de 1975, um estudo preliminar de sua tese de doutoramento, "John Wesley. A Disciple of Early Christianity", Temple University, 1982.

[104] F. Ernest Stoeffler. "Tradition and Renewal in the Ecclesiology of John Wesley", Bernd Jaspert e Rudolf Mohr, eds. *Traditio-Krisis-Renovatio aus theologischer Sicht*. Marburg: G. Elwert Verlag, 1976, p. 305.

anos de muitas maneiras permaneceu sendo Anglicano em sua eclesiologia, "mas é uma compreensão modificada de tal maneira a dar lugar à insistência Pietista na reforma da Igreja mediante sua restauração".[105]

Esta mudança para um primitivismo soteriológico (que também pode ter mudado relativamente para normas mais voltadas para a Bíblia entre as outras "antigas" fontes) aproxima ainda mais Wesley do pentecostalismo, a despeito de permanecerem diferenças significativas. Que logo veremos, Wesley primeiramente não estava interessado em descobrir os dons do Espírito perdidos do cristianismo apostólico ou patrístico, mas muito mais em normas de comportamento e conduta. A citação anterior de Fleury continua afirmando que "é entre os primeiros cristãos, portanto, que devemos buscar o padrão da mais Perfeita Vida". Esta sentença resume bem a natureza do motivo primitivista em Wesley.

JOHN WESLEY: UM TEÓLOGO DO ESPÍRITO

Esta mudança soteriológica sob o impacto da experiência de Wesley na Aldersgate Street e em suas relacionadas influências levanta uma importante questão acerca de quanto Wesley poderia ser considerado como um "teólogo do Espírito". Diversos de seus intérpretes têm proposto que Wesley poderia ser assim chamado e então seria óbvio o sentido da questão levantada para determinar a relação do pai do metodismo com o pentecostalismo. Aqui novamente

---

[105] Ibid., p. 306.

podemos levantar a questão sobre as orientações de Wesley voltadas mais para o clássico posicionamento Protestante para Cristo e a Palavra do que aquele mais radical de orientação pneumatológica de movimentos como o dos Quakers e dos Pentecostais.

A divisão entre os estudiosos sobre esta questão indica a complexidade do tema. Alguns, especialmente aqueles relacionados com o conjunto dos modernos Movimentos de Santidade, Pentecostal e Carismático, têm insistido que Wesley é essencialmente um "teólogo do Espírito".[106] Por exemplo, a tese doutoral de Norman Laurence Kellet, na qual analisa o surgimento do Metodismo, tem por título "John Wesley e a Restauração da Doutrina do Espírito Santo para a Igreja da Inglaterra no Século XVIII" [John Wesley and the Restoration of the Doctrine of the Holy Spirit to the Church of England in the Eighteenth Cen-

---

[106] Para esta afirmação, feita a partir de diferentes perspectivas e com diferentes tonalidades, ver, por exemplo, na perspectiva do movimento carismático da tradição Metodista Unida, o trabalho inédito de Robert G. Tuttle. Jr. preparado para a United Methodist Commission on the Charismatic Movement (Comissão sobre o Movimento Carismático na Igreja Metodista Unida). Algumas alusões à essa posição aparecem em *The Partakers*, (Nashville: Abingdon, 1974), e outros em *John Wesley: His Life and Though*. Grand Rapids: Zondervan, 1978; do Metodismo mais estabelecido, ver Lycurgus M. Starkey Jr., *The Work of the Holy Spirit*: A Study in Wesleyan Theology. New York: Abingdon, 1962; do Movimento de Santidade norte-americano, ver Charles W. Carter, *The Person and Ministry of the Holy Spirit*: A Wesleyan Perspective. Grand Rapids: Baker, 1974; dos setores "evangelicais" do Metodismo britânico, ver Skevington Wood, "John Wesley, Theologian of the Spirit", *Theological Renewal*, no. 6, Junho-Julho de 1977, p. 26-34.

tury].[107] Outros, contudo, lamentam a fracasso de Wesley ao não associar sua soteriologia com uma vital doutrina sobre o Espírito Santo.[108]

Parte das discordâncias é mais sobre o uso da terminologia em si, girando mais em torno do que significa chamá-lo de "teólogo do Espírito". O estudo de Kellet, por exemplo, de fato é mais uma discussão sobre o Cristianismo experiencial ou experimental no avivamento evangélico daquele século. Embora a mudança de Wesley

---

[107] Norman Laurence Kellett, tese de doutorado, Brandeis University, 1975.

[108] W. E. Sangster, por exemplo, nota que Wesley "não foi capaz de relacionar sua doutrina [do amor perfeito] com a cruz e o Espírito Santo (como Paulo o faz)", *The Path to Perfection*. New York: Abingdon-Cokesbury, 1943. Uma perspectiva semelhante é apresentada em "Pneumatological Nomenclature in Early Methodism", de Herbert McGonigle, *Wesleyan Theological Journal*, no. 8, primavera de 1973, p. 61-72. Esta posição, com a qual este trabalho está essencialmente de acordo, é vigorosamente criticada por Timothy L Smith em uma série de ensaios escritos após a formulação desta análise e em parte em resposta à publicação de seus resultados. Seu trabalho foi resumido em "The Doctrine of the Sanctifying Spirit in John Wesley and John Fletcher", *Preacher's Magazine*, no. 55, setembro-novembro de 1979. p. 16-17 e 54-58. Uma extensão deste ensaio foi publicada com o título "How John Fletcher Became the Theologian of Wesleyan Perfectionism", 1770-1776", *Wesleyan Theological Journal*, no. 15, primavera de 1980, p. 68-87. Smith se baseia em referências mais gerais sobre a obra do Espírito Santo, fazendo mais uso de "imagens pentecostais" – nenhuma das quais é negada neste estudo – para afirmar que o Espírito é mais central e determinante do poderia admitir o nosso estudo. Smith, no entanto, não consegue demonstrar as circunstâncias que pretende apontar e que seriam características de Wesley. A discussão que se seguiu é analisada por Rob L. Staples em *The Current Wesleyan Debate on the Baptism with the Holy Spirit* – um trabalho que circulou informalmente em março de 1979 – e por Thomas A. Langford em seu livro *Practical Divinity*: Theology in the Wesleyan Tradition. Nashville: Abingdon, 1983, p. 141-43. Ambos autores tendem a concordar com a leitura defendida neste trabalho.

para a soteriologia em 1738, e sua consequente ênfase na experiência, sem dúvida deram maior peso aos temas relacionados com a obra do Espírito Santo,[109] não fica claro que tal impulso foi suficientemente forte para desviar Wesley dos padrões clássicos do Protestantismo em sua tendência Cristocêntrica.

Há um ponto em que Wesley permite o surgimento de temas pneumatológicos mais próximos das tradições cristãs radicais. Uma das maiores acusações de que Wesley seria um "entusiasta" tem a ver com sua doutrina sobre a "certeza da salvação", a qual se baseava na afirmação de que haveria uma "inspiração perceptível".[110] Wesley com certa consistência ensinava que "o testemunho do Espírito é uma impressão interior na alma das pessoas crentes, mediante a qual o Espírito de Deus testifica com o seu espírito de que são filhas de Deus".[111]

Wesley sabia que este ensino seu de alguma forma colocava-o ao lado dos radicais, pois comentou: "Se os Quakers crêem na mesma inspiração perceptível que

---

[109] Este parece ser o ponto central da resposta de William Arnett para McGonigle em "The Role of the Holy Spirit in Entire Sanctification in the Writings of John Wesley", *Asbury Seminarian*, no. 29, abril de 1974, p. 5-23. A questão não é se Wesley concedeu ou não um papel soteriológico ao Espírito Santo – o que obviamente fez - mas sim se o papel dado ao Espírito Santo é tal que se converte em eixo teológico em torno do qual gira todo seu pensamento.

[110] O mais importante trabalho sobre esta doutrina é o de Arthur S. Yates, *The Doctrine of Assurance, with Special Reference to John Wesley*. London: Epworth, 1952.

[111] John Wesley, "The Witness of the Holy Spirit", Discurso II, seção 5, parágrafo 1, in: Edward H. Sugden, ed., *Wesley's Standard Sermons*. London: Epworth, 1921, vol. 2, p. 357.

eu, fico feliz; e não é melhor e nem um pouco pior eles também crerem nisso".[112] Wesley, entretanto, se apressava em qualificar sua perspectiva teológica insistindo que essa experiência de maneira nenhuma poderia estabelecer um ensino universal, mas que era somente "suficiente para confirmar uma doutrina que se baseava nas Escrituras".[113] Wesley, além disso, recusava-se a separar este "testemunho do Espírito" do "fruto do Espírito", exortando "que ninguém presuma descansar num suposto testemunho do Espírito que esteja separado do fruto do Espírito".[114] Como ainda veremos, a ênfase no fruto do Espírito é uma das importantes características de Wesley que serve para distingui-lo dos radicais.

Mas a parte da doutrina da certeza da salvação ou do testemunho interno do Espírito Santo e da acentuada orientação soteriológica resultante de sua ênfase na experiência, Wesley é contundentemente cristocêntrico em seu pensamento – especialmente em contraste aos desenvolvimentos posteriores do movimento de santidade e mesmo do pentecostalismo. Segundo ele, o ideal moral e a forma da salvação se acham firmemente ancorados em Cristo. Quando desejava descrever "alguém que era perfeito", falava usualmente primeiro de "alguém que tinha *a mente que estava em Cristo* e que *andava como*

---

[112] Carta para John Smith, de 25 de Março de 1747, em John Telford, ed., *The Letters of the Rev. John Wesley, A. M.*. London: Epworth, 1931, vol. 2, p. 90.

[113] John Wesley, "The Witness of the Holy Spirit", Discurso II, seção 5, parágrafo 2, edição Sugden, *Sermons*, vol. 2, p. 357-58.

[114] Ibid, parágrafo 3, p. 358.

Cristo andou".[115] Wesley incorpora o Sermão do Monte mais plenamente em sua visão da salvação mais do que a maioria dos teólogos protestantes que desenvolvem sua soteriologia a partir do apóstolo Paulo,[116] e de igual modo define frequentemente *perfeição* em termos semelhantes aos do resumo que Jesus faz da Lei de Moisés.

Harald Lindstrom refere-se ao "alinhamento Cristocêntrico" da doutrina de Wesley sobre a santificação.[117] Também A. Skevington Wood, que pretende falar de Wesley como um "teólogo do Espírito", aponta finalmente para até que ponto tal ênfase está cuidadosamente controlada. Para Wood, Wesley

> compreendeu que a tarefa específica do Espírito Santo é glorificar o Filho e atribuir os benefícios da redenção oferecida por Cristo ... Precisamente porque Wesley compreendeu a partir das Escrituras o papel sustentador que o Espírito que tem, sua teologia firmemente permanece Cristocêntrica.[118]

---

[115] John e Charles Wesley, Prefácio de *Hymns and Sacred Poems*. Bristol: Felix Farley, 1742, reimpresso por G. Osborn, ed., *The Poetical Works of John and Charles Wesley*. London: Wesleyan Methodist Conference Office, 1869, vol. 2, p. 46.

[116] Catorze dos quarenta e quatro sermões "*standard*" de Wesley – que juntamente com suas *Notas Explicativas sobre o Novo Testamento*, são a base doutrinária do Metodismo – são dedicados à exposição sobre o Sermão da Monte, seguindo-se logo após os Sermões sobre o Novo Nascimento.

[117] Harald Lindström, *Wesley and Sanctification*. London: Epworth, 1950, p. 152.

[118] Wood, *John Wesley, Theologian of the Spirit*, p. 26.

WESLEY E OS DONS DO ESPÍRITO

Este mesmo padrão de mover-se em direção aos temas de uma posição mais radicalmente Pneumatocêntrica ao mesmo tempo que permanece numa moldura mais clássica do cristocentrismo é evidente na compreensão de Wesley sobre os dons do Espírito, uma questão crítica para o pentecostalismo. De certa maneira, Wesley não foi um teólogo sistemático e não trabalhou satisfatoriamente seu ensino sobre os dons do Espírito. Seu pensamento sobre esse tema foi de maneira inconsistente retornando algumas vezes às conclusões clássicas do Protestantismo e, em outras, "desenvolvendo crenças em resposta a seus próprios pressupostos teológicos".[119] Wesley também polemizou contra Conyers Middleton, que era cético sobre os relatos patrísticos de milagres e dos dons extraordinários. Wesley insistia que, ao contrário, dons e milagres aconteceram ao longo dos três primeiros séculos do Cristianismo.[120]

Wesley, além disso, parece ter sido convencido de que "frieza espiritual" foi a causa para o declínio dos dons e milagres no período pós-Constantino. Negou que a causa de tal declínio tivesse sido "a falta de oportunidade

---

[119] James Gordon King, Jr., "A Brief Overview of Historic Beliefs in Gifts of the Spirit", p. 14. Este trabalho inédito foi apresentado na reunião da Society for Pentecostal Studies, em 1977 e antecipou sua tese de doutoramento na New York University.

[120] Ver a carta de Wesley ao Dr. Conyers Middleton, datada de 4 de julho de 1749, edição de cartas de Wesley por Telford, *Letters*, vol. 2, p. 312-388, em sua resposta à Middleton em *Free Inquiry into the Miraculous Powers Which Are Supposed to Have Subsisted in the Christian Church*. London: Manby and Cox, 1749.

para eles, já que todo o mundo (*sic*) se tornara cristão"; antes, insistia ele, o amor dos cristãos sim é que havia se "esfriado" – "e se tornara novamente em pagão, só numa forma morta de religião".[121]

Apesar de sua preocupação em restaurar o Cristianismo primitivo, uma normatividade por ele reconhecida nos três primeiros séculos da Igreja, Wesley na verdade mostrou muito pouco interesse na questão dos dons espirituais. Por isso, é forçoso reconhecer-se que os metodistas foram muitas vezes acusados de "reclamar para si quase todo dom apostólico, de forma ampla e completa, assim como fora desfrutado no passado".[122] Wesley negava tal acusação, mas, ao mesmo tempo, permitia que houvesse um espaço para uma contínua manifestação de milagres de tal modo que "Deus ainda agora ouve e responde às orações, indo além do curso ordinário da natureza".[123] O interesse de Wesley, contudo, estava fundamentalmente em outro tema:

> Quer estes dons do Espírito sejam determinados para permanecer na Igreja ao longo de

---

[121] John Wesley, Introdução ao Sermão 89, "The More Excellent Way", par. 2, da edição de Thomas Jackson, *The Works of the Rev. John Wesley*. London: John Mason, 1829, p. 27.

[122] Citação encontrada em William Warburton, bispo de Gloucester, The Doctrine of Grace; or The Office and the Operations of the Holy Spirit Vindicated from the Insults of Infidelity and the buses of fanaticism, 1762, como relatado por Richard Green, *The Works of John and Charles Wesley*: A Bibliography. London: C. H. Kelly, 1869, p.123.

[123] Ver a resposta de Wesley ao Dr. Warburton, bispo de Gloucester, datada de novembro de 1762, edição Telford das Cartas de Wesley, vol. 4, p. 325-384. A citação é da edição Sugden, p. 344.

todos os séculos, quer sejam eles restaurados ou não na medida em que se aproximar a "restauração de todas as coisas", tais questões não precisam ser decididas agora.[124]

Como já mencionado, o interesse real de Wesley não foi com os dons do Espírito, mas sim com o fruto do Espírito. Com regularidade ele fazia esta distinção, insistindo que,

> sem dúvida, não quero dizer que os cristãos agora recebem o Espírito Santo com a finalidade de operar milagres, mas, sem dúvida, que "recebem" sim, agora, e são cheios com o Espírito Santo a fim de serem cheios dos frutos deste bendito Espírito. [125]

Para Wesley, os dons extraordinários foram dados somente a poucos. Sua preocupação era "qual o significado do Espírito para cada crente, para sua pessoal santificação e salvação".[126]

---

[124] John Wesley, Sermão 4, "Scriptural Christianity", Introdução, parágrafo 3, edição Sugden, vol. 1, p. 93.

[125] John Wesley, "A Further Appeal to Men of Reason and Religion", parte 5, seção 28, *Works*, edição Jackson, vol. 8, p. 107.

[126] John Wesley, Sermão 141, "The Holy Spirit". Parte 3, edição Jackson, vol. 7, p. 514.

A SOTERIOLOGIA DE WESLEY

Finalmente chegamos àquele de talvez seja o tema básico do pensamento teológico de Wesley – sua doutrina da salvação. Agora sua ênfase é sobre a restauração da imagem de Deus mediante os diferentes estágios da obra da Graça. Numa passagem mais extensa, Wesley oferece um sumário conciso deste processo:

> A salvação se inicia com o que usualmente é denominado (de forma bastante apropriada) de *Graça Preveniente*, que inclui o primeiro desejo de agradar a Deus, o primeiro lampejar da luz a respeito da vontade divina, e a primeira leve e transitória convicção de se ter pecado contra ela. Tudo isso indica alguma tendência para a vida, algum grau de salvação, o começo de uma libertação de um coração cego e indiferente, praticamente insensível para com Deus e as coisas de Deus. A salvação continua adiante com a *Graça Convincente*, geralmente descrita na Bíblia como arrependimento, que produz uma medida maior de conhecimento e uma libertação mais plena do coração de pedra. Em seguida, experimenta-se a salvação cristã propriamente dita, pela qual, *"mediante a Graça"*, *"somos salvos pela fé"*, que consiste naqueles dois grandes ramos – a justificação e a santificação. Pela justificação somos salvos da culpa do pecado e restaurados ao favor de

Deus; por santificação somos salvos do poder e da raiz do pecado, e restaurados à imagem de Deus. Toda experiência, bem como toda Escritura, mostra que esta salvação pode ser tanto instantânea como gradual. Começa no momento em que somos justificados pelo santo, humilde, gentil e paciente amor de Deus para com o homem. Cresce gradualmente daquele momento em diante como um "grão de mostarda que, embora, seja a menor das sementes", depois brota grandes ramos e se transforma numa grande árvore, até que num outro momento o coração fica limpo de todo pecado e cheio com o puro amor a Deus e ao próximo. Mas mesmo tal amor cresce mais e mais até que "cresçamos em todas as coisas naquele que é a nossa Cabeça", até que alcancemos "a medida da estatura da plenitude de Cristo".[127]

Diversos pontos desta definição merecem comentários adicionais. Primeiro, devemos notar o modo pelo qual a compreensão de Wesley sobre salvação vai além dos temas forenses da justificação para dar ênfase a uma forte doutrina da santificação. Uma característica determinante do pensamento de Wesley é a dupla ênfase no que aqui é referido como os "dois grandes ramos" da salvação – "justificação e santificação". Albert Outler

---

[127] John Wesley, Sermão 85, "On Working Out Our Own Salvation", parte 2, seção l, edição Jackson, vol. 6, p. 509.

sugere que Wesley desenvolveu um motivo "terapêutico" implícito ao Anglicanismo no qual a Graça é vista primariamente não de modo forense fundamentado no perdão, mas numa força "curadora" ou "restauradora",[128] de tal modo que, como Wesley expôs anteriormente, "pela santificação somos [...] restaurados à imagem de Deus".

A doutrina Wesleyana da "plena santificação" ou "perfeição cristã" é de difícil interpretação e tem sido tratada de diferentes pontos de vista. Uma perspectiva que pode ser útil é aquela que a vê como uma forma de "escatologia realizada",[129] que expressa o "otimismo da Graça" de Wesley, contrabalançando o seu "pessimismo da natureza humana".[130] Salvação para Wesley consistia, portanto, na reordenação nesta vida da existência humana caída. Assim Wesley a expôs, "o que quer que seja, é uma salvação no presente, algo aqui alcançável, sim, verdadeiramente alcançada nesta terra".[131] Ou, ainda que

> não é uma bênção que está do outro lado da morte .... Não é algo distante. É alguma coisa atual, uma bênção mediante a qual pela

---

[128] Ver Albert Outler, *Theology in the Wesleyan Spirit*. Nashville: Tidings, 1975, especialmente p. 52ss.

[129] Ver o uso deste termo em David Cubie, "Perfection in Wesley and Fletcher: Inaugural or Teleological", *Wesleyan Theological Journal*, vol. 11, primavera de 1976, p. 26.

[130] Termos usados por E. Gordon Rupp, *Principalities and Powers*. London: Epworth, 1952, capítulo 5.

[131] John Wesley, Sermão 1, "Salvação pela Fé", parte 2, seção 1, edição Sugden, p. 30.

misericórdia gratuita de Deus dela tomamos posse agora.[132]

É esta visão que se encontra por detrás da controvertida doutrina metodista da perfeição cristã. Wesley radicalmente qualificou a "perfeição" que se deve esperar. Não se refere a uma "isenção da ignorância, do engano, ou das tentações"[133] mas inclui sim o crescimento para além do "pecado, propriamente assim chamado (isto é, a transgressão voluntária de uma lei conhecida)".[134] Wesley procurou evitar a expressão "perfeição sem pecado" porque implicaria ela numa incapacidade para o pecar. Preferia antes falar mais positivamente sobre a "mente de Cristo", a total devoção a Deus e do amor a Deus e ao próximo:

> De um certo modo, é a pureza de intenções, a dedicação de toda a vida a Deus. É o entregar-se a Deus de todo nosso coração; é ter um único desejo e propósito governando todas as nossas disposições interiores. É o devotar a Deus, não parte, mas toda nossa alma, corpo e bens. De outro, é toda a mente que estava em Cristo nos capacitando a andar como Cristo andou. É a circuncisão do coração de

---

[132] John Wesley, Sermão 50, "The Scriptural Way of Salvation", parte 1, seção 9, edição Sugden, vol. 2, p. 444-45.

[133] John Wesley, Sermão 40, "Christian Perfection", parte 1, seção 9, edição Sugden, vol. 2, p. 156.

[134] Esta distinção (entre "pecados propriamente chamados" e "pecados impropriamente chamados") é importante no pensamento de Wesley. A referência é retirada de "A Plain Account of Christian Perfection", seção 19, *Works*, edição Jackson, vol. 11, p. 396.

> toda imundície, de toda corrupção interna
> e externa. É a renovação do coração à plena
> imagem de Deus, à completa semelhança
> daquele que nos criou. E ainda outro modo,
> é o amar a Deus de todo nosso coração e ao
> nosso próximo como a nós mesmos. Agora
> escolha como achar melhor qualquer um desses modos (já que não há qualquer diferença
> substancial entre eles).[135]

Estas afirmações são também qualificadas por Wesley pelo caráter teleológico do ensino sobre a perfeição cristã – até onde esta compreensão da vida cristã servia como alvo a ser atingido com esforço mais do que ponto de partida no qual se tornou em muito do pensamento "wesleyano" posterior. Muitos trechos em seu tratado *"Uma Explicação Clara da Perfeição Cristã"* [A Plain Account of Christian Perfection] deixam claro que outras tradições cristãs esperam que a plena santificação se dê no momento da morte.[136] Wesley, entretanto, arguindo se este estado poderia ser alcançado antes de tal instante e de forma gradual, vai afirmar, como o fez em 1767 no sumário que acrescentou ao tratado "Uma Explicação Clara":

> Creio que este instante geralmente acontece
> no momento da morte, o momento antes da
> alma deixar o corpo. Creio, entretanto, que

---

[135] John Wesley, "A Plain Account", seção 27, *Works*, edição Jackson, vol. 11, p. 444.

[136] Ver a discussão da questão em Cubie, "Perfection in Wesley and Fletcher", p. 22-37.

possa acontecer dez, vinte ou quarenta anos antes dele. Creio que aconteça muitos anos após a justificação; mas pode ser que aconteça dentro de cinco anos ou cinco meses depois dela. Não conheço argumento conclusivo que contradiga estas afirmações.[137]

Estas últimas citações revelam até que ponto Wesley começou a lutar com o alvo da "perfeição" como o clímax da vida cristã. Foi o pensamento "wesleyano" desenvolvido mais tarde que moveu com facilidade esta experiência para o começo da vida cristã e a ligou intimamente com a iniciação à experiência cristã.

Houve também semelhante ambiguidade sobre se deveria ou não se dar ênfase ao aspecto gradual ou instantâneo da santificação. Wesley pensava que dentro do processo de santificação haveria um "momento" em que aconteceria a plena santificação:

> Se o pecado cessa antes da morte, deve haver, segundo a natureza da própria coisa, uma mudança instantânea, deve haver um último momento no qual ela existe e um primeiro momento em que ela não exista.[138]

Por muito tempo em sua vida, Wesley permaneceu extremamente ambivalente em sua opinião sobre dar

---

[137] John Wesley, "Brief Thoughts on Christian Perfection", apêndice em "Plain Account of Christian Perfection", *Works*, edição Jackson, vol. 11, p. 446.

[138] John Wesley, "Minutes of Several Conversations", Works, edição Jackson, vol. 8, p. 329.

prioridade à "crise" ou ao "processo" da santificação. Orville Walters tem estudado este assunto afirmando que Wesley superou tal ambivalência por volta de 1772, quando passou a dar ênfase ao caráter instantâneo da segunda bênção, embora seja sempre precedida e seguida por uma santificação que é ao mesmo tempo tanto gradual quanto um processo.[139]

A CONTROVÉRSIA ENTRE PERFEIÇÃO CRISTÃ *VERSUS* BATISMO NO ESPÍRITO SANTO

Por volta daquele ano, surgiu uma questão crucial para a compreensão de como o pentecostalismo pode ser associado ao Metodismo – a que iria causar sérios problemas a uma parte considerável da tradição Wesleyana por mais de um século. Na medida em que ficava claro que o pensamento Wesleyano daria ênfase ao "momento" em que ocorria a "plena santificação", a questão levantada seria se era oportuno descrever tal experiência como um batismo do Espírito Santo a partir dos relatos do Novo Testamento sobre o Pentecostes.

O próprio Wesley parece que resistiu admitir algo semelhante que se desenvolveria posteriormente quando entre seus seguidores, especialmente aquele que ele designara como seu sucessor, John Fletcher, e Joseph Benson, pregador de Wesley, amigo pessoal de Fletcher e futuro

---

[139] Orville S. Walters, "The Concept of Attainment in John Wesley's Christian Perfection", *Methodist History*, no. 10, abril de 1972, p. 12-29.

editor das *"Obras Escolhidas"* (Selected Works) do santo pároco de Madeley.

A discussão que se seguiu pode ser reconstruída somente a partir de poucas indicações encontradas em documentos escritos da época – seus principais documentos já não são mais encontrados.[140] Tudo sugere que tal discussão veio à tona em meio aos exaustivos temas sobre o ensino da eleição e da perfeição cristã suscitados pela controvérsia com os Calvinistas no início da década de 1770. As desavenças surgidas durante a controvérsia acabaram por destruir a coalisão que existia entre a ala mais calvinista do Metodismo, dos círculos em volta de George Whitefield, e a ala mais arminiana sob a influência de Wesley e seus colaboradores. Tudo começou no Trevecca College no País de Gales, uma instituição teológica que preparava pregadores metodistas e tinha sido estabelecida por Selina Hastings, a rica, poderosa e piedosa Duquesa de Huntington, protetora de Whitefield, seu capelão oficial. John Benson, que tinha sido designado Mestre-Escola da instituição pela Duquesa, foi demitido por ela em virtude de suas ideias arminianas, uma decisão que acabou por levar John Fletcher a se demitir do cargo de diretor daquela escola.

---

[140] Se tem procurado por todos os modos possíveis localizar estes materiais, mas as buscas nos Arquivos do Metodismo britânico e na correspondência de Frank Baker – [até então] o principal biógrafo de Wesley – não têm conseguido ir além do material que pode ser somente encontrado de modo fragmentário nas biografias publicadas e das edições das *Letters*.

Numa carta a Benson, Fletcher mencionou que o Rev. Walter Shirley havia visitado a instituição e, enquanto lá estava, "teria feito em pedaços 'o que o senhor tem escrito acerca do batismo do Espírito Santo'". Benson nesta altura aparentemente estaria afirmando que crentes deveriam ter a experiência da "perfeição cristã" mediante um "batismo pentecostal do Espírito Santo". O Rev. Shirley teria argumentado contra tal ensino afirmando que a "profecia de Joel (cf. Atos 2) teria se cumprido no Dia de Pentecostes".[141]

Ao que tudo indica, Wesley neste assunto compartilhava pelo menos de algumas opiniões defendidas pelo Rev. Shirley. Isto porque algumas semanas antes ele teria aconselhado Benson a "abster-se de falar sobre a Salvação Universal e as últimas descobertas do Sr. Fletcher".[142] Benson claramente estaria sendo tentado pela doutrina da "salvação universal absoluta", mas a afirmação seguinte é uma obscura referência. John Telford, o editor das "*Cartas de Wesley*", sugere que ela se refere ao ensino de Fletcher sobre o "receber o Espírito Santo".[143] Alguns meses antes,

---

[141] Carta de John Fletcher a Joseph Benson, datada de 22 de março de 1771, reimpressa em *Wesley's Designated Successor*, Luke Tyerman (London: Hodder and Sloughton, 1882), p.179-80.

[142] Carta de John Wesley a Joseph Benson, datada de 9 de março de 1771, reimpressa na edição Telford das *Letters* de Wesley, vol. 5, p. 228.

[143] Esta proposta de Telford foi questionada por Timothy L. Smith, em "The Doctrine of the Sanctifying Spirit in John Wesley and John Fletcher" e "How John Fletcher Became the Theologian of Wesleyan Perfectionism, 1770-1776". O argumento de Smith, sobre um aparente pressuposto teológico de que Wesley não poderia ter querido dizer tal coisa, já que ele anteriormente teria se referido à expressão "cheio do

Wesley se tinha oposto a maneira de Fletcher falar sobre a plena santificação. Embora reconhecendo que o pároco de Madeley aceitava "tudo que eu defendo – uma total libertação do pecado, a restauração de toda a imagem de Deus, o amar a Deus de todo o coração, alma e força" – Wesley não aceitava a frase "receber o Espírito Santo", insistindo que "a frase com aquele significado não é Escriturística e tão pouca adequada, já que todos recebem o Espírito Santo quando são justificados".[144]

Anos depois, parece que Fletcher e Wesley esclareceram suas diferenças sobre essa questão e aparentemente concordaram em discordar. Wesley assim se referiu a tal acordo:

> Parece que nossas opiniões sobre a perfeição Cristã são um pouco diferentes, embora não antagônicas. É certo que todo recém-nascido em Cristo recebe o Espírito Santo e o Espírito testemunha com o seu espírito de que é filho de Deus. Embora não tenha ainda alcançado a perfeição.[145]

Espírito" numa correspondência com Fletcher sem expressar nenhuma crítica ao seu uso. Tal pressuposto dá por assentado que o uso de expressões tais como "cheio do Espírito" deve necessariamente implicar no uso do imaginário Pentecostal e numa doutrina do batismo do Espírito Santo. Entretanto, não é óbvia de forma alguma a necessidade deste pressuposto. Portanto, sigo a posição de Telford.

[144] Carta John Wesley a John Fletcher, datada de 28 de dezembro de 1770, reimpressa na edição Telford, vol. 5, p. 214-15.

[145] Carta dc John Wesley a John Fletcher, datada de 2 dc março de 1775, reimpressa na edição Telford, vol. 6, p. 146.

Fletcher, por seu lado, também se tornou mais sofisticado sobre suas próprias diferenças com Wesley. Em carta a Srta. Mary Bosanquet, a pregadora metodista que mais tarde veio a ser sua esposa, escreveu:

> Não fundamento a doutrina da perfeição cristã sobre a *ausência de pecado* – a perfeição de uma pomba ou de uma ovelha – nem no *amor de alguém a Deus com toda sua força*, porque creio que todo perfeito gentio e judeu assim o faz, mas sobre a *plenitude* daquele amor que é superior, mais nobre, mais caloroso e *mais poderoso*, e o qual o apóstolo Paulo chama de *amor do Espírito, o amor a Deus que é derramado pelo Espírito Santo*, dado aos crentes cristãos, aqueles que, desde o Dia de Pentecostes, caminham decididos em direção à perfeição da Dispensação Cristã.[146]

Mesmo que as palavras de Fletcher pareçam ser uma explícita objeção às opiniões de Wesley, ele estabelece uma clara diferença:

> Poderão encontrar minhas opiniões sobre este assunto nos sermões do Sr. Wesley sobre *A Perfeição Cristã* e *O Cristianismo Bíblico*, com a seguinte diferença: faria eu uma distinção mais clara entre o crente batizado com o poder pentecostal do Espírito Santo

---

[146] Carta de John Fletcher a Mary Bosanquet, datada de 7 dc março de 1778, reimpressa em Tyerman, *Wesley's Designated Successor*, p. 411.

e o crente que não está ainda cheio daquele poder, à semelhança dos apóstolos depois da ascensão de Nosso Senhor.[147]

Wesley e Fletcher compartilhavam muita coisa, mas as diferenças seriam mais do que de semântica ou de terminologia. Suas referências ao conflito revelam algumas divergências fundamentais que subjazem àquilo que lhes é comum. Em outros tempos e em outras circunstâncias as nuances sutis se tornariam acentuadas e revelariam mais claramente as ambiguidades básicas que foram herdadas da época do Metodismo clássico. Devemos nos esforçar para discernir mais plenamente as sutilezas de tais diferenças mínimas antes de nos voltarmos para o conflito no contexto norte-americano.

A DIVISÃO CRUCIAL

Fletcher entendia que a chave para o entendimento de seu pensamento estava em sua doutrina sobre as dispensações – um ponto nevrálgico de suas diferenças com o pensamento de Wesley. Embora não tenha desenvolvido suas opiniões sobre este tema, Wesley parecia compartilhar a posição Protestante que considera a história fundamentalmente dividida por Cristo em dois períodos ou talvez mais exatamente pela expiação efetuada em sua morte. Wesley se refere a "aliança das obras" e a "aliança da Graça" como "dispensação Judaica" e "dispensação Cristã". O Espírito Santo naturalmente desempenha um

---

[147] Ibid.

papel importante como no Pentecostes, entretanto como agente de Cristo e a ele subordinado. Isto é repetir o que foi dito acima sobre o fato de que Wesley desenvolve fundamentalmente seu pensamento teológico dentro de um quadro cristocêntrico, mesmo que tenha dado grande peso à apropriação experiencial da graça.

Fletcher, ao contrário, considerava a história dividida em três dispensações, cada uma delas identificada com uma das pessoas da Trindade, cada uma delas caracterizada por uma "grande promessa de Deus".[148] A primeira delas é a "dispensação do Pai", que mira adiante a "manifestação externa do Filho". A "dispensação do Filho" abre-se com João Batista e mira mais à frente a "promessa do Pai", ou seja, a efusão do Espírito em Pentecostes. A "terceira dispensação, a do Espírito, mira por sua vez a volta de Cristo.[149] Estas dispensações não são apenas uma descrição do movimento da *Heilgeschichte* (História da salvação), ou estágios do operar de Deus dentro da história humana, mas – e talvez, primeiramente – são também uma descrição dos estágios de crescimento e

---

[148] Este modo de entender as dispensações é desenvolvido de modo mais completo em seu livro, *Portrait of St. Paul*, reimpresso em *The Works of the Reverend John Wesley*. Salem, Ohio: Schmul Publishers, 1974. Na literatura secundária, o melhor tratamento destas questões é dado em John Allan Knight, "John William Fletcher and the Early Methodist Tradition", tese de doutoramento na Vanderbilt University, 1966, especialmente as páginas 176-190. Parte de seu material mais relevante foi incorporado no ensaio de Knight, "John Fletcher's Influence on the Development of Wesleyan Theology in America", *Wesleyan Theological Journal*, no. 13, primavera de 1978, p. 13-33.

[149] Este esboço feito por Fletcher se encontra em seu *The Portrait of St. Paul*, p. 166-69.

desenvolvimento espirituais pelos quais cada pessoa crente deve necessariamente passar.[150]

Esta doutrina de dispensações assumida por Fletcher dá ênfase ao movimento teleológico da história de uma forma que nada tem a ver com o pensamento de Wesley. Embora o fundador do movimento metodista faça referências a um clímax da história, como o julgamento final, sua escatologia foi mais orientada para questões relacionadas com a morte e o destino final do ser humano.[151] Escatologia, enquanto a expectativa do iminente retorno de Cristo, não tem grande presença em sua teologia como algumas pessoas equivocadamente imaginam. O pensamento de Wesley, como já sugerido, orienta-se sobremaneira pela soteriologia, pois seu foco está na apropriação da Graça nesta vida presente e na restauração da imagem de Deus como preparação para a morte e a vida eterna. Fletcher, por seu lado, está muito mais interessado na promessa sobre a volta de Cristo e frequentemente fala dela no contexto de outras discussões.[152]

O sistema dispensacionalista de Fletcher acentua o papel do Espírito Santo afirmando que a presente dispensação de certo modo se caracteriza especialmente pela atividade

---

[150] Ibid., p. 110-73.

[151] Na obra *Wesley's Theology*, editada por Robert W. Burtner e Robert E. Chiles, New York: Abingdon, 1954, o pensamento de Wesley sobre este ponto é apresentado de modo apropriado, enfocando questões sobre "o destino humano", "a vida eterna", etc. Ver também a perspectiva semelhante de William Strawson em "Wesley's Doctrine of the Last Things", *London Quarterly and Holborn Review*, no. 28, julho de 1959, p. 240-249.

[152] Ver, por exemplo, o tratamento do tema em Fletcher, "An Equal Check", in: *Fletcher's Works*, vol. 2, p. 262-264, ou em seu "*Letter on Prophecies*", vol. 4, p. 238-49.

do Espírito Santo. Porque "a dispensação do Espírito Santo está agora em seu pleno vigor", o "ministro que a pregue não pode ser acusado de ser um entusiasta".[153] A motivação do modelo dispensacionalista em Fletcher vai empurrar o Metodismo do modelo Cristocêntrico próprio de Wesley para mais perto de um padrão Pneumatocêntrico. De modo semelhante, quando um esquema dispensacionalista começou a ser usado para interpretar o desenvolvimento espiritual pessoal, apresentou-se também a tendência de se separar a experiência da recepção do Espírito Santo da experiência de conversão, o que passou a perturbar muito a Wesley. Fletcher que não separava o Espírito dos estágios prévios, dava, todavia, maior ênfase a ação do Espírito no terceiro que teria se inaugurado no batismo do Espírito Santo. Tal ênfase deu lugar a diversos questionamentos. Quando tal esquema foi usado posteriormente por mentes não dotadas da mesma sutileza própria de Fletcher, acentuou-se a tendência de se separar ambas experiências.

Parte do que estava em questão então era a mudança nos fundamentos exegéticos de tais temas. Apesar da fidelidade de Wesley ao seu compromisso com a "restauração" da vida da Igreja Primitiva, um fato marcante neste processo é que raramente ele faz referências ao livro dos Atos dos Apóstolos. Esta lacuna é particularmente notada nas discussões sobre a "perfeição cristã" e a "santificação plena". O estudo sobre os fundamentos exegéticos de Wesley feitos por W. E. Sangster sobre este tema identifica trinta textos básicos – um do livro de Ezequiel, três do Evangelho de Mateus, dez das cartas paulinas, três da carta aos Hebreus,

---

[153] Fletcher, *The Portrait of St. Paul*, p. 181.

um da carta de Tiago, dois do Evangelho de João e dez da primeira carta de João.[154] Portanto, é de se notar a ausência do livro dos Atos dos Apóstolos nesses escritos de Wesley, inclusive qualquer referência ao Pentecostes.

A formulação de Fletcher obviamente dá ao livro dos Atos dos Apóstolos uma nova importância. De acordo com o índice dos textos bíblicos a ele referentes mostra que Atos dos Apóstolos é citado mais que qualquer outro livro bíblico em seu *Obras Escolhidas*. O que podemos identificar é que entre Wesley e Fletcher há uma mudança significativa nos fundamentos exegéticos, indicando mesmo a troca de uma orientação Paulina e Joanina característica de Wesley por uma orientação Lucana mais própria de Fletcher. Seria fácil se dar ênfase demasiada a tais diferenças, mas esta perspectiva provê algumas pistas importantes para um nível mais aprofundado da discussão deste tema.

Pode-se afirmar, portanto, que a própria doutrina sobre as dispensações estaria expressamente enraizada na teologia Lucana. Os estudos sobre a redação de Lucas e Atos estão no centro de uma tormentosa discussão que tem chegado a poucas conclusões. Note-se, contudo, que Hans Conzelmann afirma em sua *Theology of Saint Luke* que na teologia lucana há uma semelhante periodização tripartite da história: o período de Israel, o período de Jesus e o período da Igreja e do Espírito.[155] Conzelmann obviamente entende que tal periodização como uma "desescatologização" da *Heilgeschichte* como reação à "demora da *Parousia*", enquanto Fletcher ao voltar-se

---

[154] Sangster, *The Path to Perfection*, capítulo 5, p. 37-52.

[155] Hans Conzelmann, *The Theology of Saint Luke* (New York: Harper and Brothers, 1960), p. 150.

para tal periodização revela uma intensificação de sua orientação escatológica. Os estudos redacionais de Conzelmann, entretanto, são controvertidos[156], sendo que alguns comentaristas acreditam que os modelos de Lucas estão mais afinados com a leitura que Fletcher faz dos textos.[157]

Outras questões pertinentes são ainda colocadas. J. E. Fison tem sugerido que "o Espírito em Atos não é ainda suficientemente extático" e que "a grande contribuição de Paulo é dar prioridade à dimensão ética sem tirar um til do caráter sobrenatural e escatológico de seu ministério".[158] Tal afirmação tem sido também objeto de discussão,[159] mas, naquele intervalo de tempo, pode sugerir-se que algumas das diferenças sutis de Fletcher face-a-face as discordâncias de Wesley podem estar enraizadas num conjunto de textos aos quais eles deram maior prioridade. Isto é verdade em alguns pontos – tais como a ênfase de Fletcher ao tema do "poder" mesmo nos raros textos já citados. Eduard Schweitzer sugere no *Dicionário Teológico* de Kittel que Lucas-Atos tem o seu foco no Espírito e tende a empregar "δύναμις [poder] e "πνευμα" [Espírito] quase como sinônimos" e que

---

[156] Esta discussão encontra-se resumida por E. Earle Ellis em *Eschatology in Luke*. Philadelphia: Fortress, 1972.

[157] Ver particularmente Fred O. Francis, "Eschatology and History in Luke-Acts", *Journal of the American Academy of Religion*, no. 37, March 1969, p. 49-63. Francis dá ênfase ao significado da profecia em Joel para a interpretação de Lucas como uma "meditação escatológica sobre Joel".

[158] J. E. Fison, *The Blessings of the Holy Spirit*. London: Longmans, Green, 1950, p. 121.

[159] Por exemplo, J. H. E. Hull, *The Holy Spirit in in the Acts of the Apostles*. Cleveland: World, 1968, p. 170.

προφητεύειν [profetizar] é para Lucas muito central como *a* obra do Espírito [...] só marginalmente encontramos expressões em que o Espírito é geralmente compreendido como habitando continuamente nas pessoas ou na comunidade.[160]

Não estamos sugerindo, é verdade, que Fletcher se movimentou tão longe nesta direção, pois era em muito submisso ao pensamento de Wesley. Estes temas teológicos distintos, entretanto, começaram a lhe surgir e em outras circunstâncias aquelas pessoas que foram influenciadas por suas opiniões puderam aproveitá-las e intensifica-las, especialmente se as influências do modelo mais Wesleyano por diversas razões perderam sua força.

O estudo desse desenvolvimento histórico é o maior objetivo da análise desta presente obra e uma das maiores consequências deste projeto é a conclusão que nestas mudanças se acham expressas as raízes históricas da teologia Pentecostal. Tais desenvolvimentos não aconteceram no Metodismo da Inglaterra do século XVIII em parte devido à resistência de Wesley e ao controle que naquele contexto suas opiniões impunham sobre todo o movimento metodista. A América do Norte vai oferecer o contexto para o desenvolvimento daquelas mudanças e para elas agora voltamos nossa discussão.

---

[160] Gerhard Friedrich, ed., *Theological Dictionary of the New Testament*, trad. Geoffrey W. Bromiley. Grand Rapids: Eerdmans, 1966, vol. 6, p. 407-8.

Capítulo 3

O AVIVAMENTO NORTE-AMERICANO DA PERFEIÇÃO CRISTÃ

NA AMÉRICA DO NORTE, mais precisamente nos Estados Unidos da América, o Metodismo encontrou o seu real destino. Ainda pela metade do século XIX, Philip Schaff reconhecia que "na América [o Movimento Metodista] tem conseguido, possivelmente, entre todos os segmentos da igreja, junto dos Puritanos, exercer a maior influência sobre a vida religiosa em geral".[161] Por si só, este é um notável fato histórico porque, quando da Revolução Americana (1776), o Metodismo nas Américas era ainda uma seita[162] desorganizada e mar-

---

[161] Philip Schaff, *America: A Sketch of its Political. Social, and Religious Character.* New York: Charles Scribner, 1855; edição crítica, editada por Perry Miller. Cambridge: Harvard University Press e Belknap Press, 1961], p. 137

[162] Dayton usa o termo "seita" como cunhado por Ernest Troeltsch com vistas a distinguir as igrejas estabelecidas (estatais) das igrejas livres. É

ginal começando a fincar seu pé no Novo Mundo. Por volta de 1820, todavia, os Metodistas conseguiram fazer crescer sua membresia mais rapidamente do que a dos Batistas e caminhavam rapidamente para tornarem-se a maior denominação Protestante nos Estados Unidos durante aquele século. Na década de 1840, os Metodistas ultrapassaram os Batistas na proporção de 10 Metodistas para 6 Batistas e em "proporção igual de juntos os Presbiterianos, Congregacionais, Episcopais, Luteranos e Reformados".[163] Assim os Metodistas se tornaram nos grandes discipuladores da América colonial.

As razões para esse extraordinário crescimento são múltiplas. O Movimento Wesleyano chegou à América do Norte no momento de seu maior vigor. Seus evangelistas e pregadores itinerantes, principais instrumentos em sua expansão pela incorporação de pessoas leigas e de novos convertidos, espalharam-se por todo país, provando que eram os que mais se adaptavam ao avanço de novas fronteiras na medida em que se dava a colonização do Oeste. Os elementos arminianos e perfeccionistas próprios do Metodismo, tanto explícitos como implícitos, se constituíram em ambiente propício para expressar e intensificar o

---

verdade que o termo seita com este sentido já era conhecido antes de Ernest cunhá-lo com preeminência nos estudos da Religião na Europa já que o próprio Wesley havia dito que o Metodismo não havia sido levantado por Deus para ser uma seita. Naqueles dias de Wesley, por exemplo, Puritanos, Batistas, Presbiterianos na Inglaterra, eram considerados seitas. Seita aqui neste livro não tem o sentido pejorativo como comumente o termo assumiu com o passar dos anos, especialmente em nosso país. [N.E.].

[163] Winthrop Hudson, "The Methodist Age in America", *Methodist History*, no. 12, Abril de 1974, p. 11.

expansionismo otimista reinante naquela época. Sob tais condições, o Metodismo cresceu em influência de tal maneira que alguns estudiosos da história dos Estados Unidos durante o século XIX chegam a falar de uma "Era Metodista Americana".[164] O que aconteceu entre os Metodistas, portanto, foi de uma significativa amplitude cultural muito maior do que muitas vezes se supõe.

A "Era Metodista Americana", entretanto, foi muito mais do que o crescimento de uma denominação em particular a ponto de se tornar a maior no país; antes, significou que o Metodismo de certo modo deu o tom para muitos outros grupos religiosos. Ideias e práticas Metodistas acabaram por permear outras denominações, de modo particular as do campo Reformado.[165] O Grande Despertamento Religioso, que aconteceu na Nova Inglaterra no século XVIII, acrescentou um fator a mais na erosão do Calvinismo Puritano e contribuiu para o desenvolvimento do processo que ficou conhecido como a "Arminianização da Teologia Americana".[166] Este impulso que alcançou o seu clímax no surgimento dos avivamentos, se confundiu com o desenvolvimento do Metodismo e lançou as bases da religião evangélica e da

---

[164] Ibid. Usos anteriores desta expressão, são mencionados no artigo de C. C. Goen, "The 'Methodist Age' in American History", *Religion in Life*, outono 1965, p. 562-572.

[165] A expressão "Reformado" nesta obra em geral se refere ao campo das denominações evangélicas sob a influência teológica do calvinismo como, por exemplo, os presbiterianos. [N.T.].

[166] Ver, por exemplo, James E. Hamilton, "Academic Orthodoxy and the Arminianizing of American Theology", *Wesleyan Theological Journal*, no. 9, primavera de 1974, p. 52-59.

síntese cultural que predominou nos Estados Unidos no período que antecedeu a Guerra Civil entre o Norte e o Sul do país na primeira metade do século XIX. Timothy Smith descreverá a força dominante no contexto Norte-Americano na véspera daquele grande conflito como sendo uma coalizão entre o "Avivalismo Calvinista" com o "Arminianismo Evangélico" – uma coalizão dominada pelas ideias muito próximas do Metodismo, inclusive a doutrina Wesleyana da "perfeição cristã".[167]

O mais influente dos avivalistas Calvinistas daquele tempo certamente foi o controvertido Charles Grandison Finney, que advogou a adoção de um novo estilo para os avivamentos, denominado "Novas Medidas" [New Measures]. Richard Carwardine argumenta que o surgimento deste novo estilo de avivamento deveria ser considerado basicamente como um permear dos círculos Presbiterianos e Congregacionais pelas ideias e práticas dos Metodistas. Entre elas, estariam a prática do "banco dos penitentes", o encorajamento das mulheres para prática da pregação e da oração em público nas "reuniões caóticas" dos "ajuntamentos campais", a pregação extemporânea mais voltada para as manifestações emocionais da congregação, e ênfase na teologia Arminiana – tudo se mesclando na cultura dominante dos motivos e usos do Metodismo.[168] O clímax desse processo pode ser verificado na adoção por Finney de

---

[167] Timothy L. Smith, *Revivalism, and Social Reform in Mid-Nineteenth-Century America*. New York: Abingdon, 1957, p. 32-33.

[168] Richard Carwardine, "The Second Great Awakening in the Urban Centers: An Examination of Methodism and the 'New Measures'", *Journal of American History*, no. 59, Setembro de 1972, p. 327-40.

opiniões muito próximas das posições Wesleyanas sobre a santificação e o consequente desenvolvimento do ensino que na década de 1830 ficou conhecido como "Perfeccionismo de Oberlin".

Nosso verdadeiro interesse, contudo, está nas vicissitudes da doutrina da Perfeição Cristã sofridas no cenário Norte-Americano. O Metodismo atravessou o Oceano Atlântico em meio aos desenvolvimentos teológicos que foram descritos no capítulo anterior, vindo a encontrar um solo onde pôde melhor cultivar sua doutrina mais característica – a da Perfeição Cristã – ainda que não de imediato.

O assunto é controvertido,[169] mas, mesmo assim, parece ser razoável a afirmação de que nos primeiros anos do Metodismo Norte-Americano a doutrina da "Perfeição Cristã" foi uma respeitada, embora não a dominante, marca da pregação [Metodista] daquele período".[170] John Peters sugere que o contexto do avanço da fronteira para o Oeste encorajou o Metodismo dar maior ênfase à pregação da salvação do que na da Perfeição Cristã. Um levantamento da literatura dessa época confirma esta conclusão. Embora tal doutrina sempre tenha sido uma preocupação entre os Metodistas em seus primórdios, há um consenso de que a pregação de uma "segunda bênção" se ajustou melhor à condição espiritual de uma segunda geração de crentes nos Estados Unidos.

---

[169] Este material foi analisado por Allan Coppedge em seu artigo, "Entire Sanctification in Early American Methodism: 1812-1835", *Wesleyan Theological Journal*, no. 13, primavera de 1978, p. 34-50.

[170] John Leland Peters, *Christian Perfection and American Methodism*. New York: Abingdon, 1956, p. 97.

O SURGIMENTO DO MOVIMENTO DE SANTIDADE

Não é necessário resolver-se esta questão nesta altura da presente discussão para se reconhecer que o surgimento da ênfase no ensino da Perfeição Cristã, especialmente na década de 1830, acabou por provocar uma "Cruzada de Santidade", uma esquecida, mas importante marca da vida religiosa norte-americana no século XIX.[171] Um antecipado prenúncio sobre o estava para acontecer, ocorreu em 1825 com a publicação do pequeno livro, "*The Christian Manual: A Treatise on Christian Perfection, with Directions for Obtaining That State*"[172] pela Igreja Metodista Episcopal. O autor, provavelmente, foi Timothy Merritt, um proeminente ministro metodista, nomeado para o circuito de Boston na ocasião da publicação. "A doutrina da Perfeição Cristã era o seu assunto favorito e ele mesmo era dela um exemplo vivo".[173] Tal preocupação levou à criação do seu "*Guide to Christian Perfection*",

---

[171] Ver o levantamento feito por Timothy L. Smith destes desenvolvimentos na obra editada por Emory Stevens Bucke, *The History of American Methodism*, 2a. edição (New York: Abingdon, 1964), vol. 2, p. 608-27. Entre estudos mais detalhados, o que parece oferecer argumentos mais úteis para a questão em pauta é o trabalho de Melvin E. Dieter, *The Holiness Revival of the Nineteenth Century*, Studies in Evangelicalism, no. 1. Metuchen, NJ: Scarecrow Press, 1980.

[172] Obra anônima, *The Christian Manual: A Treatise on Christian Perfection, with Directions for Obtaining That State.* New York: N. Bangs and J. Emory for the Methodist Episcopal Church, 1825. Este trabalho consiste primeiramente em textos extraídos de obras de Wesley e só secundariamente de Fletcher.

[173] Abel Stevens, *A Compendious History of American Methodism.* New York: Carlton and Porter, 1863, p. 371.

destinado a tornar-se posteriormente, sob outros editores que se seguiram a Merritt, na publicação referência do Movimento de Santidade, especialmente na medida em que esse avivalismo encontrou abrigo no interior do Metodismo Norte-Americano.

Ao mesmo tempo, em Nova Iorque, Phoebe Palmer e sua irmã Sarah Lankford alcançaram a experiência da santificação. Phoebe, para quem essa experiência ofereceu a certeza que outras pessoas haviam encontrado na experiência da conversão, veio a se tornar numa expressiva liderança do Avivamento de Santidade. Ela foi de fato a primeira dirigente dos famosos "Encontros das Terças-Feiras para a Promoção da Santidade" que se reuniram em sua residência por mais de sessenta anos. Nesse tempo ela foi a editora da publicação fundada por Merritt, que recebeu o novo nome de *Guia para Santidade*, tornou-se uma evangelista itinerante que viajou extensamente por todo o país e também pela Europa. A reuniões na sofisticada sala de visitas da casa dos Palmers, de forma bem parecida com os encontros carismáticos de hoje nos lares crentes, foram amplamente reproduzidos em diversas regiões da América do Norte e no fim do século compreendiam uma vasta rede de encontros de Santidade. Tais encontros que tiveram início em 1835, a princípio para mulheres, em 1839 permitiram a participação de homens, tornaram-se um centro de renovação da doutrina Wesleyana da Perfeição Cristã chegando a envolver até mesmo bispos e líderes da Igreja Metodista Episcopal, e estendendo influência muito além dos seus limites denominacionais.

Entretanto, o Avivalismo Reformado caminhava numa direção parecida. O tema da Santidade permeava muita literatura evangélica daquele tempo. Nathaniel Taylor, da Yale University, foi responsável pelo surgimento da "Nova Teologia" que levou naturalmente a um maior interesse por santidade e santificação.[174] Edward Beecher, cujo pai, irmão e irmãs são talvez melhor conhecidos do que ele mesmo, publicou "Seis Sermões sobre a Natureza, Importância e Meios para uma Grande Santidade por Intermédio da Igreja", que circularam no *American National Preacher*.[175] E a figura mais eminente desse círculo reformado, Charles G. Finney, começou a buscar na tradição Wesleyana as pistas para se alcançar a experiência de santificação. De fato, antes mesmo de experimentar a "benção" passou a tratar dos temas com ela relacionados em suas influentes *Conferências para Cristãos Professos*, que foram publicadas primeiramente no *New York Evangelical* e posteriormente em um livro no ano de 1837.[176]

O tema havia sido colocado um ano antes num encontro no Oberlin College, quando um estudante perguntou ao Reitor Asa Mahan a perturbadora questão:

---

[174] Timothy L. Smith, "The Doctrine of the Sanctifying Spirit: Charles G. Finney's Synthesis of Wesleyan and Covenant Theology", *Wesleyan Theological Journal*, no. 13, primavera de 1978, p. 93.

[175] Edward Beecher, "Six Sermons", *American National Preacher*, Junho-Julho de 1835, p. 193-224.

[176] O desenvolvimento do pensamento de Finney sobre a santificação acha-se esboçado no capítulo 7, "The Holiness Revival at Oberlin", da obra de Timothy L. Smith, *Revivalism and Social Reform*, p. 103-13. Ver também, James H. Fairchild, "The Doctrine of Sanctification at Oberlin", *Congregational Quarterly*, no. 18, 1876, p. 237-59.

"Quando olhamos para Cristo em busca da santificação, qual o grau de santidade devemos esperar que ele nos conceda? Podemos esperar que ele nos santifique completamente ou não?"[177] Tal questão levou Mahan e Finney, ambos professores do Oberlin, a uma busca pela plena santificação que culminou numa experiência pessoal da "benção", fazendo emergir o perfeccionismo de Oberlin, ensino difundido por diversos modos pelas páginas do *Oberlin Evangelist* e pela influente exposição de Mahan intitulada *The Scripture Doctrine of Christian Perfection*.[178]

O perfeccionismo do Oberlin College era fundamentalmente Wesleyano, embora influenciado (explícita ou implicitamente) pelo seu contexto da "Nova Teologia" Calvinista dando maior peso à "lei moral" (que refletia a filosofia moral de Mahan e sua tendência kantiana) e ao "livre arbítrio", particularmente em Finney que dava ênfase ao fato de que o chamado à perfeição incluía a capacidade para alcançá-la. George Peck, editor do *Methodist Quarterly Review*, autor de um estudo semelhante alguns anos mais tarde intitulado *Scripture Doctrine of*

---

[177] Asa Mahan, *The Scripture Doctrine of Christian Perfection*. Boston: D. S. King, 1839, p. 188.

[178] Dez edições deste livro foram publicadas dentro de uma década, e posteriormente em muitas outras, inclusive no século XX. A mais completa abordagem destes temas pode ser encontrada na obra de Barbara Zikmund, "Asa Mahan and Oberlin Perfectionism", tese de doutorado, Duke University, 1966. Ver também os textos de Benjamin B. Warfield sobre a teologia de Oberlin publicados no *Princeton Theological Review* (1921) e mais tarde reimpressos numa edição de um só volume pela Presbyterian and Reformed Publishing Co., 1958.

Christian Perfection,[179] na resenha que fez do livro de Mahan, concluiu que

> embora [o autor] não mencione que ele se expressa de um modo Metodista sobre todos os pontos desta grande doutrina, ficamos satisfeitos com o fato de que a coisa que nós chamamos de Perfeição Cristã está verdadeiramente expressa nesta obra.[180]

O livro de Mahan foi publicado por H. V. Degen, o segundo editor do *Guide to Christian Perfection*, de orientação Metodista, e as amistosas relações entre o pessoal do Oberlin College e a família Palmer pela próxima década, testificam sobre as afinidades entre avivalistas de santidade de origem Wesleyana e Reformada. As inúmeras autoridades vinculadas ao Avivamento de Santidade são tratadas de certa forma pejorativa por uma repetidíssima expressão que afirmava que nos círculos chegados ao *Guide*, "nem Wesley, nem Fletcher, nem Mahan, nem Upham, mas a Bíblia, a Santa Bíblia, é o primeiro e o último, e no meio, sempre".[181]

---

[179] George Peck, *Scripture Doctrine of Christian Perfection State and Defended* (New York: Lane and Sandford, 1842.

[180] *Methodist Quarterly Review*, no. 23, Abril de 1841, p. 307-8.

[181] Não tenho podido localizar a publicação original em que aparece este comentário, muitas vezes atribuído a um "jornal congregacional" e ao *Guide to Holiness*. A citação aqui transcrita é do texto de George Hughes, Fragrant Memories of the Tuesday Meeting and the Guide to Holiness (New York: Palmer and Hughes, 1889, p. 38ss. Thomas Upham foi um Congregacional professor de filosofia moral no Bowdoin College que teve a experiência da santificação sob a influência de Phoebe Palmer e popularizou a doutrina numa série de livros que tendem muito mais para o misticismo Católico-Romano e ao Quietismo. Ver George

A cultura estava madura para a explosão de livros e periódicos que faziam circular a doutrina e a experiência por todo o mundo Protestante Norte-Americano. O Avivamento de 1857-58 de modo particular "promoveu a expansão dos ideais do Movimento de Santidade e Perfeccionista para além das fronteiras do país",[182] e marcou o ápice do amplo impacto cultural do movimento antes de sua posterior desintegração em uma grande variedade de expressões no final do século.

Na década de 1840, Horace Bushnell caiu sob a influência de tais movimentos, principalmente dos escritos do congregacional Thomas Upham, e seus trabalhos posteriores mostram o implícito impacto que deles sofreu.[183] Ao mesmo tempo, o Presbiteriano W. E. Boardman estava sendo atraído pelos mesmos movimentos. Sua obra *Higher Christian Life*[184] foi publicada no calor do Avivamento de 1858 e ofereceu uma nova linguagem que possibilitou tornar-se na "primeira abordagem popular sobre o tema que

---

Peck, Dr. Upham's Works", *Methodist Quarterly Review*, no. 28, Abril de 1846, p. 248-65, e a edição Oxford do ensaio *Perfectionism* de Warfield.

[182] Nelson R. Burr, *A Critical Bibliography of Religion in America* (Princeton: Princeton University Press, 1961, vol. 3, p. 165. Smith, *Revivalism and Social Reform*, examina estas correntes, assim como Dieter também o faz em *The Holiness Revival*.

[183] Ver Mary E. [Bushnell] Cheney, *Life and Letters of Horace Bushnell*. New York: Charles Scribner's Sons, 1880, p. 190-91. Entre as muitas celebrações deste fato, ver S. A. Keen, "Dr. Bushnell, the Saint", *Divine Life and Bible Expositor*, no. 21, Setembro de 1893, p. 77-80.

[184] William E. Boardman, *The Higher Christian Life*. Boston: Henry Hoyt, 1858. Este livro foi publicado nos Estados Unidos e na Inglaterra e teve inúmeras edições.

alcançou êxito em todas as denominações".[185] O Metodista britânico Mark Guy Pearse comentou que pelo trabalho de Boardman "a desprezada doutrina dos princípios do Metodismo tem se tornado na gloriosa herança de todas as denominações".[186] O Batista A. B. Earle e outros levaram a experiência para aquela denominação depois dele alcançar a experiência de santificação em 1859.[187] O médico Charles Cullis, a quem ainda mencionaremos num outro capítulo, também carreou temas semelhantes para dentro da Igreja Episcopal.[188]

NOVAS CORRENTES TEOLÓGICAS

Embora os acontecimentos acima narrados mostrem uma crescente variedade de manifestações e terminologias, as formulações teológicas sobre a Perfeição Cristã e a plena santificação desenvolvidas no período imediato que antecedeu ao início da Guerra Civil nos Estados Unidos, foram enunciadas basicamente dentro do arcabouço Wesleyano. O contexto Norte-Americano, contudo, começou

---

[185] Mary Guy Pearse, prefácio do livro *Life and Labors of the Rev. W. E. Boardman*, escritos por Mary M. Boardman. New York: D. Appleton, 1887, p. vii.

[186] Ibid., p. v-vii.

[187] A. B. Earle, *Bringing in the Sheaves*. Boston: James H. Earle, 1870. Os ensinos de Earle podem ser encontrados especialmente em *The Rest of Faith*. Boston: James H. Earle, 1876.

[188] William E. Boardman, *Faith Work Under Dr. Cullis in Boston* (Boston: Willard Tract Repository, 1874), e William H. Daniels, ed., *Dr. Cullis and His Work*. Boston: Willard Tract Repository, 1885.

a direcionar o pensamento teológico Metodista para novas formulações. O impacto geral em temas teológicos mais abrangentes tem sido bastante analisado por diversos autores. Robert Chiles rastreou as diferenças das mudanças que envolveram o processo de americanização da teologia Metodista em termos de mudanças sutis de "revelação para razão", de "homem pecador para homem natural", e de "livre graça para livre arbítrio".[189] A maior ênfase na "agência moral" e no "livre arbítrio" vai ser acentuado de algum modo neste período pelo intercâmbio do Metodismo com a "Nova Teologia" dos Reformados que foi mediado entre os grupos avivalistas e o perfeccionismo de Oberlin.

A doutrina da plena santificação também adquiriu novas nuances. A mais expressiva foi a tendência de se resolver a tensão Wesleyana entre crise e processo dando uma ênfase maior no caráter instantâneo da "segunda bênção" como sendo uma "definitiva segunda obra da graça". Até certo ponto, este desenvolvimento já havia acontecido na Inglaterra, não só nas últimas duas décadas de vida de Wesley, mas especialmente nas obras de Adam Clarke, cujo influente comentário bíblico foi publicado nos Estados Unidos entre 1811 e 1825.[190] A coleção dos

---

[189] Ver Robert B. Chiles, "Theological Transition in American Methodism". New York: Abingdon, 1965; Leland H. Scott, "Methodist Theology in America in the Nineteenth Century", tese de doutoramento, Yale University, 1955, resumida sob o mesmo título em *Religion in Life*, no. 25, inverno do 1955-1956, p. 87-93; David Clark Shipley, "The Development of Theology in American Methodism in the Nineteenth Century", London: *Quarterly and Holborn Review*, no. 134, Julho de 959, p. 249-64.

[190] Adam Clarke, *The Holy Bible: with a Commentary and Critical Notes*, obra em seis volumes. New York: Ezra Sargent, 1811-1825. Esta obra se

escritos de Clarke foi publicada postumamente com o título *Christian Theology*. Nesta última obra Clarke afirma que

> em nenhuma parte das Escrituras pode ser encontrada uma santidade em graus. Temos de nos achegar a Deus tanto para uma instantânea e completa purificação de todo pecado, como para um perdão instantâneo. Nenhum perdão gradual e nenhuma gradual purificação existem na Bíblia. É quando a alma é purificada de todo pecado que podemos efetivamente crescer em graça e no conhecimento de nosso Senhor Jesus Cristo.[191]

Tal ênfase não só resolve a mencionada tensão no pensamento Wesleyano em favor da crise e não do processo, mas enfraquece o caráter teleológico[192] do ensino de Wesley ao deslocar para mais perto do momento inicial da experiência cristã. Transforma-se em um pressuposto ao invés de um alvo da experiência cristã. H. D. Dunning sugeriu que em Clarke estas mudanças são acompanhadas da tendência para considerar "o significado da santificação

---

convertou na norma exegética do Metodismo e desde de sua publicação tem sido reimpressa em várias edições.

[191] Adam Clarke, *Christian Theology*, editada por Samuel Dunn. New York: Ezra Sargent, 1835, p.207-8. Ver a discussão sobre esses desenvolvimentos em John L. Peters, *Christian Perfection and American Methodism*, p. 103-7

[192] Estudo da finalidade. Doutrina que toma o mundo como um Sistema de relações entre meios e fins. [N.E.].

mais em termos de 'salvação do pecado' do que em termos de "perfeição em amor".[193]

Tendências semelhantes são percebidas no pensamento de Phoebe Palmer que se tornou conhecido como "teologia do altar", com sua ênfase na disponibilidade imediata da segunda bênção. Em sua própria luta espiritual veio a compreender "aquela santidade, ao invés de ser um objetivo fora do nosso alcance, é um estado de graça no qual devem viver todas pessoas que tenham sido remidas pelo Senhor". [194] Recorrendo ao texto que diz, "o altar [...] santifica a oferta", ela afirmava que uma vez a "consagração" tenha ocorrido, a pessoa crente deve "exercitar sua fé" e declarar a plena santificação ainda que não acompanhada de uma emoção que tenha trazido a certeza de tal experiência.[195] Este ensino acabou por fazer desaparecer a luta espiritual para alcançar a perfeição como foi a ensino característico do Metodismo no século XVIII, encorajando a apropriação da experiência de forma instantânea. Então, "como já lhe tenha sido comprada, *tal experiência já é sua. Se você não a recebe, a demora não é da responsabilidade de Deus, mas totalmente sua*".[196]

---

[193] H. Ray Dunning, "Nazarene Ethics as Seen in a Theological. Historical and Sociological Context", tese de doutoramento, Vanderbilt University. 1969.

[194] Phoebe Palmer, *The Way of Holiness, with Notes by the Way*. New York: Lane and Tippett, 1845, p. 33. Por volta de 1867, os Palmers já tinham publicado cerca de cinquenta edições dessa obra.

[195] Ver o resumo das opiniões de Phoebe Palmer sobre o tema em sua obra *The Way to Holiness*, p. 60ss.

[196] Phoebe Palmer, *Faith and Its Effects*. New York: Published for the author, 1852, p. 53.

Estes desenvolvimentos do tema aceleraram o movimento anterior de Adam Clarke no sentido de diminuir a ênfase no caráter teleológico da Perfeição Cristã, transformando-a numa experiência mais diretamente ligada à conversão e iniciação cristãs.

O ensino de Oberlin [de Mahan e Finney] foi mais complexo neste ponto. Emergindo do meio da "Nova Teologia" e convergindo em direção ao Arminianismo, a teologia inicial de Oberlin deu mais ênfase na possibilidade da perfeição cristã do que nos precisos meios pelos quais ela poderia ser alcançada,[197] mesmo quando grande parte dos professores do Oberlin College afirmasse ter alcançado de alguma forma uma segunda bênção. Mais tarde este tema se tornou ainda mais complicado com a adição da doutrina da "simplicidade das ações morais", já que boas ações morais seriam inerentemente perfeitas porque a "coexistência do pecado e da santidade, como dois opostos estados morais, não é de forma alguma possível".[198] Este e outros desenvolvimentos levaram à fragmentação do Oberlin College. Mahan aproximou-se cada vez mais do Metodismo e continuou a desempenhar um papel significativo no desenvolvimento da teologia do

---

[197] Ver as primeiras páginas de Mahan em seu *Scripture Doctrine of Christian Perfection*, ou as conferências de Finney sobre a Perfeição Cristã publicadas em *Lectures to Professing Christians*. Oberlin, OH: E. J. Goodrich, 1879. Um volume posterior foi publicado em Nova Iorque em 1837.

[198] William Cochran, "Simplicity of Moral Actions", *Oberlin Evangelist*, no. 4, Março de 1842, p. 1. O artigo é uma segunda parte de um ensaio que foi publicado no número anterior do mesmo periódico.

Movimento de Santidade, enquanto Finney cada vez mais se afastou das formulações Wesleyanas.

Entretanto, há um nível mais profundo no qual o estilo avivalista de Finney vai dar suporte para os desenvolvimentos do que já havia sido defendido por Phoebe Palmer e outros líderes do movimento avivalista de santificação Norte-Americano. Tal é mais facilmente percebido se contrastando o senso de imediatismo pragmático de Finney com os temas difundidos pelos avivamentos do século XVIII. Sua insistência na disponibilidade da salvação no momento "agora" e sua ênfase exacerbada na agência humana para a efetivação do avivamento, minou a preocupação de Jonathan Edwards e seus seguidores de considerar o avivamento mais com uma "obra de Deus" e a conversão como um "milagre" a ser operado no designado tempo de Deus.[199] Sobre isso, William Warren Sweet afirma, "Finney fez da salvação o começo da experiência religiosa ao invés do que o antigo avivamento fazia ao concebê-la como seu fim".[200] Esta é precisamente a diferença entre John Wesley e Phoebe Palmer, indicando a extensão de como as novas diferenças na doutrina da santificação foram o resultado da contextualização do pensamento wesleyano ao ambiente do avivalismo norte-americano.

Tudo isto se constituiu num exercício prévio necessário ao que se seguiria mais adiante. Na medida que "crise" superou "processo" para tornar a santificação um

---

[199] Sobre tais diferenças, ver William G. McLoughlin, *Modern Revivalism*. New York: Ronald Press, 1959, p. 85, nota de rodapé no. 37.

[200] William Warren Sweet, The American Churches: An Interpretation. New York: Abingdon-Cokesbury, 1947, p. 126,

evento ocorrido em um momento claramente identificado – isto é, quando a santificação foi completamente compreendida como plena santificação – e desde que o impulso teleológico da Perfeição Cristã foi transmudado em uma experiência iniciatória que de modo geral rapidamente se seguiria à experiência da conversão, o palco foi montado para o surgimento da formulação Pentecostal sobre a plena santificação. Tal surgimento se tornou bastante evidente na metade do século XIX, ainda que insinuações sobre aquelas mutações já tivessem sido enunciadas nas décadas anteriores.

A razão do porquê dessas mutações não terem acontecido mais cedo talvez seja melhor explicada pelo fato do avivamento norte-americano da plena santificação ter sido em parte movido pelo mais abrangente impulso perfeccionista que já estava enraizado em sua cultura religiosa. Escritos anteriormente publicados tendiam dar maior ênfase às ideias da Perfeição Cristã em detrimento de outras possíveis ênfases. Já temos visto isso evidenciado nos títulos de certas obras como *Guide to Christian Perfection* e *Scripture Doctrine of Christian Perfection*, de Asa Mahan, bem como no subtítulo da obra *The Christian Manual*, de Timothy Merritt. Também foi mencionado *The Scripture Doctrine of Christian Perfection Stated and Defended*, de George Peck, o editor da revista *Methodist Quarterly Review*.[201] O irmão de George Peck, Jesse Peck, também defendeu a doutrina da Perfeição Cristã em seu

---

[201] George Peck, *The Scripture Doctrine of Christian Perfection Stated and Defended*. New York: Carlton and Porter, 1842.

livro *The Central Idea of Christianity*,²⁰² mesmo quando por volta de 1856 esse livro já mostrava a crescente preferência pelo uso da terminologia própria do "movimento de santidade", como está refletida na mudança do título do periódico *Guide to Christian Perfection* para *Guide to Holiness*. Também fica claro este novo padrão de linguagem nos escritos de Phoebe Palmer, padrão esse que pode ser observado em sua maioria mesmo antes do final da década de 1850.

O SURGIMENTO DO IMAGINÁRIO PENTECOSTAL

Não há dúvida que o impacto do Perfeccionismo de Oberlin contribuiu para o retardamento do possível impacto do pensamento de Fletcher sobre a pessoa e obra do Espírito Santo e assim adiar o aparecimento da doutrina da santificação em termos pentecostais que caracterizaria o movimento no final século XIX. As raízes do avivamento, e mesmo do Perfeccionismo de Oberlin, entretanto, estão em Wesley e Fletcher, como as repetidas referências o evidenciam. As obras de Fletcher e Benson foram publicadas nos Estados Unidos, sendo que publicações como *The Christian's Manual* transcreveram textos de Fletcher junto com os de Wesley.

Provavelmente mais importante para o desenvolvimento popular daquela doutrina foi a ampla distribuição da autobiografia espiritual de Hester Ann Rogers, com

---

²⁰² Jesse Peck, *The Central Idea of Christianity*. Boston: Henry V. Degen, 1856.

opiniões muito próximas das de Fletcher, que vez ou outra usou uma linguagem muito próxima do imaginário Pentecostal para descrever o que é santificação.[203] Outro uso semelhante da linguagem pentecostal pode ser encontrado na nascente literatura Metodista norte-americana,[204] ainda que de forma mais generalizada sem uma referência específica à experiência da santificação. Tanto no *Oberlin Evangelist* como no *Guide to Holiness*, o vocabulário usado se referiu mais a um "despertamento" ou "avivamento" em geral, para os quais o Pentecostes seria o grande arquétipo, ou a uma especial "unção" de crentes em geral ou de ministros em particular.

Houve um florescimento significativo da linguagem pentecostal no Oberlin College no início de sua descoberta da doutrina da plena santificação. Timothy Smith tem demonstrado que Finney moveu-se nessa direção numa série de palestras publicadas no Oberlin Evangelist em 1839 e 1840.[205] Tal linguagem de um imaginário pentecostal, entretanto, não foi usada por ele em *Views of Sanctification*,[206] um texto seu mais formal e amplamente distribuído,

---

[203] Hester Ann Rogers, *Account of the Experience of Hester Ann Rogers*. New York: J. Emory and B. Waugh, 1831, p. 35. Ver também a descrição das conversações "pós-jantar" de Fletcher na nota do dia 24 de Agosto de 1781, p. 111ss. Este volume foi publicado em muitas edições durante o século 19.

[204] Para outros exemplos desses desenvolvimentos, ver Coppedge. "*Entire Sanctification in Early American Methodism*", p. 45s, e Timothy Smith, "*The Doctrine of Sanctifying* Spirit", p.106ss.

[205] Smith, idem, p. 100ss.

[206] Charles G. Finney, *Views of Sanctification*. Oberlin: OH: James Steele, 1840.

nem tampouco nos volumes de sua teologia sistemática publicados poucos anos depois. A. M. Hills, um estudante congregacional de Finney que iria escrever a primeira obra de teologia sistemática da Igreja do Nazareno, lamentou anos mais tarde que "Finney não conseguiu relacionar a experiência da santificação com o batismo do Espírito Santo" – embora "algumas vezes, tenha quase chegado a tal verdade".[207] Tempos depois em 1871 Finney pronunciaria um discurso sobre o "batismo do Espírito Santo" numa reunião do Conselho Congregacional do Oberlin, quando então essa doutrina já tinha se espalhado, mas agora sem os temas característicos perfeccionistas próprios do início do Movimento de Santidade.[208]

Outros membros do corpo docente do Oberlin College foram mais explícitos em suas ênfases sobre o agir do Espírito Santo na experiência da santificação, muito mais inclinados a associar tal experiência com o Pentecostes. Em 1840 Henry Cowles preparou para o *Oberlin Evangelist* dois curtos sermões sobre o "batismo com o Espírito Santo. O segundo deles, conclui: "O plano da salvação contempla a santificação da igreja como seu primeiro objetivo; e conta com o batismo do Espírito Santo como o grande poder eficiente para a realização dessa obra".[209] A um posterior

---

[207] A. M. Hills, Life of Charles G. Finney. Cincinnati: God's Revivalist Office, 1902, p. 226.

[208] Isso pode ser observado no apêndice de Finney às edições britânicas da obra de Asa Mahan, *Baptism of the Holy Ghost*. London: Elliot Stock, s.d..

[209] *Oberlin Evangelist*, no. 2, 1840, p. 93.

trabalho de sua autoria, Cowles deu o título "*Sobre o Estar Cheio com o Espírito Santo*".²¹⁰

Entretanto, mais interessante talvez sejam os textos de John Morgan, que contribuiu com dois ensaios sobre o tema para o primeiro volume do *Oberlin Quarterly Review* publicado em 1845. O primeiro ensaio, intitulado "A Santidade Aceitável a Deus", impressionou de tal modo a Finney que o incluiu na primeira edição de sua teologia sistemática em 1847.²¹¹ No segundo ensaio, "O Dom do Espírito Santo", vai afirmar, entretanto, que "o batismo do Espírito Santo em sua plenitude Pentecostal não pode ficar confinado à Igreja Primitiva pois é um privilégio a ser compartilhado por crentes de todas as épocas".²¹² Insistia, ainda, que "o batismo do Espírito é um privilégio comum de todos os santos" e não pode ser confundido com "a influência do Espírito de Deus mediante a qual os pecadores são convertidos".²¹³

Esses dois ensaios também refletem o constante problema no Movimento de Santidade de como integrar os temas de santificação e perfeição nas narrativas do Pentecostes. O primeiro ensaio ilustra bem a ênfase nos

---

²¹⁰ Henry Cowles, *On Being Filled with the Holy Ghost*. Oberlin, OH: J. M. Fitch, 1848.

²¹¹ Este material também foi reimpresso como um panfleto. 2ª edição. Oberlin: J. M. Fitch, 1847 e posteriormente já no século XX, como uma pequena brochura. Minneapolis: Bethany Fellowship, 1967.

²¹² *Oberlin Quarterly Review*, no. 1, Agosto de 1845, p.115. Esre ensaio foi publicado mais tarde separadamente com uma introdução escrita por Finney. Oberlin, OH: E. j. Goodrich, 1875.

²¹³ Oberlin Quarterly Review, no. 1, Agosto de 1845, p. 95-6.

temas sobre Santidade sem ressaltar de modo especial a obra do Espírito. No segundo ensaio sobre o Espírito Santo, os temas sobre a perfeição dão lugar à ênfase no "revestimento do alto".

Mas o mais um maior impacto dessas discussões no Oberlin não foi tão grande embora após a Guerra Civil Norte-Americana houve uma certa tendência de se voltar atrás e recuperar a literatura produzida no Oberlin. Como Timothy Smith tem apontado, ainda podem ser encontrados entre os Metodistas no início da década de 1840 alguns paralelismos isolados, com sua origem possivelmente nas discussões do Oberlin.[214] Com o declínio do impacto do Oberlin sobre o nascente Movimento de Santidade e o surgimento de Phoebe Palmer, tais discussões caíram em desuso, e já apareçam ocasionalmente em publicações Metodistas e no *Guide to Holiness* o imaginário Pentecostal e mesmo a identificação da santificação plena com o Pentecostes. O impacto mais amplo da doutrina Pentecostal da santificação, entretanto, pode ser datado para um tempo mais próximo do Avivamento de 1857-58.

A MUDANÇA PARA A RETÓRICA PENTECOSTAL

O caminho para aquela mudança estava, portanto, bem preparado. Edificado sobre o restauracionismo implícito no próprio cerne do avivalismo, o desejo de recuperar a vitalidade da Igreja Primitiva era crescente. Bastante

---

[214] Ver seu texto "Christian Perfection and American Idealism, 1820-1900", *Asbury Seminarian*, no. 31, Outubro de 1976, p. 7-34.

ilustrativo deste sentimento foi um controvertido, mas famoso, ensaio do pastor Batista Henry C. Fish, publicado em 1855 pela Congregational Publishing House de Boston, intitulado *Primitive Piety Revived*. Sendo em primeiro lugar um chamado para temas como "a simplicidade de propósitos – consagração a Deus – uma fé baseada nas Escrituras – autonegação por amor a Cristo – seriedade – individualismo [isto é, responsabilidade individual]",[215] esse ensaio ajudou a pavimentar o caminho para o despertamento espiritual de 1858 e acabou por proporcionar ao seu autor um doutorado honorário concedido pela University of Rochester.[216] Nesse ensaio, Fish propôs "um retorno ao cenário dos dias apostólicos, especialmente àqueles do inesquecível Pentecostes", perguntando: "Por que não podemos antecipar o retorno dos tempos Pentecostais? Por que não podemos os cristãos de hoje ser 'cheios com o Espírito Santo', como aconteceu nos dias da Igreja Primitiva?"[217]

Fish, naturalmente, não tinha em mente a moldura do pensamento de Wesley e nem de suas versões "Holiness" mais recentes, mas o seu trabalho efetivamente indica um amplo e crescente interesse no Pentecostes e seus temas característicos forma um resultado direto do impulso restauracionista do avivalismo norte-americano

---

[215] Henry C. Fish, *Primitive Piety Revived*; ou, *The Aggressive Power of Christianity*. Boston: Congregational Board of Publication, 1855.

[216] Smith, Revivalism and Social Reform, p. 49.

[217] Fish, *Primitive Piety Revived*, p. 244-45.

daqueles dias. Um outro livro muito popular publicado um ano mais tarde e destinado a ter dezoito edições nos próximos três anos, apresentou de modo mais explícito o imaginário e a orientação pentecostais. Tratou-se de *The Tongues of Fire*, escrito pelo Metodista britânico William Arthur, obra que mais tarde veio a tornar-se um livro texto do Acampamento Chautauqua.[218] O propósito dessa obra era buscar um avivamento que naqueles dias se pudesse restaurar o Pentecostes. Muito mais sutil do que muitas outras obras que apareceriam a seguir, *The Tongues of Fire* preocupava-se com as consequências que um "novo Pentecostes" traria sobre a igreja, mas devido sua fundamentação wesleyana que implicitamente em muitos aspectos insinuava a ideia

---

[218] "Acampamento Chautauqua": Foi um programa educacional da Methodist Episcopal Church, com maior ênfase na preparação de pessoas leigas para as atividades da Escola Dominical, com uma tendência maior para uma teologia progressista e ecumênica, contrastando com a teologia mais conservadora dos participantes do Movimento de Santidade. Entretanto, a instituição que ficou conhecida como Acampamento Chautauqua, sob a influência do Rev. John Heyl Vincent, líder do Movimento das Escolas Dominicais e posteriormente eleito bispo metodista, desenvolveu-se dentro dos moldes dos acampamentos de Santidade. Vincent, ardoroso defensor da Escola Dominical, não compartilhava do progressismo teológico de muitos dos líderes dos programas educacionais de sua igreja. Nascido no Sul escravagista, era bastante conservador em suas opiniões. Portanto não é de se estranhar que mesmo divergindo também dos participantes do Movimento de Santidade, tenha adotado a obra de William Arthur. Cf. Andrew Chamberlin Rieser, *The Chautauqua Moment: Protestants, Progressives, and the Culture of Modern Liberalism*. New York: Columbia University Press, 2003, p. 94. Ver também Russell E. Richey, *Methodism in the American Forest*. New York: Oxford University Press, 2015. [N.T.].

de uma santificação Pentecostal, Arthur conclui o seu livro com uma oração:

> E agora, adorável Espírito Santo, que procede do Pai e do Filho, desce sobre todas as Igrejas, renova o Pentecostes nestes nossos dias, e batiza todo o teu povo – Oh, sim, batiza novamente com línguas de fogo! Coroa este século XIX com um avivamento da "religião pura e sem mácula", muito maior do que aquele do século passado, maior até mesmo do que aquele do primeiro século, maior do que qualquer outra "manifestação do Espírito" que tenha sido derramada sobre os homens.[219]

O Avivamento de 1857-58 poderia não ter ajudado muito a se entender tais desenvolvimentos senão parecesse ser a resposta à oração de Arthur. Observando o evento alguns anos depois, o *Guide to Holiness* faria o seguinte comentário: "um dos seus mais festejados resultados é que desde de seu início, um interesse maior sobre a doutrina da santificação tem sido sentido no meio de todo povo Deus, de todas as denominações".[220] Tal desenvolvimento aconteceu em meio a uma abundante enxurrada de expressões próprias do imaginário Pentecostal usadas para descrever o impacto daquele avivamento na cidade de Nova York. Um jornal comentou que "avivamentos agora cobrem nossas terras, varrendo-as como no Dia de Pentecostes, pastores

---

[219] William Arthur, *The Tongues of Fire*; ou, *The True Power of Christianity*. New York: Harper and Brothers, 1856, p. 354.

[220] *Guide to Holiness*, no. 37, Abril de 1860, p. 124.

parecem ser batizados com o Espírito Santo e falam com um novo poder e sinceridade".[221] Outra reportagem da mesma época teve como título "Pentecostes ou a Obra de Deus na Filadélfia, 1858 A.D.."[222] Não é de se admirar que nesse contexto de crescentes correntes sobre a doutrina da Santidade se voltassem cada vez mais para os temas Pentecostais a fim de proclamar a mensagem que as identificava, um padrão que haveria de se impor nas décadas seguintes na medida em que o movimento continuava a transbordar para além dos limites Metodistas para se difundir na maior parte do avivalismo do final do século XIX.

As razões para aquela mudança no interior do avivalismo Norte-Americano são complexas e a superação do ensino sobre a santidade por uma formulação mais pentecostal na linha do pensamento de Fletcher deve ser atribuída a um número de fatores culturais e teológicos.[223] Também devemos levar em consideração a crescente complexidade do contexto em que tais mudanças aconteceram.

---

[221] Um relato não identificado citado por Warren Candler, Great Revivals, and the Great Republic. Nashville: Publishing House of the M. E. Church, South, 1924, p. 197-98.

[222] *Pentecost; ou, The Work of God in Philadelphia, A. D. 1858*, preparado por Young Men's Christian Association. Philadelphia: Parry and McMillan, 1859. Comparar o título escolhido por Russell E. Francis, *Pentecost: 1858, A Study in Religious Revivals*. Dissertação de doutoramento, University of Pennsylvania, 1948.

[223] Uma pesquisa útil sobre as forças em jogo no final do século XIX pode ser encontrada em Arthur M. Schlesinger Sr., " A Critical Period in American Religion", *Massachusetts Historical Society Proceedings*, no. 64, Outubro de 1930-Junho de 1932, p. 523-46; republicado com uma introdução por Richard Wolf. Philadelphia: Fortress 1967.

O Avivamento de 1858 pode ter sido o último grande "despertamento" da "América Cristã" que conformaria numa determinada direção toda uma cultura. A era da Guerra Civil Norte-Americana marcará o início do colapso do consenso Evangélico anterior àquele terrível conflito. As lutas contra a escravidão não só acabaram por dividir a maioria das denominações evangélicas, mas também produziram novas fragmentações – como as no Metodismo Episcopal com a formação das antiescravagistas Wesleyan Methodist Connection (1843) e Free Methodist Church (1860), grupos que posteriormente seriam absorvidos em muito pelo crescente Movimento de Santidade. Novo conhecimento e teorias científicas, como as novas datações geológicas e as afirmações da teoria evolucionista de Darwin, trouxeram à tona novas tensões que finalmente resultaram nas amargas divisões das controvérsias entre modernistas e fundamentalistas do início do século XX. As imigrações para a América do Norte, primeiro de católicos romanos e depois de judeus, abalaram os alicerces do sonho de uma "América Cristã" – claro que Protestante – e colocaram novas questões sobre o pluralismo.

As forças da secularização da sociedade Norte--Americana tiveram um maior momento e forçaram muitas pessoas a tomarem uma atitude defensiva e até mesmo reacionária, especialmente aquelas que tentavam preservar intato o estilo evangélico anterior à Guerra Civil. Industrialização e urbanização complicaram ainda mais o contexto social e acentuou as diferenças de classe numa sociedade que tinha estado quase que adotando as propostas jacksonianas e evangélicas do igualitarismo.

As denominações começaram a se fragmentar de acordo com a divisão de classes. A ascendente mobilidade social do Metodismo na metade do século XIX, por exemplo, foi um claro fator na precipitação das divisões, inclusive o Movimento de Santidade, na tentativa de manter-se um maior contato com as massas populares. E diante de tudo isto, recrudesceu com maior intensidade a tendência para formação de seitas.

Todos esses fatores, adicionados outros de natureza mais teológica e exegética, conspiraram para provocar maior transformação do pensamento wesleyano onde se fez qualquer esforço para preservar intacta aquela tradição.

Primeiro, o mais abrangente otimismo cultural e o impulso para o perfeccionismo que tinham reavivado o interesse em temas wesleyanos decresceram mesmo antes da Guerra Civil. A vida passou a ser vista de maneira muito mais complexa e o mal foi compreendido como muito mais enraizado nela do que antes havia se suposto. Os primeiros defensores da Perfeição Cristã, tais como os editores do *Guide to Christian Perfection*, Timothy Merritt e Henry Degen, os fundadores da antiescravagista *Wesleyan Methodist Connexion*, e os líderes e teólogos iniciais do Oberlin College, todos apoiavam uma infinidade de valores que incluía comprometimento com o estilo avivalista, Perfeição Cristã, abolicionismo, pacifismo, feminismo e, muitas vezes, a expectativa de um iminente milênio como clímax do impulso perfeccionista.

A formação de nuvens tempestuosas prenunciando a Guerra Civil, já na década de 1840 provocaram lutas dilacerantes sobre questões políticas tais como a conveniência da desobediência civil na medida em que os legislativos federais e estaduais aprovavam leis sobre escravos fugitivos que pareciam favorecer a odienta instituição da escravidão. O crescente espectro da violência na sociedade Norte-Americana forçou muitos a uma escolha entre o abolicionismo e o pacifismo na medida em que o confronto entre projetos políticos e econômicos opostos rapidamente se encaminhava para a deflagração de um sangrento conflito armado. A dissolução dos esteios culturais para uma doutrina da Perfeição Cristã deu ímpeto para maneiras de expressar novos caminhos para a doutrina e a experiência que estavam por tornar-se mais importantes para os próximos desenvolvimentos.

Segundo, Donald Scott tem rastreado a "transformação devocional" processada nos Estados Unidos durante as décadas de 1830 e 1840 na medida em que as denominações se retiraram da esfera pública para a devoção privada, ou seja, "da Reforma para o Refúgio". Ele sugere que por volta dos anos 1850 as "denominações haviam se tornado em ilhas de piedade protegidas e isoladas".[224] Certamente as mudanças na doutrina da Santidade refletiram algumas dessas transformações de maior amplitude. No início da década de 1840 a mudança do título do *Guide to Christian Perfection* para *Guide to Holiness*, como já mencionado, indica publicamente a reordenação das prioridades e nuances que refletiam de certo modo os

---

[224] Donald M. Scott, From Office to Profession: The New England Ministry, 1750-1850. Philadelphia: University of Pennsylvania Press, 1978, capítulo 8, intitulado "From Reform to Refugee: The Devotional Transformation", p. 133-47. A citação é da página 147.

correntes processos mais amplos de câmbio. Particularmente, tais mudanças foram de certo modo influenciadas pelas "Reuniões de Oração das Terças Feiras para Promoção da Santidade", na sala-de-visitas[225] da mansão da família de Phoebe Palmer, nas quais se evitava o envolvimento nos azedos debates e disputas sobre assuntos sociais tais como a escravidão – mesmo quando muitas de suas atividades ensejaram um maior apoio a um estilo de engajamento social mais filantrópico.[226]

Faz sentido, então, afirmar-se que essa mudança para um estilo mais espiritual e experiencial de Santidade preparou o caminho para um estilo mais pentecostal, que posteriormente pôde ser visto como uma extensão e radicalização de tal mudança, talvez acentuado pela apocalíptica experiência gerada pela Guerra Civil norte-americana.

Também é tentadora a especulação acerca do significado das estruturas de classe e seus impactos sobre os desenvolvimentos das diferentes correntes do Movimento de Santidade, uma questão que não foi ainda suficientemente estudada. Um diagrama do status socioeconômico dos defensores do Movimento de Santidade provavelmente mostraria no período pós-Guerra Civil um abismo entre os setores privilegiados em cidades como Boston e Nova Iorque do período anterior ao conflito

---

[225] "Parlor" era a área da casa das famílias Norte-Americanas privilegiadas – separada do espaço reservado para a intimidade familiar, como os quartos, a sala de jantar e os banheiros da família – onde se davam os eventos de entretenimento social, tais como as recepções de nascimentos, casamentos e funerais. [N.T.].

[226] Smith, *Revivalism and Social Reform*, p. 211-12.

militar (onde Phoebe Palmer, esposa de uma afamado e abastado médico, recebia bispos e professores em suas reuniões das terças-feiras em sua sala-de-visitas de sua nobre residência) e a ascendente mobilidade social no início do século XX da membresia de denominações como a *Church of the Nazarene*. Embora tais padrões não possam ser rigidamente generalizados, é claro que denominações que surgiram de dentro do Movimento de Santidade, desde a formação da *Free Methodist Church* em 1860 até a da *Church of the Nazarene* no final do século, desenvolveram seus ministérios entre a população pobre e de classe média baixa das áreas carentes das principais cidades do país.[227]

O relatório sobre os primeiros quatorze encontros da Associação Nacional dos Encontros de Acampamento para a Promoção da Santidade, que aconteceram entre 1867 e 1872, inclui um capítulo escrito por George Hughes no qual descreve o "estado da Igreja" em 1867 que acabava por exigir a existência do Movimento. Esse capítulo revela não somente as crescentes divisões decorrentes do formalismo religioso, da pregação da mensagem sobre santificação e outros temas similares, também contém referências sobre as diferenças de classe entre as igrejas cujos ministérios se voltavam mais para os pobres e aquelas que atendiam primariamente às classes mais abastadas, com claras

---

[227] Ver a documentação sobre estas denominações em Donald W. Dayton, *Discovering an Evangelical Heritage*. (New York: Harper and Row, 1978, especialmente o capítulo 9

divergências sobre temas como, por exemplo, a ordem do culto e as estruturas institucionais.

As diferentes correntes do Movimento de Santidade eram mais e mais nesta altura dos acontecimentos os portadores da fidelidade experiencial à doutrina da plena santificação, embora não fossem os únicos. Uma das principais diferenças na maneira de ser dos defensores do período anterior à Guerra Civil, particularmente os do Oberlin College, e dos proclamadores da santificação Pentecostal no pós-guerra é a ênfase dos primeiros na "capacidade" [*ability*] e ênfase dos últimos no "poder".

É possível que no final do século XIX já se pudesse perceber pelo menos em alguns círculos do Movimento, o declínio da confiança na capacidade do esforço humano para lidar com a crescente complexidade social e a consequente crescente busca por "poder", para enfrentar ou sustentar alguém através daqueles tempos difíceis até melhores dias. A formulação Pentecostal da santificação plena pode ter desempenhado um papel importante no "empoderamento" daqueles que "não tinham poder", além do mais óbvio poder "espiritual" que seus defensores buscavam. Pode ser possível, também, identificar-se uma radicalização daqueles temas relacionados com o processo de empobrecimento dos convertidos ao Movimento de Santidade no final do século XIX. Esses fatores podem ajudar a explicar as modulações e moderações dos temas referentes à Santidade levados adiante pelos movimentos que ao longo do processo buscavam tal experiência, mas que se recusavam a adotar uma atitude mais radical sobre a perfeição e a erradicação do "pecado" [*inbred sin*].[228] Pelo menos alguns intérpretes têm notado uma correlação entre classe social e radicalização do conceito Santidade.

Tais fatores históricos e culturais, entretanto, não diminuem a importância dos temas teológicos em questão. Intérpretes posteriores do Movimento, principalmente aqueles que desde seu surgimento estavam vinculados à doutrina Pentecostal da santificação, não se mostraram tão incomodados por sua identificação, mas muito mais do porquê levou tanto tempo para que ela acontecesse. O problema para eles tinha a ver com a "aparente resistência de Wesley em usar a expressão 'batismo do Espírito Santo' em relação à santificação",[229] e do porquê esta resistência continuou sendo a postura dominante até a metade do século XIX. Charles Brown, um dos importantes teólogos do século XX da Church of God (Anderson, IN), uma denominação com sua origem no Movimento de Santidade, sugere que "os teólogos Wesleyanos do início do Metodis-

---

[228] "Pecado radicado" seria uma possível tradução da expressão "inbred sin", frequente tanto nos textos de John como nos hinos de Charles, e que não precisa necessariamente ser identificada com o conceito teológico de "pecado original", mas que neles expressa a corrupção enraizada na natureza humana carnal, cf. John Tyson, *The Way of the Wesleys: A Short Introduction*. Grand Rapids, MI: Wm. B. Eerdmans, 2014. [N.T.].

[229] Estes assuntos foram tratados por George M. Marsden em *Fundamentalism and American Culture: The Shapping of Twentieth Century Evangelicalism, 1870-1925*. New York: Oxford University Press, 1980, e Robert Mapes Anderson, *Vision of the Disinherited: The Making of American Pentecostalism*. New York: Oxford University Press, 1979.

mo foram tão induzidos ao erro por teólogos acadêmicos que acabaram não dando suficiente ênfase ao batismo do Espírito Santo".[230] Timothy Smith, por sua vez, tem compreendido o surgimento da santificação Pentecostal como a redescoberta de um apropriado equilíbrio entre a ação divina e a agência humana, o qual se achava muito ameaçado pela ênfase no livre arbítrio e no agir humano, especialmente pela teologia do Oberlin College.[231] Para estes teólogos esta identificação da santificação Pentecostal foi a resolução de um problema pela qual a tradição Wesleyana vinha buscando desde da década de 1770.

Pelo menos dois outros fatores teológicos nessa mudança na doutrina da santificação são encontrados na literatura desse período. É possível distinguir no fim do século XIX uma reviravolta radical nos temas relacionados com o Espírito e com o "espiritual", que tomou diferentes formas de acordo com o seu contexto – no surgimento do "espiritismo", da Ciência Cristã, do desdém pelo "material", do idealismo filosófico Norte-Americano, e

---

[230] Título de uma seção sobre esta questão na obra de Charles W. Carter, *The Person and Ministry of the Holy Spirit: A Wesleyan Perspective* (Grand Rapids: Baker, 1974), p. 178-81. Carter se bate com esta questão porque, apesar do subtítulo de seu livro, ele de fato representa a posição da teologia do Movimento de Santidade no século XIX e não a teologia Wesleyana que ele tanto reivindica. A resposta dele em um prévio trabalho das conclusões de seus estudos pode ser encontrada numa extensa nota de rodapé nas páginas 188 e 189 da edição original em capa dura.

[231] Smith, "Christian Perfection and American Idealism", especialmente páginas 21ss. Ver também seu prefácio a obra de Charles G. Finney, *The Promise of the Spirit*. Minneapolis: Bethany Fellowship, 1980.

outros movimentos semelhantes. Nos círculos teológicos mais ortodoxos tais desenvolvimentos se deram por meio de uma ênfase maior na doutrina do Espírito Santo. No final do século, Cyrus Ingerson Scofield, o famoso editor da Bíblia Scofield, afirmava:

> Estamos em meio a um marcado despertamento no interesse pela Pessoa e Obra do Espírito Santo. Mais livros, livretos e folhetos sobre este tema têm sido publicados nos últimos oitenta anos, do que em todos os tempos desde a invenção da imprensa. Nos últimos vinte anos, sem dúvida, tem se escrito e falado mais sobre a doutrina do Espírito Santo do que nos dezoito séculos anteriores.[232]

Nesta perspectiva, a mudança do ensino Wesleyano para o ensino da santificação Pentecostal pode ser vista como uma forma particular que tomou este crescente interesse na pessoa do Espírito Santo dentro do círculo mais fechado do pensamento sobre a santificação no final do século XIX.

Certas vantagens apologéticas podem ter ajudado a acelerar a adoção de um novo entendimento. A própria ideia de perfeição foi sempre controvertida. Inumeráveis sermões metodistas sobre a Perfeição Cristã seguiram o paradigma posto por Wesley distinguindo cuidadosamente "em que sentido os cristãos não são perfeitos" ao invés de

---

[232] Cyrus Ingerson Scofield, Plain Papers on the Doctrine of the Holy Spirit. New York: Fleming H. Revell, 1899, p. 9.

tentar uma definição positiva do alvo que Wesley apresentou aos seus ouvintes.[233]

Este problema apologético se intensificou quando a experiência da santificação plena se espalhou para outros contextos além do Metodismo, especialmente para círculos Reformados, como foi o caso do Avivamento de 1857-58. Nesses contextos, o vocabulário do Pentecostes suplantou os temas da perfeição de tal modo que pareceu para alguns como se fosse uma afirmação bíblica claramente evidente. Tanto que em 1874, Daniel Steele, que deixara havia dois anos a reitoria da Syracuse University retornando ao ministério pastoral, descreveria no *Guide to Holiness* sua própria experiência de plena santificação como batismo do Espírito Santo, aconselhando a todas as pessoas cristãs da seguinte forma:

> Cessai toda discussão sobre os questionamentos sutis e intermináveis sobre plena santificação ou Perfeição Cristã, e todo clamor a Deus pelo batismo do Espírito Santo. Isto certamente está prometido a todos os crentes em Jesus Cristo. Oh, que todo ministro e membro leigo procurassem encontrar o caminho para o Cenáculo de Jerusalém e aí ficarem até que línguas de fogo viessem pousar sobre suas cabeças.[234]

---

[233] Ver o Sermão 35 de Wesley, "Sobre a Perfeição Cristã", edição de Sugden, Wesley's Standard Sermons. London: Epworth, 1921, vol. 2, p. 147-77.

[234] Daniel Steele, "Baptism of the Holy Spirit", *Guide to Holiness*, no. 20, Fevereiro de 1874, p. 38. Textos de Steele tempos depois revelam mais ambiguidades sobre tal identificação. Sua obra *Defense of Christian Perfection*, New York: Hunt and Eaton, 1896, é uma resposta a um

Qualquer que seja a razão, é claro que toda essa mudança realmente aconteceu e simplesmente arrastou em seu caminho praticamente todos aqueles que nos mais diversos acampamentos continuavam ensinando a doutrina da vida cristã superior. A história do triunfo da formulação Pentecostal de Fletcher será o assunto do próximo capítulo.

---

ataque de James Mudge contra o elemento instantâneo na plena santificação publicado em *Growth in Holiness tocar Perfection; ou, Progressive Sanctification*. New York: Hunt and Eaton, 1895, na qual claramente reconhece a relutância de Wesley em identificar santificação com o Pentecostes. Note-se também indícios de sua hesitação em vários pontos em que essa questão é levantada em sua coletânea intitulada *Steele's Answers*. Chicago: Christian Witness, 1912.

Capítulo 4

O TRIUNFO DA DOUTRINA PENTECOSTAL DO BATISMO DO ESPÍRITO

APÓS A GUERRA CIVIL NORTE-AMERICANA (1861-1865), as tradições avivalistas foram sendo marginalizadas cada vez mais dentro da cultura norte-americana. No final do século XIX viu o nascimento massivo de seitas, muitas delas formadas por grupos relacionados com o Movimento de Santidade que abandonaram ou foram expulsos pelas correntes majoritárias do Metodismo oficial, ainda que padrão semelhante tenha se dado nas demais tradições evangélicas norte-americanas. O que importa para nosso propósito nesta obra é a influência que neste período tiveram sobre essas tendências avivamentalistas, dentro ou fora de tais tradições, de uma ou mais versões da doutrina do Pentecostal batismo do Espírito Santo – mesmo quando, obviamente, ainda não tivesse sido colocada a questão sobre a prática da glossolalia.

Até agora temos descrito o surgimento do imaginário pentecostal como se apresentou na ala perfeccionista dos movimentos avivalistas do período anterior à Guerra Civil. Agora, vamos tratar a articulação explícita da doutrina do batismo do Espírito Santo e enumerar suas versões que se infiltraram nos avivamentos do final do século XIX.

As primeiras obras que desenvolveram uma doutrina plena e autoconsciente da doutrina pentecostal da santificação apareceram aparentemente na esteira do Avivamento de 1857-58. Phoebe Palmer, a força motivadora por detrás do florescente Avivamento de Santidade dentro do Metodismo, parece ter se movido nesta direção um pouco antes do início daquele Avivamento – possivelmente sob a influência de William Arthur, que na época visitava os Estados Unidos e fazendo a revisão do texto de sua obra "*The Tongue of Fire*" [*A Língua de Fogo*], publicada em 1855.[235] É o que mostram os relatos de Palmer sobre acontecimentos do Oeste do Estado de Nova York, ocorridos no outono de 1856,[236] e também os que publicou no "*Guide to Holiness*" [*Guia para Santidade*] durante os quatro anos [1859-1863] que passou evangelizando

---

[235] "*Preface to the new American edition*". New York: Harper and Brothers, 1880.

[236] Richard Wheatley, *The Life, and letters of Mrs. Phoebe Palmer*. Nueva York: W. C. Palmer, Jr., 1874, p. 326-327. Ver também a Coleção de Cartas de Phoebe Palmer, *The Promise of the Father*. Boston: H. V. Degen, 1859, p. 191ss.

na Grã-Bretanha. Acerca do final de 1859, por exemplo, falando sobre acontecimentos de Newcastle, ela escreve:

> Em nossos encontros à tarde, "*Holiness to the Lord*" [Santidade ao Senhor], ou, em outras palavras, o pleno batismo do Espírito Santo, como foi recebido por cerca de 120 discípulos no Dia de Pentecostes, é exposto como uma absoluta necessidade para todas pessoas crentes, quaisquer que sejam elas. Centenas, provenientes de todas as denominações e de lugares distantes muitas milhas, multidões acorrem para tais encontros. E quando Dr. Palmer[237] faz o convite para todos que estão decididos com fé resoluta a clamar por tal graça, o genuflexório do altar, que comporta cerca de sessenta pessoas, se enche completamente.[238]

Em 1859, Phoebe Palmer publicou o livro *Promise of the Father* [Promessa do Pai]. O subtítulo da obra, "A Negligenciada Especialidade dos Últimos Dias," foi empregado recorrendo em defesa do ministério feminino ao argumento das chuvas tardias [chuvas serôdias]. Ao dar à "pregação" o entendimento de "profecia", essa obra sai em defesa do ministério feminino (e, obviamente,

---

[237] Walter Clarke Palmer, médico homeopata de Nova York, marido de Phoebe Palmer.

[238] Estes relatos foram publicados numa coletânea sob título "*Four Years in the Old World.*" New York: Foster and Palmer Publishers, 1866, p. 107, reproduzindo uma carta datada de 12 de outubro de 1859.

ao próprio ministério dela) apelando à profecia de Joel, citada na passagem de Atos 2, de que "derramarei o meu Espírito sobre toda carne, e vossos filhos e *filhas* profetizarão" – passagem esta que aparece na página de rosto do livro. Todo o livro reverbera temas do Pentecostes, reivindicando "um reconhecimento do pleno batismo do Espírito Santo, como uma graça a ser experimentada e usufruída em nossa presente vida, doutrina essa que tem diferenciado o Metodismo."[239] Na segunda metade do livro a Sra. Palmer descreve seu trabalho evangelístico de Santidade e da publicação "*Guide to Holiness*," acima mencionada, bem como um apelo que as pessoas tenham a experiência do batismo do Espírito Santo. Os antigos temas estão presentes, certamente, mas há uma nova ênfase no vocabulário característico da narrativa pentecostal – uma busca pelo "poder", a aguardada "profecia", e outras expressões próprias à ênfase.

O próximo e crucial desenvolvimento apareceria na obra de Asa Mahan apropriadamente intitulada "*The Baptism of the Holy Spirit*." Mahan, um ex-reitor do Oberlin College, teve esse livro publicado em 1870 pela editora dos Palmers. Em 1859 ele assumira a reitoria do Adrian College, que significativamente na ocasião tinha caído sob a influência do abolicionismo e do perfeccionismo da Wesleyan Church e posteriormente da Methodist Protestant Church. O livro aparentemente esteve em gestação de seis a oito anos, antes de ser publicado, como conferências proferidas no Adrian College que acabaram

---

[239] Palmer, *The Promise of the Father*, p. 55.

por fomentar três períodos de avivamento na instituição. Quando Mahan resolveu publicá-las, ofereceu o livro aos Palmers, que hesitaram em aceitá-la e, temendo controvérsias, recomendaram-no que procurasse um editor calvinista.

No entanto, Mahan desejava ter um editor metodista, como acontecera já como seu *"Scripture Doctrine of Christian Perfection"* [A Doutrina Bíblica da Perfeição Cristã], e contra-argumentou que presbiterianos não estavam ainda prontos para publicarem livros com tal teor. Insistindo que o tema estava sendo amplamente discutido por outros segmentos evangélicos além dos metodistas, Mahan ressaltou a importância de sua publicação, e os Palmers finalmente concordaram.[240] A previsão de Mahan de que o livro suscitaria "um novo interesse no todo do tema," mostrou-se correta; em um pouco mais de uma década ele pode relatar que o livro tinha "circulado extensivamente por toda a América, Grã-Bretanha e também nas terras missionárias, e traduzido para o alemão e o holandês."[241]

Mahan afirma então que nesse novo livro, *The Baptism of the Holy Ghost* [O Batismo do Espírito Santo], "a doutrina da plena santificação é apresentada de uma forma antiga e, todavia, nova."[242] Mas o contexto

---

[240] Esta informação foi retirada de duas cartas de 1870 (a exatidão delas não é clara) de Asa Mahan a Phoebe Palmer, encontradas nos documentos dos Palmers arquivados na Biblioteca da Drew University, em Madison, New Jersey.

[241] Asa Mahan. *Autobiography. Intellectual. Moral and Spiritual.* London: T. Woolmer, 1882, p. 414.

[242] Das cartas de Mahan a Phoebe Palmer, da Coleção da Biblioteca da Drew University.

deste desenvolvimento se relaciona mais com o Reformado [i.e., Calvinista] do que com o Metodista – não somente nas ilustrações usadas, e em sua base bíblica mais ampla, mas também na medida em que temas da "erradicação do pecado" são grandemente reduzidos a um discurso único. Sem dúvida, as "consequências" do "batismo" são descritas principalmente em termos de *"permanência e poder,"* ou mais elaboradamente como (1) um despertamento de nossos *"poderes naturais"*; (2) "uma enorme acumulação de *poder moral e espiritual* – poder para permanecer e poder para efetuar"; (3) *"apreensões da Verdade transformativas da alma"*; (4) *"segurança absoluta quanto à esperança"*; (5) mais íntima *"comunhão com o Pai e com seu Filho Jesus Cristo"*; (6) um estado de *"permanente e profunda bênção espiritual"*; (7) a *"unidade do Espírito"* entre as pessoas crentes.[243]

Por volta de 1870, tinham sido assentados os fundamentos para os futuros desenvolvimentos. As explicações determinantes da doutrina já tinham sido publicadas tanto nos círculos metodistas como reformados. Deste ponto de vista, o ensino do batismo pentecostal do Espírito Santo profundamente afetaria a maioria de ambos os ramos, pelo menos do avivalismo mais conservador, embora nem sempre exatamente da mesma forma. Na verdade, houve três versões na doutrina que devem ser explicitadas:

> 1) o ensino sobre a santificação pentecostal da corrente principal do Movimento de Santidade;

---

[243] Asa Mahan. *The Baptism of the Holy Ghost*. New York: Palmer and Hughes, 1870, p. 52ss.

2) uma versão mais radical do Movimento que divide a experiência em duas distintas obras da Graça; e, finalmente,

3) a versão que se tornou dominante nos mais próximos dos círculos reformados que acabaram por suprimir os temas wesleyanos mais distintivos para ensinar o batismo do Espírito Santo com uma "segunda e definitiva obra da Graça" subsequente à salvação mas com o propósito do "revestimento de poder para o serviço."

A MUDANÇA PARA A SANTIFICAÇÃO PENTECOSTAL

Nos anos pós-Guerra Civil, o Movimento de Santidade mais e mais adotou a formulação pentecostal da santificação plena. A mais importante instituição do movimento, a *National Camp Meeting Association for the Promotion of Holiness* [Associação Nacional de Encontros de Acampamento para Promoção da Santidade] era dominada pelos metodistas ainda que fosse interdenominacional, e convocou seu primeiro encontro para Vineland, em Nova Jersey, em julho de 1867. A convocação para o evento esperava "realizar concomitantemente um batismo pentecostal do Espírito Santo."[244] Sermões nesse encontro incluíram

---

[244] George Hughes, *Days of Power in the Forest Temple: A Review of the Wonderful Work of God at Fourteen National Camp-Meeting: from 1867*

um sobre Atos 1.8 (*E recebereis poder ao descer sobre vós o Espírito Santo*), pregado por Benjamin M. Adams, um dos fundadores da Associação. No sermão, temas sobre "poder" superaram em muito temas wesleyanos, embora estes estivessem presentes.[245] E o relatório dos quatorze primeiros acampamentos realizados nos próximos cinco anos foi significativamente intitulado *"Days of Power in the Forest Temple"* [Dias de Poder no Templo da Floresta].

O relatório sobre o décimo-sexto acampamento teve como título *"A Modern Pentecost"* [Pentecostes Moderno] e descreve um sermão sobre Atos 1.8, pregado por William H. Boole, no qual "empoderamento" predominou em sua defesa de um "batismo elétrico". Boole reivindicava que "o batismo do Espírito Santo é uma experiência positiva, específica, consciente e instantânea. Nisto nos firmamos ou caímos – o Metodismo se firma ou cai. Nossa Igreja não tem ensinado outra doutrina desde seu princípio."[246] Temas pentecostais emergem neste contexto nos anos pós-guerra – ainda que de modo silencioso, isso, sem dúvida, devido em parte ao fato de que esta era a orientação do setor clássico do Movimento de Santidade em sua maioria ainda determinado por temas originalmente wesleyanos.

---

to 1872. Boston: J. Bent, 1873.

[245] A. McLeany e J. W. Eaton (eds.). *Penuel; or, Face to Face with God*. New York: W. C. Palmer, Jr., 1869, p. 59-69.

[246] Adam Wallace (ed.). *A Modem Pentecost*. Philadelphia: Methodist Home Journal Publishing House, 1873; reimpresso en Salem, Ohio: Convention Book Store, H.E. Schmul, 1970, p.83.

Todavia as sementes pentecostais já tinham sido plantadas e cresceriam durante o restante do século na medida em que a tradição Santidade se distanciou mais e mais do Metodismo, e logo que a liderança inicial mais conservadora foi eclipsada. Os anos 1890 provavelmente vieram a ser o clímax de tais desenvolvimentos com a explosão de temas pentecostais. Nesta época, S. S. Keen, de Ohio, promoveu inumeráveis "trabalhos pentecostais" em aproximadamente vinte Conferências Anuais da Igreja Metodista Episcopal, do Norte dos Estados Unidos, tendo publicado seus ensinos sob o título *"Pentecostal Papers: or the Gift of the Holy Ghost"* [Escritos Pentecostais, ou o Dom do Espírito Santo].[247] O metodista H. C. Morrison, a maior figura por detrás das famosas instituições do Asbury College e do Asbury Theological Seminary, mudou em 1897 o título de seu jornal de [*Old*] *Methodist* [Metodista (Antigo)] para *Pentecostal Herald* [Arauto Pentecostal] , tendo resumido seus ensinos em *The Baptism with the Holy Ghost* [O Batismo com o Espírito Santo], um panfleto que circulou aos milhares e foi traduzido em Chinês e Japonês.[248]

Essas tendências se acentuaram signficativamente entre os setores mais sectários do Movimento de Santidade que acabaram na formação de novas denominações já no

---

[247] S. A. Keen, *Pentecostal Papers; or the Gift of the Holy Ghost*, publicação do autor, em Cincinnati, 1895, que teve sucessivas edições nos anos seguintes.

[248] H. C. Morrison, *The Baptism with the Holy Ghost*. Louisville: Pentecostal Herald Press, 1900. Disponível em http://place.asburyseminary.edu/cgi/viewcontent.cgi?article=1000&context =firstfruitsheritagematerial.

final do século XIX. O quacre Seth Cook Rees, uma figura importante na fundação tanto da Igreja Pentecostal do Nazareno como da Igreja Peregrina de Santidade, esboçou em 1897 sua visão do movimento em *Ideal Pentecostal Church* [A Igreja Pentecostal Ideal].[249] A biografia de sua esposa teve como título *Hulda A. Rees, the Pentecostal Prophetess* [Hulda A. Rees: A Profetisa Pentecostal].[250] Seu amigo Martin Wells Knapp publicou *Lightning Bolts from Pentecostal Skies* [Raios de Luz dos Céus Pentecostais].[251] O mesmo editor publicou uma série de edições populares sob o título *Pentecostal Holiness Library* [Biblioteca de Santidade Pentecostal], que em sua maioria revelam uma forte obsessão por temas pentecostais.

Em janeiro de 1897, o *Guide to Holiness and Revival Miscellany* [Guia para uma Coleção sobre Santidade e Avivamento] substituiu a parte final de seu título por *Pentecostal Life* [Vida Pentecostal], em resposta aos

> sinais do tempo, que indicam a busca, pesquisa e ardente anelo pelos dons, graças e poder do Espírito Santo. "A ideia Pentecostal" está permeando o pensamento e aspiração cristãs mais do que nunca [...] e esperamos que este ano contribua sobremaneira para o seu melhor

---

[249] Seth Cook Rees, *The Ideal Pentecostal Church*. Cincinnati: M. W. Knapp, Revivalist Office, 1897.

[250] Byron J. Rees. *Hulda A. Rees. The Pentecostal Prophetess*. Philadelphia: Christian Standard, 1898.

[251] Martin Wells Knap. *Lightning Bolts from Pentecostal Skies; or, Devices of the Devil Unmasked*. Cincinnati: Revivalist Office, 1889.

entendimento – isto é, "A DISPENSAÇÃO DO ESPÍRITO SANTO."[252]

O interior da capa daquele número do *Guide* anunciou uma nova edição daquela "grande dádiva pentecostal", o livro de Asa Mahan *The Baptism of the Holy Ghost* [Batismo do Espírito Santo], aquele "magnífico trabalho do Dr. Mahan sobre o grande tema da atualidade."

Deste momento até o seu desaparecimento quatro anos mais tarde, a publicação praticamente se preocupou em somente veicular temas pentecostais. Sermões foram publicados na coluna "*Pentecostal Pulpit*" [Púlpito Pentecostal], relatos de mulheres na coluna "*Pentecostal Womanhood*" [Mulher Pentecostal], testemunhos como "*Pentecostal Testimonies*" [Testemunhos Pentecostais] – desde os encontros de acampamentos até corais tudo era "pentecostal", enquanto as devoções particulares eram realizadas no "Pentecostal Closet" [Armário Pentecostal]. Isto tudo não é mais do que uma extrema ilustração daquilo que em geral foi verdade para a maioria dos segmentos do Movimento de Santidade nos anos de 1890.

Mesmo a mais conservadora (agora renomeada) *National Association for the Promotion of Holiness* [Associação Nacional para Promoção da Santidade] parece se ter alinhado a essa tendência. Seu presidente Charles J. Fowler publicou em 1900 um livro que teve como título *Back to Pentecostal* [De volta ao Pentecostes], no qual afirma:

---

[252] "Pentecost - What Is It?". *Guide to Holiness*, no. 66 (Janeiro de 1897), p. 37.

> Entendo por Pentecostes aquilo que o Novo Testamento define – da mesma forma como o Metodismo sempre o definiu – como aquela obra da Graça que todos necessitam ter após sua regeneração, e que podem ter, e que é conhecido teologicamente como SANTIFICAÇÃO PLENA.[253]

Nessa ocasião, a formulação de John Fletcher tinha virtualmente superado a explanação mais wesleyana da santificação plena. O Movimento de Santidade procurava manter o conteúdo wesleyano nas novas formulações, mas não conseguiu o seu intento. A formulação pentecostal tinha adquirido poder próprio e que tomou uma outra direção.

FLETCHER REVIVIDO

A mudança de direção para uma orientação pentecostal trouxe para o centro da cena a doutrina de John Fletcher sobre as dispensações. Vestígios dessa reviravolta podem ser já detectados em Asa Mahan, que, embora tenha preferido falar de "duas alianças" em sua obra *Christian Perfection* [Perfeição Cristã], falava em outras de "*velha e nova dispensações.*" O livro do metodista Edward Davies publicado em 1874, The *Gift of the Holy Spirit: The Believer's Privilege* [O Dom do Espírito Santo: Privilégio do Crente] – lido muito além dos confins de sua denominação – devotou todo um capítulo a uma "Breve História das Três

---

[253] Charles J. Fowler. *Bad to Pentecost*. Philadelphia: Christian Standard, 1900. p. 7.

Dispensações", e incluiu um apêndice de Daniel Steele sobre "As Três Dispensações" que era uma reimpressão de matéria publicada no *Advocate of Christian Holiness*. O trabalho de Steele é essencialmente um resumo do tratamento que Fletcher dá ao tópico em sua obra *The Portrait of St. Paul* [O Perfil de São Paulo].[254]

Inúmeros ensaios semelhantes tinham surgido nos anos restantes do século XIX de tal forma que, nos anos 1890, o padrão estava tão bem estabelecido que Phineas Breese, posteriormente fundador da Igreja do Nazareno, começou seu sermão "O Batismo com o Espírito Santo", no encontro da National Camp Meeting Association [Associação Nacional de "Reuniões Campais"], com a afirmação de que a "dispensação do Espírito Santo foi iniciada logo após a ascensão de Jesus, com sua vinda sobre os apóstolos e discípulos com um poder que enche e santifica as pessoas crentes."[255]

A mudança para o vocabulário pentecostal também focou centralmente vários temas pneumatológicos. Isto já podia ser visto na ênfase que Mahan dava aos dons espirituais, mais particularmente ao dom da profecia, ou mesmo nas frequentes referências de Phoebe Palmer ao dom de profecia.[256] Nos primeiros anos do Movimento

---

[254] E. Davies. *The Gift of the Holy Ghost: The Believer's Privilege*. Reading, MA: B. Davies, 1874. capítulo 2 e apêndice.

[255] Phineas F. Bresee. *"Baptism with the Holy Ghost", The Double Cure: or, Echoes from National Camp Meetings*. Boston e Chicago: Christian Witness, 1894. p. 326.

[256] Asa Mahan. *The Baptism of the Holy Ghost*, p. 46-47, e especialmente Phoebe Palmer, *Four Years in the Old-World* e *The Promise of the Father*.

de Santidade, "profecia" foi mais interpretada como um dom natural identificado com o da pregação ou do testemunho, mas com as mudanças posteriores houve uma inclinação de considerá-la mais de forma sobrenatural e extática. É verdade que Mahan advertiu que "atualmente um leitor das Escrituras que não seja cuidadoso poderá confundir o dom ou a promessa do Espírito Santo com algum *revestimento miraculoso*."[257] Mas, na virada do século, a atenção tinha se voltado mais para a inclusão de mais dons sobrenaturais como o da cura e o de sinais e maravilhas. Set Cook Rees argumentou que "sinais e milagres têm novamente aparecido em cada avivamento do Espírito Santo."[258] Aqueles que permaneceram mais perto da tradição wesleyana deram maior ênfase às consequências éticas e às *graças* do que aos dons do Espírito Santo, mas o impulso maior no Movimento foi em direção dos "dons *e* graças espirituais"[259] – especialmente naqueles círculos onde foi mais intenso o fascínio com o Pentecostes.

"PODER" OU "SANTIDADE"?

Talvez o problema mais difícil foi ainda com a integração das noções sobre "perfeição" e "purificação" da tradição

---

[257] Asa Mahan, *The Baptism of the Holy Ghost*, p. 113.

[258] Set Cook Rees. *The Ideal Pentecostal Church*, p. 78. Ver também o capítulo intitulado "*Pentecostal Gifts*," em Knapp, *Lightning Bolts from Pentecostal Skies*, p. 80-85.

[259] Ver W. B. Godbey. *Spiritual Gifts and Graces*. Cincinnati: God's Revivalist Office, 1895.

wesleyana com o dominante tema de "poder" nos textos sobre o Pentecostes que passavam a receber então maior atenção. Frequentemente, temas sobre "poder" simplesmente sobressaíam os temas sobre santidade, como já temos sugerido. A corrente principal do Movimento de Santidade tentava preservar valentemente os temas clássicos em meios às novas mudanças tanto no vocabulário como na retórica.

Uma resposta – evidente, por exemplo, em Phoebe Palmer – foi igualar os dois temas, sugerindo que "santidade é poder"[260], tanto que "santidade possui um tal poder que despertará qualquer igreja que esteja naufragando"[261], e que "pureza e poder são idênticos".[262] Mais típico ainda foi o esforço para manter-se a ideia de que o Pentecoste traria tanto "santidade como poder", talvez o título do mais importante livro do Congregacional A. M. Hills, que estudara com Finney no Oberlin College e mais tarde assumiria a direção de Faculdades pertencentes à Igreja do Nazareno já que ele veio a ser o primeiro teólogo sistemático daquela denominação[263]. Segundo H.

---

[260] Palmer, *Four Years in the Old World*, p. 395.

[261] Idem.

[262] Idem.

[263] A. M. Hills, *Holiness and Power for the Church and the Ministry*. Cincinnati: Revivalist Office, 1897. A obra é um verdadeiro catálogo de opiniões antagônicas sobre este assunto, durante o século XIX. O prefácio contém uma conferência feita em Oberlin, Ohio, onde residência durante um período de evangelização itinerante. Ver também seu livro *Cleansing Baptism*. Manchester, Inglaterra: Star Hall, sem data.

C. Morrison, "o batismo com o Espírito Santo purifica os corações dos crentes e os empodera para o serviço".[264]

Esta postura comumente envolvia a diferenciação entre os aspectos positivos e negativos da mesma "obra", a formulação que veio a tornar-se normativa em diversos meios do Movimento de Santidade. Assim, o teólogo Nazareno E. P. Ellyson mais tarde iria reproduzir tal consenso ao citar o *Manual* de sua denominação sobre como alcançar a plena santificação

> mediante o batismo com o Espírito Santo que inclui em uma só experiência a purificação do coração de todo o pecado e a morada, a habitação, permanente do Espírito Santo, empoderando o crente para a vida e o serviço.[265]

Ou este duplo padrão pode ser desenvolvido de modo mais elaborado e um tanto quanto diferente como o foi pelo teólogo Russel R, Byrum da Igreja de Deus de Anderson, Indiana:

> A Bíblia ensina que há não somente duas obras da Graça – a primeira comumente descrita como conversão e a segunda como um posterior operar especial de Deus no coração – mas claramente também ensina uma dupla fase de cada umas destas duas experiências. A primeira obra, a conversão, inclui tanto

---

[264] H. C. Morrison. *The Baptism with the Holy Ghost*, p. 31, a quarta das seis proposições explanadas neste folheto.

[265] E. P. Ellyson. *Doctrinal Studies*. Kansas City: Nazarene Publishing House, MO, 1936. p. 106.

a justificação como a regeneração, que são distintas em suas naturezas embora recebidas a um só e mesmo tempo. ... A segunda obra inclui não somente a perfeita purificação do pecado da herdada depravação, mas também o batismo do Espírito Santo.²⁶⁶

O ENSINO DAS "TRÊS BÊNÇÃOS"

O consenso, contudo, não foi alcançado ou mantido de maneira fácil e o cuidadoso palavrear reflete uma polêmica autoconsciente contra a posição que, mesmo que já tivesse sido antecipada, manifestou-se de modo mais evidente por volta do final do século XIX. Uma parte do Movimento de Santidade encontrou uma síntese muito mais fácil ao defender antes uma tríplice obra da Graça, ou "bênçãos", na qual a concepção sobre segunda obra da Graça dominante no movimento foi decomposta em duas diferentes obras. Esse grupo, contudo, não se constituía no lado mais fanático do movimento como pareceu aos seus líderes, tanto os daquela época como ainda os de agora. Tal vocabulário só demonstrava a dificuldade fundamental em expressar a teologia wesleyana nas vestes pentecostais que surgia toda vez em que se intentou fazê-lo, como já vimos antes. A incessante luta com tal problema já se tinha manifestado claramente na literatura mesmo antes

---

[266] Russell R. Byrum. *Holy Spirit Baptism and the Second Cleansing*, Anderson, IN: Gospel Trumpet, 1923. p. 18.

dos anos 1890, quando então a "heresia das três bênçãos" ganhou maior notoriedade.

Na verdade, a questão já se apresentava por volta de 1856 no *Guide to Holiness*. Um certo "J. D.", perguntava-se:

> a santidade plena, a santificação plena, o coração limpo, o amor perfeito, ou a salvação plena, etc., implica necessariamente no batismo do Espírito Santo? Pode uma alma desfrutar a bênção da santificação plena e ainda assim viver carecendo da plenitude do Espírito?[267]

"J. D." apelava para a doutrina das dispensações de Fletcher e o citava para argumentar que "não devemos nos contentar em ser limpos do pecado; devemos ser cheios com o Espírito".[268] Estes questionamentos nas páginas do *Guide to Holiness* parecem ter sido levantados ao menos em resposta à observação empírica de que muitos afirmavam ter sido "plenamente santificados" sem que apresentassem um correspondente "poder espiritual". Bem como outros tinham tido uma experiência pessoal que indicava legitimar tal distinção entre santificação plena e plenitude do Espírito. Arthur S. Clibborn, que viria tornar-se genro de William Booth, o fundador do Exército de Salvação, escrevendo a Asa Mahan, então editor britânico do *Divine Life* [Vida Divina], afirmou:

> Gradualmente das trevas irrompeu a luz, e mais e mais me rendi a Cristo e me desprendi

---

[267] "J. D.". "Entire Sanctification and the Fulness of the Spirit", *Guide to Holiness*, no. 29, abril de 1856. p. 97.

[268] Idem, p. 98.

das coisas do meu eu e do mundo. Depois de um período de plena consagração (cerca de quatro anos depois do primeiro chamado) no qual desejei tornar-me louco por Cristo – renunciando o meu eu, o mundo, a reputação, tudo por Ele, e me oferecer ao seu serviço, recebi o batismo do Espírito.[269]

Outros deram tanta ênfase à purificação do pecado como preparação para o batismo que pelo menos cronologicamente haveria uma distinção no processo entre ambas experiências, se não uma real separação entre elas. Assim, o evangelista batista de Santidade A. B. Earle numa conferência do movimento foi perguntado sobre se "uma pessoa podia ter tido o coração limpo sem ter tido o batismo do Espírito Santo?", ao que ele respondeu, "um coração puro é uma preparação para o batismo do Espírito Santo".[270]

Asa Mahan parece ter concebido tais distinções e em algumas ocasiões parece falar sobre plena santificação e batismo do Espírito Santo como duas doutrinas ou experiências e não uma só. Em *Divine Life* sugere a metáfora de esvaziamento e enchimento de um vaso para indicar que a "pureza é uma coisa, e o poder totalmente outra". O significado parece ter sido a ênfase no ordenamento onde "a primeira é uma imutável condição para segunda, que sempre vem antes da seguinte", de tal modo que os que buscam o batismo não devem "esquecer de orar com fé

---

[269] Arthur S. Clibborn. "Testimony". *Divine Life*, no. 5, dezembro de 1881. p. 114.

[270] A. B. Earle. "Enquiries Answered". *Divine Life*, no. 1, 15 de junho de 1877. p. 35.

para a purificação interior indispensável para a recepção desse indizível dom".[271]

De modo semelhante Asbury Lowrey, o editor Norte-Americano de *Divine Life*, sem hesitação respondeu à pergunta, "podemos ter uma dispensação do Espírito Santo após a santificação e suplementar àquela Graça, uma dispensação maior ou mais poderosa que necessariamente pertence ao estado de um coração puro?" E ele respondeu que a

> obra do Espírito Santo no que diz respeito à santificação plena é *renovadora*, ao batismo é *qualificadora*. A primeira, purifica e refina, a segunda empodera. A primeira opera interiormente e restaura a imagem de Deus; a segunda, opera exteriormente, e alcançando a sociedade, santifica o mundo. A primeira purifica e gera um santo; a sendo unge e gera poderosamente mediante Deus, um sacerdote e rei, para a destruição das fortalezas.[272]

O argumento de Lowrey que coroa sua interpretação quanto à necessidade da santificação para a recepção do batismo do Espírito Santo tinha Cristo como modelo, que era "santo, incorrupto, sem mácula, e separado dos pecadores, e ainda assim buscou e recebeu o batismo do Espírito".[273] Na virada do século, o evangelista George D. Watson ligado ao Movimento de Santidade numa determinada ocasião se aproximou desta concepção e de igual modo usou o exemplo

---

[271] Asa Mahan, "Questions Answered". *Divine Life*, no. 6, dezembro de 1882, p. 109-10.

[272] Asbury Lowrey. "Is the Baptism of the Holy Ghost a Third Blessing?". *Divine Life*, 3 de setembro de 1879. p. 47.

[273] Idem.

de Cristo para refutar aqueles que, como Phoebe Palmer, que entendiam que "santidade é poder".[274]

Outros inclinaram-se a fazer uma distinção com base nas palavras de João Batista com respeito a Cristo de que "ele vos batizará com Espírito Santo e com fogo" (Mt 3.11). O Rev. Edwin Pope, com base nesse texto, concluiu numa matéria do *Divine Life* que "o batismo com fogo é diferente do batismo com o Espírito Santo, um batismo para o qual o este último é preparatório para aquele primeiro".[275]

De igual modo, questões parecidas suscitaram certa agitação entre muitos leitores a publicação de *Way of Faith* [Caminho da Fé], em Columbia, Carolina do Sul, após 1890, sob a direção de J. M. Pike. Provavelmente a pessoa que adotou estas concepções foi o batista Benjamin Harden Irwin, figura importante no processo que levou ao pentecostalismo face sua participação na fundação da *Fire-Baptized Holiness Church* [Igreja de Santidade Batizada com Fogo].[276] Irwin deixou poucos escritos[277]

---

[274] George Douglas Watson. *The Secret of Spiritual Power*. Boston: Christian Witness, 1894.

[275] Edwin Pope, "With fire as well as with the Holy Ghost". *Divine Life*. Outubro de 1885. p. 95.

[276] Sobre Irwin, ver a obra de Vinson Synan, *The Old-Time Power*. Franklin Springs, GA: Advocate Press, 1973. Uma história da Pentecostal Church of Holiness, especialmente o capítulo 5, e *The Holiness Pentecostal Movement in the United States*. Grand Rapids, MI: Wm. B. Eerdmans, 1971. capítulo 3. Ver também a tese de Craig Fankhauser, "The Heritage of Faith: An Historian Evaluation of the Holiness Movement in America", tese de Master of Arts, Pittsburg State University, 1983, especialmente o capítulo 6.

[277] As duas afirmações de Irwin mais importantes parecem estar nos tratados, *The Baptism of Fire y Pyrophobia*. O primeiro, uma descrição,

e promoveu seus ensinos pessoalmente ou por meio de muitos folhetos. Ele ensinava que

> no que diz respeito à questão do pecado, está assentada para sempre nas duas obras da Graça – perdão e purificação. O batismo com o Espírito Santo e com fogo traz unções e fortalecimentos especiais, e profunda iluminação interior.[278]

Embora Irwin pareça estar falando de um mesmo batismo, de fato tem duas fases distintas, e Irwin acaba por cair no padrão de acrescentar uma experiência espiritual sobre outra experiência espiritual. Isto foi explicitado muito mais tarde na Constituição da Fire-Baptized Holiness Church, onde, após os artigos sobre a justificação e santificação, seguem-se dois outros artigos:

> Cremos também que o batismo do Espírito Santo é recebido mediante um ato definido de apropriação pela fé da parte do crente plenamente purificado (At 1.5; 2.1-4, 38; Lc 11.13; At 19.6).

> Cremos também que o batismo com fogo é uma experiência bíblica definida, obtida pela fé da parte do crente cheio do Espírito (Mt

---

de sua própria experiência, apareceu pela primeira vez em *Way of Faith*, no. 6, 13 de novembro de 1895, p. 2, e em *Way of Faith*, no. 7, 28 de outubro de 1896, p. 2.

[278] *Pyrophobia*, p. 2.

3.11; Lc 3.16; Ap 15.2; Sl 104.4; At 2.1-4; Hb 12.29; Ez 1.4-14; 10.2-7; Is 33.14; 6.1-8).[279]

Irwin, contudo, estava já nesta altura promovendo outros batismos de "dinamite", "lidita" e "oxidita".[280] Entretanto, por volta de 1900, ele foi flagrantemente apanhado em um "grosseiro pecado", deposto e com ele seus excessos foram juntos.

Teologicamente mais interessante, todavia, foi um outro círculo de pessoas que começaram a defender três bênçãos. Simon P. Jacobs, o metodista presidente da Associação de Santidade do Sudoeste Norte-Americano, entendeu como "não-ortodoxa" a doutrina da santificação Pentecostal como sendo um desenvolvimento recente, afirmando que

> se pureza de coração e o batismo Pentecostal do Espírito Santo são idênticas e inseparáveis experiências, então ninguém antes do Pentecostes teve um coração limpo. Mas tal não é o caso. Isto está claro para qualquer leitor da Bíblia. Pureza de coração foi desfrutada tanto sob a dispensação Patriarcal como sob a Mosaica. De fato, todos os que escrevem sobre santidade citam do Antigo Testamento

---

[279] *Constituição e Regras Gerais da Fire-Baptized Holiness Church.* Royston, GA: Live Coals Press, 1905. p. 3.

[280] Ver Vinson Synan. *The Old-Time Power*, p. 93, e também uma paródia deste esquema em A. M. Hills, "Fanaticism Among Holiness People". *Holiness Advocate*, 1 de abril de 1903. p. 5.

tanto a doutrina como os testemunhos sobre pureza plena de coração.

Todos concordam sobre Nosso Senhor ter vivido em pureza perfeita durante os trinta anos que antecederam a recepção pessoal do revestimento do Espírito Santo (Lc 3.21,22).

Portanto, tal revestimento do Espírito Santo, ou seja, o batismo do Espírito Santo e a pureza plena do coração não são idênticos e nem inseparavelmente conectadas.

Segue-se, portanto, que alguém limpo totalmente de todo o pecado (1 Jo 1.7) não está necessariamente batizado com o Espírito Santo.[281]

Algo semelhante estava nas preocupações de R. C. Horner, um extravagante evangelista canadense que afirmava ser o fundador de três denominações.[282] Tendo escrito uma refutação ao ataque de Jeremiah Boland a

---

[281] S. P. Jacobs. "Receiving the Holy Spirit". *Canadian Methodist and Holiness Era*. no. 2, 13 de setembro de 1893, p. 146, aparentemente "coletado" de *Divine Life*, e mais tarde reimpresso pelos metodistas do Canadá, com um ensaio por R. C. Horner, sob o título *Power for Service*, Toronto: William Briggs, s. d., p. 3-18. Ver também S. P. Jacobs, *The Real Christian*, 1899.

[282] Sobre Horner, ver Brian R. Ross, "Ralph Cecil Homer: A Methodist Sectarian Deposed, 1887- 1895", *Journal of the Canadian Church Historical Society*, no. 19, maio-junho de 1977, p. 94-103, e Harold William Pointen, "The Holiness Movement Church in Canada", tese não publicada, Emmanuel College na Victoria University, 1950.

Wesley e sobre a teologia da segunda bênção da Igreja Metodista Episcopal do Sul,[283] Horner que conhecia Wesley muito bem, tinha a clareza de que Wesley não relacionava a experiência da santificação com o Pentecostes:

> Wesley ensinava que santidade era salvação do pecado inato e sabia que os discípulos não foram advertidos para que esperassem pela chegada da purificação. Ele colecionou e citou orações que tinham sido erguidas em petição pela santificação plena do povo de Deus, mas não deduziu que tais orações teriam sido respondidas no dia de Pentecostes.[284]

Alguém poderia dizer que Horner compreendeu melhor a Wesley do que a maioria dos participantes da corrente principal do Movimento de Santidade. Sua resistência à elaboração Pentecostal sobre a santificação plena lhe permitiu preservar mais os temas wesleyanos em sua explicitação sobre a Santidade, embora houvesse a tendência de dar maior ênfase ao aspecto instantâneo da santificação segundo o modo característica dos movimentos Norte-Americanos. A afirmação básica de Horner, os dois volumes de sua obra *Bible Doctrines* [Doutrinas Bíblicas][285], mais de perto se aproxima do pensamento

---

[283] R. C. Horner. *Notes on Roland; or, Mr. Wesley and the Second Work of Grace*. Boston and Chicago: McDonald and Gill, 1893; também, Toronto: William Briggs, 1893.

[284] Ralph C. Horner. *Pentecost*. Toronto: William Briggs, 1891. p. 138.

[285] R. C. Horner. *Bible Doctrines*. Ottawa: Holiness Movement Publishing House, 1909. Comparar as expressões não tão wesleyanas do

wesleyano em sua ênfase sobre todo processo da Graça desde a preveniente, passando pela do arrependimento e justificação, a da santificação e a da plena santificação – até ao ponto ele começa a desenvolver os temas característicos do Pentecostes como consequência de seu ensino sobre uma "terceira benção".

Horner chegou a esta terceira experiência na busca de um "poder para salvar almas" após a do "perfeito amor me fazer gemer por um poder para alcançar as multidões que pereciam a fim de conduzi-las a Jesus". Para ele, esta

> graça extra para ganhar almas tem sido um elemento agressivo em minha experiência. Levou a ação todos os poderes adormecidos de minha alma, energizando minhas faculdades para atuar com eficiência na vinha do Senhor.[286]

Muito da argumentação de Simon P. Jacobs anteriormente mencionada foi adotada pelos seguidores de Horner para questionar a doutrina da santificação pentecostal[287]. Horner estava decidido apresentar a outros líderes do Movimento de Santidade seu posicionamento baseado em fontes bíblicas e teológicas. Os líderes da

---

movimento, como por exemplo, na obra de Wilfred Flower, *The Promise of the Father; or, The Theology of the Third Blessing* (com introdução de R. C. Homer). Ottawa: Holiness Movement Publishing House, 1906.

[286] Ralph C. Horner. *Evangelist: Reminiscences from His Own Pen, also Reports on Five Typical Sermons*. Brockville, ON: Standard Church Book Room, s.d. p. 13-14.

[287] Ver, por exemplo, W. J. Nesbitt, "*Holiness* and Power". *Holiness Era*, no. 7, 20 de abril de 1898. p. 60.

corrente majoritária do movimento lutavam por provar que os discípulos de Cristo não tinham sido santificados antes do Pentecostes[288], enquanto, por outro lado, Horner argumentava existirem evidências de que os discípulos mostraram sinais da plena santificação antes do Pentecostes e que quarenta dias de espera pelo Espírito foi de fato um longo "avivamento de Santidade".[289] E já que ele, Horner, considerava como impossível negar-se que a John Wesley lhe faltou poder espiritual, havia para ele o problema de discernir no próprio Wesley seu modelo de experiência espiritual. Ele resolveu a questão aproveitando a sugestão do erudito metodista canadense Nehemiah Burwash de que Wesley teria sido "inteiramente santificado quando supôs que havia se convertido, e estendeu sua análise para concluir que "quando Wesley recebeu o que chamava 'santificação plena', deve ter sido o seu batismo do Espírito Santo tal como os discípulos o receberam no Dia de Pentecostes"[290].

Antecipando o que veremos a seguir, devemos observar que tanto o trabalho de Irwin como o de T. C.

---

[288] Ver as refutações dos ensinos de Horner, tais como as do livro de Peter Wiseman (que acabou por retirar-se da Holiness Movement Church), *Entire Sanctification Before Pentecost: Is It Methodistic and Scriptural?* Chicago: Christian Witness, 1934; John R. Church (Methodist Episcopal Church, South), *Which is Right? One-Two- or Three-Works of Grace?* Louisville: Pentecostal Publishing, s. d.; Charles V. Fairbairn (um metodista canadense que chegou a ser bispo da Free Methodist Church), *Purity and Power: or, the Baptism with the Holy Ghost.* Chicago: Christian Witness, 1930.

[289] Ver Horner, *Bible Doctrines*, especialmente o volume 2.

[290] Horner, Pentecost, p. 140.

Horner foram os dois mais proeminentes defensores do ensino sobre a "terceira bênção" que foi acompanhado por "demonstrações do Espírito" e fenômenos físicos mais extremados que os que se pudesse achar em outros segmentos do Movimento de Santidade. Assim sendo, ambos representaram uma radicalização maior de segmentos mais amplos do movimento e mesmo das tendências metodistas, Irwin tornou-se muito controvertido não somente devido ao seu ensino sobre o batismo de fogo, mas também pelo fato de "gritos, danças no Espírito, queda em transe espiritual e muitas outras manifestações bem características em suas reuniões"[291]. Os testemunhos incluídos nos relatórios dos Festivais Pentecostais Anuais realizados no Canadá por Horner, revelam um padrão mais restrito, ainda que bastante intenso[292]. "Manifestações físicas – prostrações, êxtase, riso – foram bastante comuns" nos trabalhos iniciais de Horner entre os metodistas e contribuíram para a censura que precipitou a velocidade do processo que culminou com a separação entre essas duas tendências"[293]. Horner e seus seguidores responderam da forma costumeira apelando para a prática do metodismo primitivo com publicações tais como *Wesley sobre a prostração ou Demonstrações do Espírito*.[294]

---

[291] Synan, *The Old-Time Power*. p. 84.

[292] Tendo visto de Ralph C. Horner, *Feast of 1905, Feast of 1907,* e *Feast of 1909*. Ottawa: Holiness Movement Publishing House, 1905, 1907 e 1909, cada um conclui com "testemunhos" e "experiências" dos participantes.

[293] Ver Ross, "*Ralph Cecil Horner*", especialmente p. 99.

[294] R. C. Horner, *Wesley on Prostration. etc.* Toronto: William Briggs, 1889 (uma coleção de passagens extraídas do *Diário* e das *Cartas* de Wesley, sobre "prostrações, gritos e risos", como aconteceram durante

A DOUTRINA AVIVALISTA DO "BATISMO DO ESPÍRITO SANTO"

No final do século XIX, entretanto, houve uma terceira versão da doutrina do batismo do Espírito Santo que apresentou maior apelo aos mais conhecidos avivalistas daquela época, particularmente àqueles que reivindicavam maior fidelidade à tradição teológica reformada. Tal versão de forma crescente foi suprimindo os elementos próprios da tradição metodista presentes nas articulações iniciais da doutrina em favor dos elementos voltados para o "empoderamento para o serviço". Esta versão da doutrina do batismo com o Espírito Santo se propagou de modo quase que imperceptível no movimento avivalista das últimas décadas do século.

De novo as raízes desse desenvolvimento são achadas na teologia do Oberlin College de Finney e Mahan. Enquanto Mahan se moveu mais e mais para junto do Metodismo, Finney parece que foi se afastando dos temas relacionados com a santificação plena após o período inicial nos anos de 1840 que poderiam ser descritos como os mais wesleyanos do grande avivalista de Oberlin. Suas posições mais amadurecidas sobre este assunto podem ser encontradas no apêndice da edição britânica da obra de Mahan *Baptism of the Holy Ghost*. Este ensaio de quatro

---

o ministério de Wesley. Ver também W. B. Burns, *Demonstrations of the Spirit*. Ottawa: Holiness Movement Publishing House, 1908, uma edição reduzida de um trabalho anterior de G. W. Henry, *Shouting: Genuine and Spurious*. Oneida, NY: publicação do autor, 1859.

capítulos intitulado "O Revestimento de Poder" usa a costumeira imagem pentecostal para encorajar a busca do "revestimento de poder que vem do alto", definida quase que exclusivamente como a "indispensável condição para a realização do serviço" que Cristo determinou à Igreja na Grande Comissão. Não há qualquer referência à "santificação" ou à "purificação" na experiência pentecostal – embora houvesse certa preocupação com aquele período de preparação e do "permanecer" devesse incluir também a "consagração"[295]. Esta foi a forma de como essa doutrina se acha no ensino dos sucessores do evangelismo de Finney, como Dwight L. Moody, R. A. Torrey e J. Wilbur Chapman.

O ano crucial para Moody foi 1871. Seu salão em Chicago foi destruído pelo Grande Incêndio que devorou parte considerável da cidade quando ele estava prestes a deslanchar sua carreira internacional. Em meio a tudo isto, duas mulheres recentemente "santificadas", que mais tarde foram identificadas como "metodistas livres", começaram a sofrer sobre si "uma carga" em lugar de Moody, pois sentiam que a "ele faltava aquele poder que os apóstolos receberam no Dia de Pentecostes."[296] Quando dele se aproximaram para o informar do motivo de suas orações,

---

[295] Charles G. Finney, "The Enduement of Power", anexo à obra de Asa Mahan, *The Baptism of the Holy Ghost*. London: Elliot Stock, s. d. especialmente p. 231-34.

[296] As mulheres eram "Sister Hawxhurst" e "Auntie Sarah Cooke". Um posterior relato do evento pode ser encontrado no livro de Sarah A. Cooke, *The Handmaiden of the Lord, or, Wayside Sketches*. Chicago: S. B. Shaw, 1900. p. 42-3,

Moody as convidou para orarem com ele regularmente às sextas-feiras. As orações delas provocaram uma grande sede espiritual na alma de Moody de modo tal que, segundo ele, "começou a clamar como nunca havia feito antes. Realmente senti que não queria mais viver se eu não pudesse ter tal poder para o serviço".[297] A resolução dessa luta ocorreu quando Moody estava passeando pelas ruas de Nova York prestes a embarcar para a Inglaterra.

Não está claro quando essa experiência de Moody começou a influenciar sua pregação. Pessoas do Movimento de Santidade, obviamente, procuravam observar cuidadosamente sua pregação para perceber indícios de sua experiência em relação aos próprios critérios avivalistas delas. Observadores de seu trabalho na Grã-Bretanha no início dos anos de 1870 perceberam que ele não "dava nenhuma importância maior ao tema da santidade plena" e que "se ouvia dizer" que Moody não cria numa 'segunda bênção'". Elas se sentiram mais aliviadas quando mais tarde receberam informações de que ele havia "mudado sua opinião" – supostamente em conexão com a leitura da autobiografia de Charles G. Finney – e que "agora pregava de forma muito incisiva o batismo do Espírito Santo como um privilégio de todo o povo de Cristo".[298]

---

[297] Estas palavras são de "Mr. Moody, relativas ao incidente após alguns anos", no relato de seu filho William R. Moody, *The Life of Dwight L. Moody.* New York: Fleming H. Revel, 1900. p. 147. Um relato mais longo pode ser encontrado em J. C. Pollock, *Moody: A Biographical Portrait of the Pacesetter in Modern Mass Evangelism.* New York: Macmillan, 1963. p. 84-91.

[298] "Mr. D. L. Moody on the Baptism of the Holy Spirit", em *King's Highway, a Journal of Scriptural Holiness*, no. 8, London, 1879. p. 66.

Aqueles observadores, entretanto, podem ter visto nessas informações mais do que deviam. A transcrição de um sermão de Moody pregado na América expressa a estrutura toda de sua compreensão sobre o "batismo pentecostal do Espírito Santo" fundamentalmente como "revestimento de poder" ainda que haja referência à "purificação plena" e ao "esvaziar-se do pecado" nele envolvido.

Se essas informações foram pertinentes, os temas relacionados com a purificação logo sumiram da pregação de Moody. Seus "Discursos Doutrinários" de 1877 incluem um intitulado "O Batismo do Espírito Santo para o Serviço" assim começa:

> De certo modo, e até certo ponto, o Santo Espírito habita em todo crente. Mas há um outro dom que pode ser chamado o dom do Espírito Santo para o serviço. Este dom, me parece, é totalmente distinto e separado da conversão e da segurança. Deus tem um grande número de seus filhos que não tem nenhum poder e a razão disto é porque eles não têm o dom do Espírito Santo para o serviço.[299]

Uma opinião semelhante está presente, ainda que de forma um tanto quanto suavizada, no livro de Moody publicado em 1881, *Secret Power* [Poder Secreto], que na época teve grande circulação.[300] Moody instintivamente

---

[299] W. H. Daniels (ed.). *Moody: His Words, Work, and Workers*. New York: Nelson and Phillips, 1877. p. 396-403.

[300] D. L. Moody. *Secret Power; or, The Secret of Success in Christian Life and Christian Work*. Chicago: Fleming H. Revell, 1881.

evitou a controvérsia, fazendo declarações públicas, segundo alguns, deliberadamente evasivas, especialmente quando de discussões sobre temas controversos. Certamente ele procurava manter o vocabulário próprio do Movimento de Santidade e relutava em falar em público sobre sua experiência de 1871, embora o fizesse algumas vezes em ambientes privados. Entretanto, seu ensino sobre um especial "revestimento de poder para o serviço" parece ter sido relativamente constante em suas pregações e aparentemente "não mudaram significativamente entre os meados dos anos 1870 e os últimos anos da década de 1890"[301].

Se Moody manteve-se vago e reticente acerca desses temas, seu sucessor foi exatamente o contrário, tendo dominado o ministério de Reuben A. Torrey[302], que revelou um surpreendente reducionismo do foco sobre o "Batismo com o Espírito Santo". Para Torrey estava perfeitamente claro que uma das principais razões pelas quais "Deus usou D. L. Moody" era porque "*ele tinha um distinto revestimento com o poder que vem do alto, um claríssimo e distinto batismo com o Espírito Santo*", frisando que Moody quando o enviou para pregar, insistiu em dois

---

[301] Stanley N. Gundry. *Love Them In: The Proclamation Theology of D. L. Moody*. Chicago: Moody, 1976. p. 154.

[302] As diferenças entre Moody e Torrey podem ser mais facilmente compreendidas mediante uma comparação dos sermões de Moody proferidos sucessivamente durante dez dias nas Conferências de 1894 em Northfield, "The Anointing of the Holy Spirit for Service", e o texto de R. A. Torrey, "The Baptism With the Holy Spirit", em D. L. Pierson (ed.). *Northfield Echoes*. East Northfield, MA: Conference Book Store, 1894. p. 323-28 e 329-39.

sermões que lhe deveriam orientar, "*Dez razões pelas quais creio que a Bíblia é a Palavra de Deus*" e "*O batismo com o Espírito Santo*"[303]. A morte de Moody ocorreu em 1899, o ano em que o Moody Bible Institute teve início com Torrey como seu reitor. Nos meados dos anos 1890, entretanto, Torrey claramente tornou-se mais conhecido por trabalhos como *Como Obter o Enchimento de Poder*[304] e *O Batismo com o Espírito Santo*[305]. O ensino deste último trabalho pode ser resumido em quatro proposições recorrentes nos escritos de Torrey:

> 1. [...] há numerosas designações na Bíblia para esta única experiência ... batizado com o Espírito Santo ... cheio do Espírito Santo ... revestido com o poder do alto ... o Espírito Santo veio sobre eles ... o dom do Espírito Santo ... e receberam o Espírito Santo ...
>
> 2. [...] o batismo do Espírito Santo é uma experiência distinta da qual a pessoa pode saber se a recebeu ou não ...
>
> 3. O batismo com o Espírito Santo é uma obra do Espírito Santo separada e distinta da sua obra de regeneração [...]

---

[303] Isto aparece no capítulo 7 do livro de ampla circulação de R. A. Torrey, *Why God Used D. L. Moody*. Chicago: Moody Bible Institute, 1923.

[304] R. A. Torrey. *How to Obtain Fullness of Power*. New York: Fleming H. Revell. 1897.

[305] R. A. Torrey. *The Baptism With the Holy Spirit*. New York: Fleming H. Revell [c. 1895 e 1897].

4. O batismo com o Espírito Santo se relaciona sempre com o testemunho e serviço.[306]

A quarta proposição foi especificamente dirigida contra "uma linha de ensino defendida por um sincero, mas equivocado grupo de pessoas, que tem causado grande descrédito ao todo da doutrina do batismo com o Espírito Santo". O ensino questionado era que "o batismo com o Espírito Santo é a erradicação da natureza pecaminosa", ou, em outras palavras, a doutrina da santificação pentecostal. Torrey admitia que "sem dúvida, é obra do Espírito Santo a purificação do pecado", mas isto não é o "batismo com o Espírito Santo".[307]

Ao fazer tais afirmações, Torrey certamente tinha em mente A. M. Hills, seu colega de classe na Universidade de Yale e pregador no culto de sua ordenação. Esses dois homens tiveram seus primeiros pastorados em lugares bem próximos, ajudando-se mutuamente em suas buscas espirituais, mas por volta de 1900 se acharam em campos totalmente opostos sobre o significado da doutrina do batismo do Espírito Santo. Hills concordava com as três primeiras proposições de Torrey, mas não com a quarta. Torrey afirmava que a consequência do batismo do Espírito Santo era o "empoderamento para o serviço", enquanto Hills insistia que era "santidade e poder". Para

---

[306] Idem, p. 9-14.
[307] Idem, p. 15.

Hills qualquer coisa a menos era um *Pentecostes Rejeitado*, título de sua refutação a Torrey.[308]

Entretanto, Torrey estava por ser eclipsado como avivalista no início do século XX por J. Wilbur Chapman, educado no Oberlin College e espiritualmente renovado sob o ministério de Moody em 1878.[309] Seu comprometimento com os temas que estamos considerando pode ser visto em seu livro publicado em 1894 com o título *Received Yet the Holy Spirit Ghost?* [Já recebestes o Espírito Santo?], o qual dedicou a Moody.[310] Neste seu livro, desenvolveu todos os temas que tinham a ver com a tradição de Moody e Torrey excetuando-se a sugestão de que "todo filho de Deus tem recebido o Espírito Santo" e que o Pentecostes tem a ver com um "preenchimento" posterior. No ano seguinte, Chapman escreveu a introdução a uma obra parecida com a sua, de autoria do Rev. Ford C. Ottman, intitulada *Have Ye Known the Holy Ghost?* [Tendes Conhecido o Espírito Santo?][311]. Ottman posteriormente escreveu a biografia de Chapman.

Todos estes exemplos mostram como na virada do século os movimentos avivalistas Norte-Americanos

---

[308] A. M. Hills. *Pentecost Rejected and the Effect on the Churches*. Cincinnati: God's Revivalist Office, 1902.

[309] Ver William G. McLaughlin, Jr., *Modern Revivalism*. New York: Ronald Press, l959. p. 377ss, e Ford C. Ottman. *John Wilbur Chapman*. New York: Doubleday, 1920.

[310] Wilbur Chapman. *Received Ye the Holy Ghost?* New York: Fleming H. Revell, 1894.

[311] Ford C. Ottman, *Have Ye Known the Holy Ghost?* Albany, NY: Evangelistic Publishing, 1895.

estavam profundamente afetados pela doutrina do batismo do Espírito Santo e como esses líderes se achegavam aos seus públicos mediante seus livros sobre tais temas.

O MOVIMENTO DE KESWICK

Antes de irmos mais além, devemos notar um desenvolvimento paralelo e interconectado que foi o surgimento no final do século do chamado Movimento de Keswick e suas doutrinas. "Keswick" foi a forma como o ensino sobre Santidade e a "vida superior" tomou na Grã-Bretanha principalmente entre Anglicanos evangélicos, embora sua influência tenha sido muito mais ampla.[312] O trabalho de figuras como Charles Finney, Asa Mahan, W. E. Boardman, Hannah Whithall Smith e seu marido Robert Pearsall Smith, Charles Cullis e outros[313], levou a "*Union Meeting for the Promotion of the Scriptural Holiness*"

---

[312] Sobre este movimento, ver David D. Bundy, "Keswick: A Bibliographic Introduction to the Higher Life Movements", *Occasional Bibliographical Papers* da Biblioteca B. L. Fisher, no. 3. Wilmore, KY: Fisher Library, Asbury Theological Seminary, 1975. A interpretação mais corrente é de Steven Barabas, So *Great Salvation: The History and Message of the Keswick Convention*. Westwood, N J: Fleming H. Revell, 1952. Uma coleção representativa de trabalhos apresentados nas convenções pode ser encontrada na obra de Herbert F. Stevenson, *Keswick's Authentic Voice*. Grand Rapids: Zondervan, 1959, ainda que se consiga maiores detalhes em geral no Anuário *Keswick Week*.

[313] Uma síntese destas relações é encontrada em Dieter, *The Holiness Revival of the Nineteenth Century*, capítulo 4, resumida como "From Vineland and Mannheim to Brighton and Berlin: The Holiness Revival in Nineteenth Century Europe". *Wesleyan Theological Journal*, no. 9, primavera de 1974, p. 15-27.

[Encontro Unido para a Promoção da Santidade Bíblica] realizar um encontro em 1874[314] em Oxford e outro em Brighton em 1875[315] (a "*Convention for the Promotion of Scriptural Holiness*" [Convenção para a Promoção da Santidade Bíblica], que reuniu oito mil pessoas. Estas e outras iniciativas formaram um movimento que resultou numa série de convenções anuais reunidas em tendas na localidade de Keswick, na Inglaterra, a partir de 1875. Essas convenções vieram a ser um centro maior da espiritualidade evangélica no final do século XIX, intimamente ligada ao movimento missionário, particularmente com a China Inland Mission [Missão da China Continental] e suas cópias.

A teologia de Keswick ocupou um território a meio caminho entre o Movimento de Santidade Norte-Americano e os avivalistas Norte-Americanos mencionados anteriormente.[316] Contrário a Moody e Torrey, o ensino de Keswick se ateve mais com a segunda benção como uma resposta ao pecado, mas, por outro lado, não se sentia à vontade com o perfeccionismo do ensino Norte-America-

---

[314] Relatado no *Account of the Union Meeting for the Promotion of Scriptural Holiness*, reunido em Oxford de 29 de agosto a 7 de setembro de 1874 (e que foi distribuído por muitas editoras dos Estados Unidos, inclusive a Willard Tract Repositora, a Fleming H. Revela e outras).

[315] *Record of the Convention for the Promotion of Scriptural Holiness*, reunida em Brighton, em 29 de maio de 1875. Brighton: W. J. Smith; London: S. W. Partridge, 1875.

[316] Acerca destes ensinamentos, Barabas, *So Great Salvation*, e Bispo Handley C. G. Moule e outros, *Holiness by Faith: A Manual of Keswick Teaching*. London: Religious Tract Society, 1904.

no sobre a Santidade. A maior diferença entre esses dois últimos pode ser percebida nos adjetivos que lançaram um contra o outro: no que se referia à natureza pecaminosa, os mestres da Santidade eram "*erradicacionistas*" enquanto os mestres de Keswick eram "*supressacionistas*". Os ensinos de Keswick não eram tão precisos quanto aqueles de outros grupos e não se enquadram nos padrões até agora identificados. Mesmo a distinção da "segunda experiência" era frequentemente atenuada ou qualificada.

Também não havia um padrão consistente sobre a doutrina do Espírito. Mahan conduziu seminários muito concorridos sobre o batismo do Espírito Santo tanto em Oxford como em Brighton.[317] Mas tais ensinamentos aparentemente logo deixaram de ser proeminentes em Keswick. Mais característico foi o chamado à "plenitude do Espírito" ou da "vida cheia do Espírito" em um padrão mais restrito e frequentemente cristocêntrico não tão característicos dos padrões Norte-Americanos.

Keswick, contudo, foi importado de volta aos Estados Unidos por Moody, que trouxe para suas convenções no início dos anos 1890 gente como F. B. Meyer, um inglês que em dez anos voltou a América outras cinco vezes mais, Andrew Murray, o ministro reformado holandês da África do Sul, H. W. Webb-Peploe, um clérigo anglicano, e G. Campbell Morgan, um batista inglês. Esses homens tinham muito em comum com Norte-Americanos

---

[317] Estas opiniões são sugeridas nos informes anteriormente mencionados, mesmo que não ofereçam textos que revelem explicitamente os ensinos de Mahan naquele momento particular.

frequentemente identificados como *"Keswicks"*, tais como A. B. Simpson, o presbiteriano fundador da Aliança Cristã e Missionária, e A. J. Gordon, o batista da Nova Inglaterra cujo trabalho ficou mais conhecido pelo Gordon College e pelo Gordon-Conwell Theological Seminary.

No cenário Norte-Americano, esta junção entre o inglês Movimento de Keswick e o avivalismo Norte-Americano produziu uma importante constelação de personagens (especialmente Simpson, Gordon, Torrey e, embora não Norte-Americano, Andrew Murray)[318], que deram ênfase aos nossos temas comuns, embora só A. B. Simpson foi tão longe a ponto de advogar um "evangelho quadrangular".[319] Simpson se inclinou a apresentar "o Senhor Jesus Cristo num ministério quádruplo como *Salvador, Santificador, Curador* e *Rei que vem*".

---

[318] Para acessar uma bibliografia mais detalhada de tais autores, ver *Keswick* de Bundy, e a terceira parte de *A Guide to the Study of the Holiness Movement* de Charles E. Jones. Metuchen, NJ: Scarecrow Press, 1974. p. 485-511.

[319] Ver a exposição de A. B. Simpson sobre estes temas em *The Four-Fold Gospel*. New York: Christian Alliance Publishing, 1890; reimpresso em 1925 com uma introdução de Frederic H. Senft, ou uma exposição mais antiga intitulada "The Fullness of Jesus", em G. P. Pardington, *Twenty-Five Wonderful Years, 1889-1914: A Popular Sketch of the Christian and Missionary Alliance*. New York: Christian Alliance Publishing, 1914.

capítulo 3.

OS ÚLTIMOS PRECURSORES: SIMPSON E GORDON

Com o surgimento desse novo padrão chegamos mais perto do princípio normativo das afirmações teológicas que constituem o pentecostalismo. O restante deste nosso estudo se concentrará em descrever o surgimento em Simpson de dois temas posteriores, suas ênfases na cura divina e na segunda vinda de Cristo. Antes de examiná-los, entretanto, é preciso examinar um pouco mais os ensinos de Simpson e Gordon sobre o Espírito Santo.

A exposição de Simpson em 1890 sobre a santificação é difícil de ser classificada. A experiência é descrita por ele em termos de "separação do pecado", de "dedicação a Deus", de "conformidade segundo a semelhança de Deus e sua vontade", e de "amor a Deus e toda humanidade". Há pouca ênfase na segunda bênção, mas Simpson usa a linguagem que implica num momento de "consagração" ou de "completa submissão" que resulta numa "interior morada pessoal de Jesus"[320]. Que também envolve uma morada pessoal do Espírito Santo que é comparada ao Pentecostes. Assim como "quando o Tabernáculo foi concluído o Espírito Santo desceu para ocupá-lo", assim também "aquele que desceu com poder sobre os discípulos no Dia de Pentecostes vem sobre mim e você quando nos dedicamos plenamente a ele, de modo tão real como se pudéssemos vê-lo vindo descendo em forma visível para pousar sobre nossos ombros"[321].

---

[320] A. B. Simpson. *The Four-Fold Gospel*, 1925. p. 33, 46.
[321] Idem, p. 39-40.

O ensino de A. J. Gordon manifesta uma ainda maior influência do Oberlin College. John Morgan é citado no prefácio de *The Two-Fold Life* [Vida em Dobro] como uma maior influência, e o trabalho e a conversão de Finney são mencionados, incluindo a referência ao batismo do Espírito Santo na discussão sobre "o poder para filiação e poder para serviço". Argumentando a partir de um "recente estudo de Atos dos Apóstolos" e de "nova experiência na obra de avivamento", Gordon conclui que

> as Escrituras parecem ensinar que há um segundo estágio no desenvolvimento espiritual, distinto e separado da conversão, algumas vezes muito distantes no tempo, e em outras vezes concomitantes – um estágio no qual somos levantados por um renovo especial do Espírito Santo e não somente por um processo gradual de crescimento.[322]

Na metade dos anos 1890, entretanto, ambos autores tinham seguido a tendência da maioria dos movimentos da "vida superior" dando maior ênfase a um papel especial do Espírito Santo. O livro de Gordon *The Ministry of the Spirit* [O Ministério do Espírito], foi publicado em 1894, alcançando grande circulação. Na introdução, F. B. Meyer sugere que se as verdades do livro "fossem gravadas na constituição mental e espiritual dos servos de Deus [...] a década seria encerrada com um grande Pentecostes

---

[322] A. J. Gordon. *The Two-Fold Life; or, Christ's Work for Us and Christ's Work in Us.* New York: Fleming H. Revell, 1895, p. 12.

mundial"[323]. A exposição de Gordon neste livro dá maior ênfase ao Espírito e desenvolve uma doutrina sobre a consagração naquele contexto e não ao revés. Após discutir o Pentecostes, Gordon sugere que embora o "batismo no Espírito Santo tenha sido dado uma vez por todas no Dia de Pentecostes", isto não quer dizer que todo crente já tenha recebido este batismo"[324]. O "dom do Espírito" é uma "subsequente operação; é uma bênção adicional e separada", cujo propósito é "nossa qualificação para o mais alto e efetivo serviço na Igreja de Cristo"[325]. Embora houvesse a tendência de se mover em direção do padrão estabelecido por Moody e Torrey, Gordon, à semelhança em geral da tradição de Keswick, ainda preserva temas sobre a santificação em suas formulações.

Tendência parecida pode ser observada em Simpson, que dedicou dois anos à pregação sobre o Espírito Santo e produziu em 1895 e 1896 dois volumes intitulados *The Holy Spirit; or, Power from the Higher* [O Espírito Santo; ou, Poder do Alto]. Nestes trabalhos, a mudança é mais radical especialmente no segundo volume dedicado ao Novo Testamento. Depois do capítulo sobre o significado do próprio batismo de Jesus, Simpson trata sobre o batismo com o Espírito Santo e suas múltiplas consequências. A parábola de Jesus sobre as virgens prudentes e loucas é então interpretada em termos de dois diferentes tipos de cristãos diferenciados pelo batismo do Espírito. "Os

---

[323] A. J. Gordon. *The Ministry of the* Spirit. New York: Fleming H. Revell, 1894, p. ix-x.

[324] Idem, p. 67.

[325] Idem, p. 69-70.

apóstolos antes do Pentecostes, os apóstolos depois do Pentecostes, representam tal diferença"[326]. A parábola dos talentos é interpretada como o ensino do "revestimento pentecostal de poder para o serviço".

De tudo isto, o ponto que se evidencia é que no meio da década de 1890 quase todo ramo dos Movimentos de Santidade e Vida Superior do século XIX, bem como o avivalismo em geral daquele século, ensinava uma versão de alguma ou outra sorte sobre o batismo do Espírito Santo, embora com algumas diferenças de significado. A permeabilidade dos temas pentecostais é ainda mais evidente pela publicação de séries muito populares de hinos sob o título de *Pentecostal Hymns* [Hinos Pentecostais] durante aquela última década do século XIX e a primeira do século XX. Pelo menos seis de tais hinários foram publicados e usados amplamente pelos movimentos avivalistas.

Não foi por acidente que o pentecostalismo vai surgir na virada do século. Tudo que era necessário era a fagulha que incendiaria o pavio inflamável. Antes de tratarmos dela, entretanto, devemos rapidamente descrever o surgimento da cura divina e da ênfase pré-milenista da segunda vinda de Cristo. Os dois capítulos a seguir serão dedicados a esta tarefa.

---

[326] A. B. Simpson, *The Holy Spirit; or, Power from High*. New York: Christian Alliance Publishing, 1895-1896. 2:43.

Capítulo 5

O SURGIMENTO DO MOVIMENTO DE CURA DIVINA

A CELEBRAÇÃO DOS MILAGRES de cura divina como parte inseparável da salvação que nos é oferecida por Deus, e que evidencia sua poderosa presença na vida da Igreja, talvez seja mais característica do pentecostalismo até mesmo do que a doutrina do Espírito Santo conforme exposto no capítulo anterior. As raízes deste ensino são bastante complexas e difíceis de serem rastreadas. Isto, em parte, devido aos problemas com a distinção entre superstições da piedade popular, a tendência de cristãos em todos os tempos e lugares de orar por alívio em situações de angústias e infortúnios, bem como a diversidade de doutrinas desenvolvidas sobre a possibilidade de cura divina como resposta direta da fé da pessoa crente. Entretanto, usando os recursos oferecidos pelas fontes históricas que se tem descoberto com relação ao desenvolvimento da doutrina do pentecostal do batismo do Espírito Santo, pode-se delinear o surgimento da doutrina da cura divina e entender-se como esta surgiu a partir do mesmo reavivamento dos temas perfeccionistas.

Não se pode resolver de imediato as questões muito complicadas acerca de como entender a validade permanente do tema da cura divina na tradição cristã. O pentecostalismo, não importando como tais questões podem ser respondidas, entendeu a si mesmo como sendo a restauração de uma prática da Igreja Primitiva que ficou perdida no passado.

Discussões sobre a exata natureza e papel da prática da cura divina nos primórdios da Igreja vão continuar por muito tempo. Morton Kelsey[327], baseando-se consideravelmente no trabalho de Evelyn Frost[328], afirma que a Igreja Primitiva se caracterizava por sua ênfase na prática da cura divina relacionada muitas vezes com uma avaliação positiva do corpo humano, refletida na insistente importância que dava à doutrina da ressurreição do corpo, uma doutrina "realista" da Expiação que realça a vitória de Cristo sobre os poderes e forças do mal impostas à vida humana[329], e um modelo de redenção

---

[327] Morton T. Kelsey. *Healing and Christianity in Ancient Thought and Modem Times*. New York: Harper and Row, 1976.

[328] Evelyn Frost. *Christian Healing*, London: A. R. Mowbray, 1940.

[329] A teoria da Expiação conhecida como *"Christus Victor"*. Ver Gustaf Aulén, *Christus Victor*. Edinburgh: CrossReach Publications, 2016. Para um resumo dessa discussão, ver "Christus Victor: The Salvation of God and the Cross of Christ", disponível em https://fullerstudio. fuller.edu/christus-victor-the-salvation-of-god-and-the-cross-of-christ. Acessado em 15 de abril de 2018. Para uma apreciação crítica dessa

em que se sobressaem os efeitos terapêuticos da Graça, apropriados especialmente mediante os sacramentos. Tais temas aparentemente foram desaparecendo com a formação da Igreja Constantiniana, quando os milagres de cura divina foram relegados mais e mais como sinais de santidade exemplar e a transformação da unção de enfermos em sacramento da extrema unção. Kelsey, preocupado em restabelecer certos temas do platonismo nas vestes modernas de Carl Jung[330], dá especial ênfase ao surgimento de concepções aristotélicas mais próximas dos modelos de intervenção divina fora da ordem natural das coisas.

A polêmica protestante contra as alegadas "superstições" católicas, mais a intenção de reduzir o número dos sacramentos, contribuiu para reforçar tal desaparecimento. Por exemplo, mesmo que um dos textos fundamentais sobre a prática da unção de enfermos apareça na carta de Tiago, Lutero não deu importância, pois afirmou que

> Cristo não instituiu a unção com óleo como sacramento e muito menos as palavras de São Tiago são para os dias de hoje. Naquele tempo, os enfermos eram frequentemente curados mediante milagres e da sincera oração

---

teoria, ver Hans Boersma, "Penal Substitution and the Possibility of Unconditional Hospitality". *Scottish Journal of Theology*, Vol. 57, no. 1, 2004, p. 80-94. [N.T.].

[330] Carl Jung, psiquiatra e psicoterapeuta suíço fundador da psicologia analítica.

da fé, como vemos nos Carta de Tiago e no Evangelho de Marcos.[331]

Alguns sugerem que Lutero teria mudado de opinião nos anos finais de sua vida.[332] Defensores das doutrinas sobre cura divina frequentemente se referem a um episódio em que Filipe Melanchthon teria recuperado sua saúde após orações do próprio Lutero. Mas há pouca dúvida sobre o propósito do pensamento de Lutero, que acabaria por dar o tom a grande parte do protestantismo, ao minimizar a importância de temas relacionados com a prática da cura divina.

A tradição reformada tem ainda mais facilmente relegado o dom de cura divina ao passado da Igreja. João Calvino, ao comentar sobre a extrema unção e a passagem de Tiago 5.14-15, por exemplo, insistiu que

> Tiago falou graciosamente para um tempo quando a Igreja ainda desfrutava essa bênção de Deus. [...] mas agora experimentamos de outro modo. [...] o Senhor sem dúvida está

---

[331] Numa carta ao Eleitor de Brandemburgo, datada de 4 de dezembro de 1539, citada por Benjamin B. Warfield, em *Counterfeit Miracles*. New York: Charles Scribner's, 1918. Ver também, Martinho Lutero [edição brasileira]. "Do cativeiro babilônico da igreja: um prelúdio de Martinho Lutero". *Obras Selecionadas. O Programa da Reforma: Escritos de 1520* (3ª Edição Atualizada). Vol. 2. São Leopoldo: Comissão Interluterana de Literatura, 2015. p. 253-257.

[332] Ver Morton Kelsey. *Healing and Christianity*, p. 233, e Bengt R. Hoffman. *Luther and the Mystics*. Minneapolis: Augsburg, 1976; o autor está convencido de que Lutero sustentou uma forma de cura divina, ao tratar a questão na mesma obra.

> presente com o seu povo em todo tempo; e cura suas enfermidades na medida em que haja necessidade, não menos do que antigamente; porém, não mais manifesta visivelmente tais poderes e nem mais realiza milagres pelas mãos de seus apóstolos. Tais dons foram temporários e, de certo modo devido a ingratidão humana, logo desapareceram.[333]

Esta compreensão "dispensacionalista" da cura divina, limitando-a à era apostólica, veio posteriormente a se consolidar e passou a ser considerada como o posicionamento reformado sobre o tema. O puritano John Owen, entretanto, mais tarde, fez a distinção entre dons ordinários e dons extraordinários, relegando os últimos para os tempos da revelação:

> A razão destas operações extraordinárias em situações extraordinárias parece ter sido o encorajamento daquela grande fé que era despertada entre aqueles que testemunhavam tais operações miraculosas, e foi de singular importância para a propagação do Evangelho. Entretanto, as superstições "mágicas" da Igreja Romana, que por diversos meios procurou imitar os atos inimitáveis do soberano poder divino, têm se constituído numa desonra para a religião cristã.[334]

---

[333] João Calvino. *Institutas da Religião Cristã*, Livro IV; cap. 19; Seção 19.
[334] Ver o artigo de John Owen, "Discourse on Spiritual Gifts". *The Works of John Owen* (ed. William Gould). Edinburgh, UK: T & T

O desenvolvimento extremo deste posicionamento aconteceu provavelmente no século XIX com o Calvinismo da "Velha Escola" de Benjamin B. Warfield, que dele se valeu para atacar diversos dos pré-pentecostais pregadores da cura divina na virada do século[335].

WESLEY E A CURA DIVINA

Nossa pesquisa sobre o surgimento da doutrina do pentecostal do batismo no Espírito dirigiu nossa atenção mais para as tradições metodistas e perfeccionista, e especialmente para a pessoa de John Wesley. Ao tratarmos do tema da cura divina vamos também voltar nossa atenção para a mesma direção, e, novamente, nos depararemos também com uma evidência ambígua.

Wesley foi profundamente influenciado pelo Puritanismo, mas ao mesmo tempo tal relação foi também cheia de tensões. Mais ainda: devido a influência de seus pais, ele foi um produto "*high-church*" da Igreja da Inglaterra e sua tendência para a preservação da doutrina do miraculoso. Ele também se preocupou, como já visto, com a restauração da fé e das práticas da Igreja anteriores ao Concílio de Niceia. Talvez ainda mais conflituoso pode ter sido o impacto que sofreu do Movimento Quacre e do Pietismo, como veremos mais adiante[336]. Já indica-

---

Clark, 1862. Vol. 4, cap. 4, p. 462-63.

[335] Ver *Counterfeit Miracles*.

[336] Ver Henry J. Cadbury (ed.). *George Fox's "Book of Miracles"*. Cambridge: University Press, 1948. "Milagres de Cura" também são descritos em seu *Journal*.

mos sua postura ambivalente em buscar a restauração da obra sobrenatural do Espírito Santo nos tempos da Igreja Primitiva e, ao mesmo tempo, resistir aos dons e às "operações sobrenaturais" da Graça na transformação ética. Nesta altura devemos colocar em prova mais cuidadosamente a relação de Wesley com os ensinamentos posteriores sobre cura divina.

Constrangidos defensores mais tarde haveriam de afirmar que "John Wesley era ortodoxo no que diz respeito à cura divina"[337] – embora os "testemunhos" mais frequentemente usados para apoiar tal afirmação fossem a "cura" instantânea de uma dor de cabeça sua e a do manquejar de seu cavalo, "permitindo continuar a viagem e chegar a tempo para pregar o Evangelho". Todavia, o quadro é muito mais complexo e é difícil discernir-se a forma que tomaram suas convicções sobre o tema nos anos mais avançados de sua vida. Wesley não estava acima das superstições de sua época e relatou fenômenos espirituais que hoje possivelmente não seriam considerados, como, por exemplo, o de Jeffrey, o "poltergeist" que moraria na casa pastoral de Epworth, ou outras experiências psíquicas pessoais[338]. A sua notória e amplamente distribuída

---

[337] W. B. Godbey. *Spiritual Gifts and Graces*. Cincinnati: God's Revivalist Office, 1895. p. 27.

[338] Dudley Wright (ed.). *The Epworth Phenomena*. London: William Rider and Son, 1917. Comparar com o artigo de J. Gordon Melton, "John Wesley and the Supernatural", *Spiritual Frontiers*, no. 6/7 (outono-inverno de 1974): p. 115-133; também com o semelhante capítulo 9 de Paul Lambourne Higgins, *John Wesley: Spiritual Witness*. Minneapolis: T. S. Denison, 1960, que também representa a perspectiva da Spiritual Frontiers Fellowship.

obra *Primitive Physic* [Medicina Primitiva][339], também soa estranha e até mesmo supersticiosa pelos padrões da medicina moderna, embora se possa arguir que esse manual seu fez uso do melhor que havia das ciências médicas em sua época, em conjunto com os remédios populares mais conhecidos e então praticados. E ainda que Wesley tenha sido crítico dos médicos aproveitadores que nada faziam para cuidar da saúde dos pobres, é digno de nota o fato de que em hipótese alguma ele tenha se oposto às ciências médicas.

Entretanto, como Morton Kelsey e outros defensores rapidamente se mostraram dispostos a afirmá-lo, é verdade que em seu *Journal* [Diário[340]] Wesley muitas vezes men-

---

[339] Ver a edição de 1960 da obra de Wesley, *Primitive Physic*, com uma introdução de A. Wesley Hill. London: Epworth, 1960; ver também o tratamento mais extenso que dá o editor de *John Wesley Among the Physicians*: A Study of Eighteenth-Century Medicine. London: Epworth, 1958.

[340] John Wesley, como exercício de disciplina espiritual comum na época, ao longo de sua vida registrou suas experiências e reflexões diárias em dois manuscritos – o seu *Journal* e o seu *Diaries*. O *Journal* foi publicado ainda em vida. O *Diaries*, contudo, nunca foi publicado porque foi redigido de forma criptografada e seu conteúdo permaneceu desconhecido até que o Prof. Richard Heitzenrater, da Escola de Teologia da metodista Duke University, em Durham, North Carolina, EUA, conseguiu decifrá-lo na década de 1970. O fato de que ambas palavras em inglês – *Journal* e *Diaries* – em português são traduzidas pela mesma palavra – Diário – não deve causar confusão entre essas duas importantes fontes sobre o seu dia-a-dia deixadas por Wesley. Cf. W. Reginald Ward e Richard Heitzenrater. *The Works of John Wesley: Journal and Diaries III (1743-1754)*. Volume 20. Nashville, TN: Abingdon Press; First Edition, Abril, 1991. Ver também, Richard Heitzenrater. "Decoding Wesley's Diaries." *Cryptologia* 2.3, 1978, p. 260-264. [N.E.]

ciona fatos que poderiam hoje ser considerados como curas milagrosas[341]. Nisso, mesmo à parte do modo como tais acontecimentos poderiam ser interpretados à luz de uma perspectiva mais contemporânea, deve notar-se a maneira reticente e ambivalente com que Wesley os trata. Muito distante da intensa defesa dos modernos operadores das curas mediante a "oração da fé", Wesley mostrou sempre uma atitude bastante cuidadosa sobre esse assunto, como, por exemplo, ilustra bem a seguinte nota de seu *Journal*, na data de 20 de dezembro de 1742:

> Quando cheguei em casa me informaram que o médico havia dito que não esperássemos que o Sr. Meyrick vivesse até a manhã seguinte. [...] Então, alguns de nós imediatamente nos unimos em oração (estou relatando simplesmente o fato) [...] e antes mesmo de terminarmos, seus sentidos e fala foram restaurados. Agora de minha parte não me oporei se ele quiser considerar tal acontecimento devido a causas naturais, mas prefiro considerar que foi pelo poder de Deus.[342]

Questionado sobre este e outros relatos semelhantes, Wesley respondeu: "o que tudo isto pode provar? Não que eu tenha qualquer dom superior às demais pessoas, mas

---

[341] Kelsey, *Healing and Christianity*, p. 235, especialmente a lista de citações na nota-de-rodapé número 44.

[342] Nehemiah Curnock (ed.). *The Journal of the Rev. John Wesley, A.M.* Vol. 3. London: Epworth, 1912. p. 55-56.

somente creio que Deus ainda ouve e responde as orações mesmo quando o objeto da intercessão esteja para além do curso ordinário da natureza"[343].

Como veremos adiante, provavelmente mais importante para o que haveria de acontecer depois, foi a ênfase que Wesley deu àquilo que temos denominado como o "modelo terapêutico" da graça e da salvação. Graça foi interpretada como cura para a enfermidade do pecado e a dupla natureza da concepção wesleyana da salvação – justificação e santificação – descrita por Wesley como "dupla cura". A forte sensibilidade de Wesley para o presente poder de Deus na restauração da criação caída projeta uma nova luz sobre seu contínuo interesse pela saúde física (evidenciado não só por sua publicação da obra *"Medicina Preventiva"*, mas também por seu cuidado com a saúde que o motivou a criar dispensários voltados para a assistência das pessoas mais pobres. Assim, tal interesse seu pode eventualmente nos ajudar a levantar questões mais pertinentes sobre até que ponto poder-se-ia incluir a cura das enfermidades e a restauração da saúde nos benefícios da Graça a serem usufruídos ainda na presente vida. Se é certo que podemos ser espiritualmente restaurados plenamente à imagem de Deus, até onde poderíamos esperar a restauração de nossa saúde física, já que a enfermidade em última instância pode ser atribuída ao pecado de Adão?

Estas questões não são diretamente consideradas por Wesley com a intensidade que foram discutidas no

---

[343] Carta de 16 de novembro de 1762 ao Dr. Warburton, Bispo de Gloucester, na edição de Telford das Cartas de Wesley, vol. 4, p. 344.

século XIX. Ao levantar-se tais questões é necessário que se acrescente ao cardápio poucos temas diversos. O primeiro deles que se deve considerar é o do Pietismo.

A INFLUÊNCIA DO PIETISMO

O Pietismo pode ser considerado como uma das mais importantes fontes que contribuíram para o surgimento da doutrina da cura divina[344]. E possivelmente ser também a força que formatou o pensamento de Wesley sobre tal doutrina. O realismo bíblico do Pietismo e sua orientação pastoral, combinado com a crença na continuidade dos milagres, acabou por produzir uma doutrina da cura mediante a oração e a fé. Tal convicção pode ser constatada em muitos dos comentários de Johann Albrecht Bengel em seu *Gnomon Novi Testamenti* [Gnômon do Novo Testamento], o comentário bíblico popular que veio a ser para Wesley a principal fonte da sua obra *Explanatory Notes on the New Testament* [Notas Explicativas do Novo Testamento].

Bengel ao comentar Marcos 16.17, observa:

> Mesmo em nossos dias, a fé tem oculto um milagroso poder para toda pessoa crente: todo resultado de nossas orações é verdadeiramente algo milagroso, mesmo quando esse caráter não é evidente, embora esse poder

---

[344] Ver Endre Zsindely, *Krankheit and Heilung und Heilung in alteren Pietismus*. Zurich: Zwingli Verlag, 1962, especialmente a seção 3C sobre "Gebetsbeilung im Pietismus".

miraculoso não seja mais exercido em muitas pessoas em nossos dias, tanto por causa de sua fraqueza espiritual quanto por causa do declínio do mundo. Não é - como muitos dizem - porque a igreja, uma vez plantada, não mais precisa da continuidade dos milagres, embora sem dúvida os primeiros milagres do Novo Testamento tenham "dado" ao Senhor Jesus Cristo "um nome incorruptível (cf. Isaías 63.12) . Os milagres foram no início suportes e apoios da fé: agora eles também são objeto da fé. Treze domingos após Trindade em 1644, em Leonberg, uma aldeia de Wittenberg, uma jovem com cerca de 20 anos tinha as pernas tão paralisadas que mal podia rastejar-se com a ajuda de muletas; ao ouvir a pregação do bispo Raumeier sobre o poder miraculoso do nome de Jesus, ela subitamente se levantou e recuperou o uso de suas pernas.[345]

Em seu comentário sobre Tiago 5.14-15, Bengel observa que "originalmente o único desígnio de Deus para a unção foi a cura milagrosa", e que

ainda hoje parece ter sido instituída por Deus para este propósito: permanecer sempre na Igreja, como um exemplo dos outros dons,

---

[345] John Albert Bengel. *Gnomon of the New Testament* (revisão e edição de Andrew Faussett). Vol. 1. Edinburgh: T. and T. Clark, 1857. p. 575-76.

assim como uma porção do maná foi mantido na arca como prova do antigo milagre.[346]

Ambas afirmações de Bengel foram reproduzidas por Wesley em suas "Nota Explicativas do Novo Testamento".

Esses temas no Pietismo ficaram restritos e não se constituíram em um grande tema para o movimento, mas estiveram presentes e se manifestaram em diversos momentos ao ponto de incluírem neles o interesse pelo tema da possessão demoníaca e do exorcismo[347]. Para nossa discussão, a mais significativa manifestação de tais temas pode ser encontrada no trabalho de Johann Christoph Blumhardt, um tardio pietista do século XIX.

Blumhardt ficou conhecido por seu grito de guerra "Jesus é Vitorioso" (que foi apropriado por Karl Barth e outros na teologia do século XX), como expressão de sua percepção da luta vitoriosa de Cristo ainda em andamento contra as forças do mal e do pecado no mundo. Ele considerava que fundamentalmente "pecado é a causa das doenças" e que, portanto, "o perdão de pecados e a cura das enfermidades permanecem juntas em uma mútua e íntima relação"[348]. Estas muitas convicções levaram Blumhardt a esperar cura, ou pelo menos a melhora da saúde, em resposta ao Evangelho. Esta percepção da realidade e poder do mal também o permitiram ocupar-se

---

[346] Ver os comentários de Bengel sobre Tiago 5.14, em Gnomon, vol. 5, p. 39-40.

[347] Este desenvolvimento foi sumarizado por William G. Bodamer, Jr. em "*The Life and Work of Johann Christoph Blumhardt*", tese doutoral no Princeton Theological Seminary, 1966, p. 161-71.

[348] Idem, p. 34-44.

do tema sobre possessão demoníaca. Ele acabou-se por se tornar o centro de uma controvérsia devido ao caso de Gottliebin Dittus, uma jovem mulher de Möttlingen, cuja "possessão" foi exorcizada sob o ministério de Blumhardt e seu moto "Jesus é Vitorioso"[349].

A obra *Kampf* [Luta] de Blumhardt, publicada em Möttlingen, foi amplamente divulgada e atraiu sobre ele a atenção de muita gente que passou a procurá-lo para obter ajuda. Tal demanda e seu interesse no tema o levaram em 1852 a Bad-Boll, uma estância termal de Württemberg, onde estabeleceu uma comunidade para pessoas buscando ajuda física e espiritual[350]. Na mesma ocasião, uma instituição semelhante surgiu sob o ministério de Dorothea Trudel, na vila suíça de Männedorf, às margens do Lago Zurique – apesar da resistência da população local, inclusive com multas e perseguições, devido aos seus alegados milagres e curas[351]. Informações sobre o trabalho de Trudel (e de seu sucessor, Samuel Zeller) e de Blumhardt começaram a circular durante a década de 1850 no mundo de fala Inglesa, onde desenvolvimentos de outro tipo estavam de uma nova forma chamando atenção para a "oração da fé".

---

[349] Relato de Blumhardt sobre este evento circulou amplamente, mas contra sua vontade. Ver Blumhardt: *Battle*: A Conflict with Satan. (tradução de Frank S. Boshold. New York: Thomas E. Lowe, 1970.

[350] Bodamer. *The Life and Work of Johann Christoph Blumhardt.* p. 44-45.

[351] Ver *Answers to Prayer; or. Dorothea Trudel*. Boston: Henry Hoyt, s.d.

DESENVOLVIMENTO NA INGLATERRA E NA AMÉRICA

Na Inglaterra, o trabalho de George Müller, um dos antigos membros da nova seita dos Irmãos de Plymouth, estava chamando a atenção internacional. Combinando o trabalho de orfanato do pietista August Hermann Francke (1663-1727), de Halle, na Alemanha, e os princípios emergentes do "trabalho de fé" de Johannes Evangelista Gossner (1773-1858), de Berlim[352], Müller (nascido na Prússia, tendo estudado em Halle, um dos centros do Movimento Pietista), fundou em Bristol, na Inglaterra, em 1835, um orfanato que o tornou largamente conhecido[353]. Preocupado em saber até onde as instituições cristãs dependiam de "pessoas *não-convertidas* de posição social ou ricas", e da ênfase (às vezes exagerada) que davam em seus relatórios sobre os êxitos obtidos nas campanhas em busca de apoio financeiro, Müller fez um

---

[352] Ver Arthur T. Pierson. *Forward Movement: of the Last Half Century*. New York and London: Funk and Wagnalls, 1905. Especialmente o capítulo 9, "The Growth of Faith-Work".

[353] A literatura sobre Müller é extensa e começa em 1837 com a publicação do próprio Müller da primeira seção de *"A Narrative of Some of the Lord's Dealings with George Müller. Written by Himself"*, posteriormente coletada por G. Fred Bergin na *"Autobiography of George Müller"*, cuja edição centenária de 1905 contém um prefácio e um capítulo final de autoria de Arthur T. Pierson 2ª ed., London: J. Nisbet,1906. Em 1861, o presidente aposentado da Brown University, Francis Wayland, escreveu uma introdução elogiosa para a edição norte-americana das primeiras seções, sob o título *"The Life of Trust"*. Boston: Gould and Lincoln, 1861. A biografia mais completa publicada parece ser a de Roger Steer, *"George Miller: Delighted in God"*. Wheaton, IL: Harold Shaw, 1975.

voto de nunca arrecadar fundos para sua obra, mas antes trabalhar mediante "oração e fé", crendo que Deus haveria de prover suas necessidades. Os relatos que circulavam sobre o orfanato frequentemente davam ênfase no fato de que em cada uma das frequentes situações de extrema necessidade pelas quais passava sua instituição, o Senhor sempre proveu com aquilo que estavam necessitando, sendo que em muitas delas quando era iminente um sério desastre, até mesmo os centavos que precisavam foram graciosamente providenciados por Deus. Müller defendia a "importunação em oração" e uma confiança na expectativa das respostas à oração da fé, insistindo que não possuía ele em especial um dom de fé, mas sim um dom comum disponível a cada crente.

Na América, Charles Finney defendia a "oração vitoriosa" ou a "oração eficiente". Uma de suas controvertidas "novas medidas" em seu "reavivamentismo" era a prática da oração pela conversão de certos pecadores ou dos "meros praticantes da religião". Uma das características de seu modo de evangelizar expressava-se em sua convicção de que qualquer fracasso em se alcançar um avivamento era muito mais devido à incapacidade humana do que à inescrutável e misteriosa vontade de Deus (que era a convicção mais comum nos Grandes Avivamentos do século XVIII). Semelhantemente à oração, Finney insistia que a fim de "permanecer em oração", a pessoa deve "orar por um assunto específico", "orar com fé" e "esperar que a bênção implorada vai ser recebida". Entre as ilustrações usadas por Finney se encontrava a experiência do missionário jesuíta Francisco Xavier que orou com tanto fervor pela cura de um doente que o mesmo teve sua saúde restaurada.

Finney estava convencido de que tal "fé sempre alcança o seu objetivo". O fracassar em receber a bênção implorada era a demonstração de que alguém deveria estar fora da vontade de Deus – pois não estava realmente orando "com fé". Devido a este seu posicionamento, Finney acabou por sugerir que Cristo ao orar no Getsêmani estava pedindo para não morrer antes de ir para a cruz, e que o apóstolo Paulo não orou realmente "com fé" ao pedir o livramento do seu "espinho na carne"[354]. Entretanto, Finney não recuou de tais posicionamentos apesar das acusações de seus adversários de que a oração nesta "base-de-causa-e-efeito" permitia a "manipulação de Deus".

"CURA PELA FÉ"

Com estes desenvolvimentos, o cenário estava preparado para a aparição de Charles Cullis, um médico homeopata membro da Igreja Episcopal de Boston, que fez "mais do que qualquer outro homem podia fazer para atrair a atenção da Igreja para a doutrina da 'cura pela fé' no século XIX".[355] A morte de sua esposa despertou em Cullis uma

---

[354] Ver a quarta conferência de Charles G. Finney sobre "Oração Vitoriosa" e a quinta conferência sobre a "Oração pela Fé", em Charles Finney, *Lectures on Revivals of* Religion. New York: Leavitt, Lord, 1835, edição crítica editada por William G. McLoughlin. Cambridge, MA: Harvard University Press, Belknap Press, 1960. p. 52-88.

[355] R. Kelso Carter. *"Faith Healing" Reviewed*. Boston e Chicago: Christian Witness, 1897, p. 109. Para mais informações sobre Cullis,

busca espiritual por "um coração melhor e um melhor meio de ganhar o meu sustento." Muito disto teve a ver com a verdade bíblica e o meio pelo qual "eu poderia me apropriar da promessa para mim mesmo". Cullis respondeu fazendo o voto de que tomaria "todo preceito e promessa da Bíblia como se fosse para mim mesmo, como se o meu próprio nome, Charles Cullis, estivesse escrito em cada um deles". Pouco tempo depois, em 19 de agosto de 1862, a leitura de 2 Tessalonicenses 2.13, pôs para Cullis a questão da santificação plena e, então, "orei a Deus para me santificar totalmente pelo Espírito e destruir todo egoísmo e falta de fé em meu coração".[356]

O chamado para uma nova obra aconteceu dois anos mais tarde quando Cullis começou a considerar a fundação de um "lar para pessoas indigentes e enfermos incuráveis", uma instituição que estivesse comprometida com os "princípios de fé" praticados por George Müller. No final do século, seu trabalho tinha se desenvolvido de tal modo ao ponto de incluir um extenso programa de publicações, uma escola para diaconisas, lares para abrigar pessoas com câncer e doenças da coluna, uma igreja, diversas missões urbanas para recuperação de

---

ver W. H. Daniels, *Dr. Cullis and His Work*. Boston: Willard Tract Repository, 1885; W. E. Boardman. *Faith-Work; or, The Labor of Dr. Cullis in Boston*. London: W. Isbister, London, 1874; e Raymond Cunningham. "From Holiness to Healing: The Faith Care in America, 1872-1892". *Church History*, no. 43 (dezembro de 1974): p. 499-513, em grande parte extraído de sua tese doutoral na Johns Hopkins University, 1965, "Ministry of Healing: The Origins of the Psychotherapeutic Role of the American Churches".

[356] Boardman, *Faith-Work*, p. 22-3.

enfermos, um programa de missões estrangeiras, uma faculdade para pessoas negras no Estado da Virgínia, e outras tantas atividades.

Cullis foi uma das principais lideranças no Movimento de Santidade durante o Avivamento entre 1857 e 1858. Seu trabalho foi permeado por um chamado para "a experiência espiritual superior" da santificação plena, especialmente nas "reuniões de consagração" das terças-feiras. O seu *Willard Tract Repository* [Depósito Central Willard de Folhetos Religiosos] tornou-se a maior publicadora de literatura relacionada com o Movimento de Santidade nas décadas de 1870 e 1880. Sua Faculdade, que recebeu um nome significativo – Faith Training College [Faculdade para Treinamento da Fé] – foi inaugurada em 1876 e incluiu entre seus primeiros docentes, além do próprio Cullis como seu reitor, líderes como W. E. Boardman, A. B. Earle, Daniel Steele e William McDonald. O propósito do seu jornal *Times of Refreshing* [Tempos de Refrigério], fundado em 1879, era "apresentar Jesus como o salvador pleno e perfeito", um alvo alcançado em parte pelos relatos das atividades e convenções de Santidade.

Faith Cures [A Fé que Cura], publicada em 1879, narra como Cullis direcionou-se para a doutrina da fé que cura:

> Por muitos anos minha mente exercitou-se na presença de Deus como se não fosse de sua vontade que a Obra de Fé na qual havia me colocado se estendesse para a cura das

enfermidades, bem como o alívio dos sofrimentos das pessoas afligidas.[357]

O texto chave de Tiago 5.14-15 levou Cullis a investigar entre os "cristãos sinceros" sobre "as ocasiões em que foram respondidas suas orações para a cura do corpo". Em meio de sua busca, caiu em suas mãos um livro de Dorothea Trudel, a suíça já mencionada neste capítulo. Imediatamente Cullis editou sua própria edição ampliada do livro[358] e em 1873 fez sua própria peregrinação a Männedorf. Então, em seu relatório anual, anunciou "o chamado que o Senhor lhe estava fazendo para usar a sua fé em orações para cura de enfermos"[359], ao mesmo tempo que incluiu os testemunhos das pessoas que tinham sido curadas sob esse seu ministério. O trabalho aumentou e foi defendido por Cullis numa série de convenções de centros como Framingham, em Massachusetts, Old Orchard, no Maine, e, finalmente, Intervale, em New Hampshire, onde novos edifícios foram construídos para abrigar multidões.

O papel significativo das doutrinas do Movimento de Santidade na radicalização e facilitação no surgimento do movimento da "fé que cura" é ainda mais claramente demonstrado por aquelas lideranças que seguiram Cullis em seu ministério. O presbiteriano W. E. Boardman, cujo livro *"Higher Christian Life"* teve um papel importantíssimo

---

[357] Charles Cullis. *Faith Cures; or, Answers to Prayer in the Healing of the Sick*. Boston: Willard Tract Repository, 1879. p. 13.

[358] Dorothea Trudel. *Dorothea Trudel; or, The Prayer of Faith*. Introdução de Charles Cullis; 3a. edição. Boston: Willard Tract Repository, 1872.

[359] Daniels. *Dr. Cullis and His Work*, p. 339.

na divulgação das doutrinas da Santidade muito além do Metodismo, sendo que seu outro livro *Faith-Work* [Obra de Fé] divulgou o trabalho de Cullis, descreveu o progresso de sua própria experiência da seguinte maneira:

> Há mais de trinta anos, dez anos após minha conversão, o Senhor Jesus se me revelou graciosamente como estando comigo sempre, meu Salvador de meus muitos pecados, levando-me a aceitá-lo, nele descansar a cada momento para o meu presente livramento e me guardar constantemente em perfeita paz, tão verdadeiramente como já antes se me havia revelado, fazendo-me a aceitá-lo como meu Salvador que me perdoou e levou sobre si os meus pecados. A nova luz que então brilhou sobre minha alma foi maravilhosa [...] e uma das coisas que vieram sobre mim com grande força e doçura foi o ofício de nosso gracioso Senhor como aquele que cura.[360]

Dr. Robert McKilliam. O cirurgião que leu o manuscrito do livro de Boardman, *The Lord That Healeth Thee* [O Senhor que te curou], adicionou uma nota de rodapé, observando que,

> uma interessante ordem nas manifestações de si mesmo do Senhor para seu próprio

---

[360] W. E. Boardman. *"The Lord That Healeth Thee"*. London: Morgan and Scott, 1881, p. 10-11. Este livro também foi publicado nos Estados Unidos, com o título *The Great Physician*. Boston: Willard Tract Repository, 1881.

Filho: primeiro, como o Salvador que leva os pecados e os perdoa; em seguida; logo, na sua permanente presença como o Libertador de nosso pecado atual por meio de seu poder e como o guardador do coração em perfeita paz; por último, como o Libertador de toda herança da pecaminosa carne – enfermidade, etc. Algo parecido com isto, creio eu, sempre poderá ser encontrado na experiência daquelas pessoas que buscam provar a plenitude de Deus em Cristo.[361]

Boardman, portanto, conclui que cura mediante a fé é "em si mesmo parte integrante do Evangelho"[362] – da redenção a ser buscada em Cristo. O texto bíblico fundamental para Cullis continuou sendo o de Tiago 5.14-15; para Boardman, entretanto, foi o Salmo 103, particularmente os versículos 2 e 3: "Bendize, ó minha alma, ao Senhor e não te esqueças de nem um só de seus benefícios. Ele é quem perdoa todas as tuas iniquidades e quem sara todas as tuas enfermidades" [ERAB]. De modo especial, é importante o paralelismo hebraico no versículo 3 que, segundo Boardman, coloca lado a lado "perdão" e "cura". Os motivos restauradores da tradição wesleyana aqui são ampliados. "Nossa completude em Cristo não pode ser atualizada até que nossa fé lhe dê as boas-vindas, naquele em quem reside Toda-Plenitude,

---

[361] Idem, p. 11.
[362] Idem, p. 47.

como nossa Plenitude de vida e saúde tanto do corpo bem como da alma"[363].

Embora mudando-se para a Inglaterra [por volta de 1876], Boardman manteve-se em contato com Cullis e outros líderes do Movimento de "Cura pela Fé", muitos dos quais foram seus convidados para a "Conferência Internacional sobre Cura Divina e Santidade Verdadeira", em Londres, em 1884. Um pouco antes da Conferência, Boardman fundou um lar juntamente com as Sras. Michael Baxter e Charlotte C. Murray, denominado "Bethshan", que eventualmente ocupou um auditório de seiscentos lugares para as reuniões para promoção da santidade e cura nas tardes das quartas-feiras. A Sra. Baxter era a esposa do editor do influente *Christian Herald* [Arauto Cristão] e também escreveu sobre o tema da cura divina[364].

Cura e santidade foram ainda mais consideradas juntas na obra da Sra. Carrie Judd Montgomery, que por influência da Sra. Edward Mix, uma mulher negra, logo se associou ao trabalho do Dr. Cullis, tornando-se parte da rede de relações dos defensores da cura divina mediante a oração da fé. Ainda quando solteira, como Carrie Frances Judd, fundou em 1882 o *"Faith Rest Cottage"* [Abrigo Descanso da Fé]. Dois anos antes havia publicado o livro *The Prayer of Faith* [A Oração da Fé], que teve muitas reedições particulares. A mesma obra foi

---

[363] Mary M. Boardman. *Life and Labor of the Rev. W. E. Boardman*. New York: D. Appleton, 1887, p. 232.

[364] M. Baxter. Divine Healing. Brighton, Inglaterra: Christian Herald, s.d. Esta obra contém artigos reimpressos do *Christian Heral*d and the Prophetic News.

publicada nos Estados Unidos por Fleming H. Revell, o proeminente editor associado aos avivamentos conduzidos por Dwight Moody, e foi publicada também na Inglaterra pelo *Christian Herald*, tendo sido publicada pelo menos em quatro outros idiomas europeus. Após seu casamento com o Sr. George Montgomery, Carrie mudou-se para São Francisco e depois para Oakland, ambas cidades na Califórnia. Em Oakland ela fundou o *Home of Peace* [Lar da Paz]. Finalmente foi atraída ao pentecostalismo no raiar do Avivamento da Rua Azusa.

A publicação de Carrie Judd Montgomery *Triumphs of Faith*, "uma revista mensal dedicada ao movimento de cura pela fé e a promoção da Santidade Cristã", revela uma íntima identificação com a ala metodista do Movimento de Santidade na América do Norte. O editorial de lançamento da revista é uma reminiscência da "*teologia do altar*" de Phoebe Palmer:

> Muito simples e humilde é nossa participação na obtenção das bênçãos prometidas por Deus, e este assegurar-se pela fé é muito mais fácil de se alcançar do que a maioria de nós está disposta a crer. Nossa participação é simplesmente reconhecer nossa oração já respondida por Deus, e a parte de Deus é fazer real o reconhecimento da fé. Isto não é em hipótese alguma uma questão de sentir a fé, mas de agir por meio da fé. [...] Se constantemente reconhecermos morta nossa natureza má, não mais sentiremos a necessidade de lhe dar a nossa atenção, e Deus fará real para nós o

> reconhecimento da fé [...] Meus queridos leitores enfermos, deixem-me dizer-lhes que o que é verdadeiro desta preciosa cura espiritual é de igual modo verdadeiro quanto à cura física pelo "Grande Médico". Cristo levou nossas enfermidades bem como os nossos pecados e se nós podemos reconhecer-nos livres de uma das curas, por que não da outra?[365]

Estas citações também contêm um dos mais sistemáticos desenvolvimentos da analogia entre a cura espiritual e a cura física que aparece nas séries intituladas *Gospel Parallelisms: Illustrated in the Healing of Body and Soul*, de autoria de R. L. Stanton, um ex-presidente da Miami University, em Ohio, e um dos moderadores da Assembleia Geral da Igreja Presbiteriana. Montgomery mais tarde publicou esses artigos em forma de livro, tornando-se num importante meio de defesa da doutrina da cura mediante a fé. Stanton argumentava que "a Expiação de Cristo lança igualmente os fundamentos tanto para a libertação do pecado como para a libertação das enfermidades, pois uma completa provisão foi feita para ambas."[366] Apelando para o mesmo paralelismo hebraico entre "perdão" e "cura" das raízes do pensamento de Boardman, Stanton, por sua vez, baseando-se no texto de Isaías 53.3-5, e sua citação em Mateus 8.16-17, argumentou que "a cura dos

---

[365] Carrie F. Judd. "Faith Reckonings", *Triumphs of Faith* (1o. de janeiro de 1881): p. 2-3. Este editorial também foi publicado em Oakland como folheto com seu sobrenome de solteira.

[366] R. L. Stanton. *Gospel Parallelisms: Illustrated in the Healing of Body and Soul*. Buffalo: Office of Triumphs of Faith, 1884. p. 13.

enfermos foi uma das bênçãos para as quais se destinou a Expiação de Cristo"[367].

Aqui podemos ver de novo que "a fim de [providenciar] a plena renovação do ser humano, é essencial que o remédio providenciado deva contemplar tanto a cura de seu corpo quanto a cura de sua alma".[368] Tal argumentação acaba por estabelecer os motivos restauracionistas, pois

> quando a fé e a prática primitivas da Igreja forem restauradas por toda Cristandade, colocando a "cura dos enfermos" e a "pregação do Reino de Deus" no mesmo plano dos direitos e privilégios, a Igreja poderá esperar "o Senhor cooperando com eles", confirmando a palavra com os "sinais que se seguirão", restaurando à sua antiga medida a fé e o poder da Igreja então perdidos".[369]

"CURA NA EXPIAÇÃO"

Os desenvolvimentos da doutrina da cura pela fé prepararam o cenário para a adição de um novo ensino – o da "cura na Expiação". Sobre ele, dois personagens que ali vieram ocupar um lugar proeminente são as mesmas pessoas com que terminamos o capítulo anterior – A. B. Simpson e A. J. Gordon.

---

[367] Idem, p. 15-7.
[368] Idem, p. 152.
[369] Idem, p. 174.

Em 1881, sob o ministério de Cullis em Old Orchard, Simpson, que então pastoreava a Igreja Presbiteriana da 13th Street, em Nova York, foi convencido do ensino sobre a "cura divina" (como ele preferia chamar), mesmo que diversas experiências anteriores suas o haviam preparado para tal ensino[370]. Poucos anos depois, talvez durante a Conferência de Boardman em Londres, Simpson descreveria a experiência da cura como uma das três grandes históricas experiências religiosas de sua vida, da seguinte maneira:

> Cerca de vinte anos atrás, mergulhei por dez meses nas águas profundas de uma depressão, e dela consegui sair só pelo fato de crer em Jesus como o meu Salvador. Doze anos atrás, novamente entrei em uma outra profunda experiência de autocondenação e novamente dela saí por crer em Jesus como o meu Santificador. Após anos de aprender dele e nele esperar, quatro anos atrás o Senhor Jesus Cristo me mostrou que era sua bendita vontade ser o pleno Salvador do meu corpo da mesma forma como o é de minha alma.[371]

Em 1884 Simpson abriu o Berachah Home [Casa da Bênção] e deu início às *Friday Meetings* [Reunião das Sextas-feiras], que lotavam o auditório do *Gospel Tabernacle* da Cidade de Nova Iorque. Com essas atividades e

---

[370] A. E. Thompson. *The Life of A. B. Simpson*. New York: Christian Alliance Publishing, 1920. p. 13.

[371] Idem, p. 64.

outras semelhantes em diversos outros lugares, como Old Orchard, na liderança do "Movimento de Cura pela Fé", Simpson fica abaixo somente de Charles Cullis.

A publicação mais importante de Simpson sobre o tema da "cura divina", *The Gospel of Healing* [O Evangelho da Cura], foi no início uma antologia de folhetos religiosos que circularam largamente antes de serem editados em conjunto em 1885. O tratamento que Simpson dá ao tema difere ligeiramente dos demais desse período, exceto talvez por seu foco em Cristo e sua "plenitude" como as chaves tanto da santificação como para a cura, como pode ser observado na última coletânea de seus escritos sobre o tema, *The Lord for the Body* [O Senhor para o Corpo]. Parece então que o interesse de Simpson era "ressaltar o positivo", evitando questões controvertidas como o ensino wesleyano sobre a "erradicação do pecado". Em vista do que vai acontecer a seguir, é importante mencionar o caráter radical de seu ensino:

Primeiro, a cura já foi providenciada na obra expiatória de Cristo, pois,

> a redenção encontra seu centro na cruz de Nosso Senhor Jesus Cristo e é lá que devemos buscar o princípio fundamental da Cura Divina, que reside no seu sacrifício expiatório. Isto segue necessariamente do primeiro princípio que acabamos de afirmar. Se a enfermidade é um resultado da Queda, deve então ser incluída na Expiação de Cristo, a

> qual alcança "a maldição onde quer que ela possa ser encontrada"³⁷².

Segundo, em um de seus livros anteriores, Simpson se posicionou contra o uso de "meios" [isto é, contra o uso de médicos e remédios], em favor da "cura divina", pois,

> se aquele fosse o modo de Deus curar, então deveria haver outros métodos para o homem usar, e, portanto, deve haver algum risco em deliberadamente repudiar-se o primeiro em favor do segundo. [...] para o confiante e obediente filho de Deus há um caminho mais excelente prescrito por sua Palavra³⁷³.

Um colega próximo que compartilhava do mesmo ambiente religioso de Simpson foi Adoniran Judson Gordon, que, como pastor da Igreja Batista da Clarendon Street, em Boston, também desenvolveu seus ensinos sobre a cura divina de certo modo em diálogo com a emergente Ciência Cristã de Mary Baker Eddy. Ainda assim, claramente compartilhava muito mais a maioria dos argumentos apresentados pelos seguidores da tradição do Movimento de Santidade. No início da década de 1870, Gordon se associou ao movimento *"Faith-Work"* de Charles Cullis na qualidade de membro de sua junta diretiva. Mais tarde, durante uma campanha de Moody

---

[372] A. B. Simpson. *The Gospel of Healing* (edição revisada). New York: Christian Alliance Publishing, 1915. p. 34; Ver *The Lord for the Body*. New York: Christian Alliance Publishing, 1925. p. 29. O segundo livro ampliou *The Discovery of Divine Healing*, publicado em 1903.

[373] Simpson, *The Gospel of Healing*, p. 70.

em Boston, em 1877, Gordon presenciou diversas curas instantâneas e superou suas reservas iniciais acerca de tal ensino e prática.

O livro muito popular de Gordon, *The Ministry of Healing* [O Ministério da Cura] transpira muito do espírito e das fontes do pensamento de Cullis. O capítulo sobre o testemunho bíblico começa com a afirmação de que "na Expiação de Cristo parece terem sido colocados os fundamentos para a fé na cura do corpo físico"[374]. Gordon, ao fazer um paralelismo entre santificação e cura enquanto dupla obra do Espírito Santo cujos benefícios podem já ser usufruídos nesta vida, cuidadosamente evitou as doutrinas do Movimento de Santidade sobre a erradicação do pecado e a experiência da segunda bênção. Gordon percebia "duas correntes de bênçãos que se iniciaram durante o ministério de Nosso Senhor, uma corrente de cura e uma corrente de regeneração; uma para a restauração do corpo e a outra para a restauração da alma"[375]. Ele insistia em que ambas eram totalmente válidas para a dispensação integral do Espírito.

Talvez o melhor barômetro sobre o desenvolvimento das doutrinas da cura divina foi a pessoa do Capitão R. Kelso Carter, um associado de A. B. Simpson nos primeiros anos da *Christian and Missionary Alliance* [Aliança Cristã e

---

[374] A. J. Gordon. *The Ministry of Healing: Miracles of Cure in All Ages.* Boston: H. Gannett, 1882. p. 16. Sobre os ensinamentos de Gordon, ver o capítulo 2 de Ernest B. Gordon. *Adoniram Judson Gordon: A Biography.* New York: Fleming H. Revell, 1896.

[375] Gordon, *The Ministry of Healing*, p. 43.

Missionária]. Carter que circulou entre o presbiterianismo e o Metodismo, era médico, matemático, novelista e criador de ovelhas. Veio a ser um dos mais ardorosos defensores da "cura pela fé". Reclamava para si mesmo a cura de uma "insistente doença do coração", em 1879, sob o ministério de Charles Cullis, com quem se associou em diversas das atividades ministeriais. Carter e um certo cidadão de nome George McCalla, em 1882, se uniram para a convocação da primeira convenção sobre cura divina. O seu livro, *The Atonement for Sin and Sickness; or, A Full Salvation for Soul and Body* [A Expiação para o Pecado e a Doença; ou Uma Salvação Completa para a Alma e o Corpo], veio a ser uma das primeiras defesas populares do ensino da cura divina. Como demonstração do papel de Carter no movimento de cura pela fé e do tamanho da agitação que tais questões despertaram nos meios culturais de então, Carter foi escolhido para representar em 1887 a defesa num debate sobre a questão da cura pela fé promovida pela revista *Century*.

Tal livro, talvez mais do que outra obra, claramente revela as raízes do Movimento da Santidade no desenvolvimento da doutrina da cura divina. Os seus dois primeiros capítulos discutem a base da Expiação para o "perdão de todos pecados do passado" e a "purificação de todo o pecado original" antes mesmo de desenvolver a base bíblica da "cura do corpo, como providenciada na Expiação". Carter cita vários escritores wesleyanos a fim de afirmar que "só na perspectiva wesleyana é que se pode crer que a Expiação é instantânea em sua aplicação à injustiça ou depravação interior"[376]. Tal concepção se tornou no padrão para a cura divina porque "a Expiação tem providenciado para o corpo tudo que providenciou para a alma"[377]. Portanto, "quem encontrar em Jesus a perfeita purificação de sua alma, preservando o poder contra todo o pecado, de igual modo pode consistentemente colocar o seu corpo sob a mesma maravilhosa salvação"[378].

Este padrão foi verdadeiro na própria experiência de Carter, levando-o a afirmar que "comecei a crer que o meu Divino Mestre não somente tomou sobre si os meus pecados, mas também levou minhas enfermidades, e que podia, mediante a fé simples, delas me libertar, da mesma forma como me libertou dos meus pecados"[379]. E não hesitou em universalizar sua experiência, ao afirmar:

> Fato notável é que não se conhece quem quer que seja que tenha buscado o poder curador para o seu corpo que não tenha recebido um batismo espiritual distintivo; que qualquer pessoa conhecida do autor (e que são muitas) que tenha sido inteiramente curada no corpo, não seja ou venha a ser um crente e professor da plena santificação da alma[380].

---

[376] Robert Kelso Carter. *The Atonement for Sin and Sickness: or, a Full Salvation for Soul and Body.* Boston: Willard Tract Repository, 1884. p. 12-13.

[377] Idem, p. 17.

[378] Idem, p. 38.

[379] Idem, p. 1.

[380] Idem, p. 38.

OUTRAS CONSIDERAÇÕES

Por volta do final do século XIX, todavia, Carter passou a reconsiderar algumas das ideias expostas em seu livro popular. Em 1897, publicou o livro *"Faith Healing" Reviewed After Twenty Years* ["Cura pela Fé" Revista Após Vinte Anos] em parceria com a *Christian Witness Company*, editora ligada ao Movimento de Santidade, em que se retratava das antigas ideias. Manteve em geral neste livro as doutrinas sobre a cura pela fé, mas recuou de duas ideias defendidas em seu livro anterior: (1) que a cura foi definitiva e automaticamente incluída na obra expiatória de Cristo de maneira que qualquer doença crônica seria sinal de um pecado crônico ou de falta de fé; (2) que o uso de "meios humanos' (ajuda de médicos e remédios) deveria ser evitado pois seria sinal de falta de fé.

As razões para tais mudanças foram de ordem prática. Em 1 de março de 1887, o dia em que o ensaio na *Century* foi publicado, Carter foi derrubado por um "ataque de prostração mental". Pelos três anos seguintes ele lutou com problemas de saúde até que finalmente foi convencido por um médico tentar o uso de um pequeno medicamento que se mostrou adequado e fez Carter retomar normalmente suas atividades. No ano seguinte, Carter viu um novo "recorde de encontros com a conversão de muitos pecadores e santos sendo consagrados a uma vida espiritual mais superior", que o convenceram do acerto em deixar de lado aqueles posicionamentos anteriores.

Tais experiências levaram Carter de volta à sua Bíblia e a um "agradável senso de liberdade" já que "que não mais sentia chamado a esquadrinhar o universo a procura de uma razão para qualquer dor ou indisposição que se lhe acometera. Não significava que era um pecador só pelo fato de ser um sofredor." Passagens do livro de Jó vieram a se tornar mais importantes, e mais sensatos os "atos de higiene" e as "leis de saúde". Mas muito mais importante ainda foi a constatação de que a ausência de cura agora passou a ser atribuída à inescrutável vontade de Deus, ainda que Carter continuasse a praticar a unção de enfermos[381]. Teologicamente agora Carter desejava adiar alguns dos efeitos da Expiação que antes tinha querido afirmar como instantâneos:

> Que a obra expiatória de Cristo cobre enfermidades e doenças tanto quanto o pecado, não é senão dizer que os efeitos são necessariamente o resultado de uma comum raiz. Não houve e não pode haver erro nesta afirmação. Mas afirmar que TODOS os benefícios da Expiação sofrida por Cristo estão AGORA nesta vida disponíveis às pessoas crentes é um grave erro. [...] podemos errar, e temos errado, ao nos esforçar na apropriação neste tempo presente de alguns dos frutos finais daquele sacrifício[382].

---

[381] Uma descrição deste desenvolvimento foi incluída no apêndice da obra de R. Kelso Carter, *"Faith Healing" Reviewed*, p.153-61.

[382] Idem, p. 167.

Ao invés da prévia doutrina mais radical da cura divina na Expiação, Carter agora ensinava a cura como um "favor especial", algumas vezes concedido, outras vezes não, de acordo com "a suprema vontade de Nosso Senhor".

Carter também forneceu um resumo interessante do estado da doutrina da cura divina na Expiação na virada do século, fazendo uma distinção entre a posição "extrema" do seu primeiro livro e a mais moderada da "providência especial", do segundo livro. Ele relata que Cullis nunca foi um extremista como alguns de seus seguidores; que ele sempre tinha dado remédios e que também teve sérios problemas crônicos de coração, mesmo que em suas pregações soasse mais radical. A. B. Simpson "praticamente" esposou uma posição semelhante, algo como uma crise que se lhe impôs e também à Christian Alliance pelo "fracasso dos mais santos missionários em resistirem a febre africana somente mediante a fé". Carrie Judd Montgomery "não aprecia a quem quer que seja que tente maior modificação da teoria", mas o marido dela tinha uma saúde doentia e ela continuou a usar óculos.

Estes personagens constituíram a liderança da corrente principal mais divulgada do Movimento de Cura Divina. Embora o seu ensino tenha de muitos modos dado origem aos ensinamentos sobre a cura divina mediante a radicalização da doutrina da plena santificação, o Movimento de Santidade mais estritamente definido permaneceu de algum modo ambivalente com relação às correntes mais radicais. Tal posicionamento é refletido mais particularmente entre as lideranças da National Holiness Association. John Inskip, o primeiro presidente da National Camp Meeting Association, experimentou sua cura quando trabalhava com William McDonald num encontro em uma das Igrejas Metodistas de Boston, em 1871, e publicou em 1879 seu testemunho pela editora de Cullis[383]. Embora não revele nenhuma identificação direta com o ensino da cura na Expiação, Inskip relata que

> estava feliz com a oportunidade de colocar-se na tropa dos fanáticos que creem no método que Deus emprega para curar as pessoas e que pensam que as Escrituras querem exatamente afirmar o que dizem ao declararem que a "oração da fé salvará o enfermo e o Senhor o levantará"[384].

Em 1892, William McDonald, que também esteve de algum modo associado a Cullis, publicou o livro, *Modern Faith Healing* [A Moderna Cura pela Fé], onde apresenta essencialmente a posição de Carter em seu segundo livro. Para ele, "a resposta especial à oração é o próprio terreno e não a provisão geral na Expiação para todos os crentes".[385] Posicionamento semelhante vai ser assumido por Daniel Steele, que também esteve associado a Cullis. Steele rejeitou a doutrina da cura na Expiação e defendia a distinção wesleyana entre "a graça da fé e o dom da fé". E estava inclinado a considerar que

---

[383] Esta carta aparece em Boardman, *"The Lord That Healeth Thee"*, p. 135-138.

[384] Idem, 138.

[385] William McDonald. *Modem Faith Healing*. Boston: McDonald and Gill, 1892. O resumo aparece em Carter, *"Faith Healing" Reviewed*, p. 13.

o ansioso moderno desejo pelos dons do Espírito ao invés das graças do Espírito compreendidas na caridade, segundo 1 Coríntios 13, que tem sido corretamente descrita como "o maior dom do mundo", desejo ansioso aquele não é sinal de um real progresso espiritual, mas sim do declínio na vida divina[386].

DISCORDÂNCIAS NA "HOLINESS ASSOCIATION"

As lideranças que seguiam mais uma orientação segundo o Metodismo clássico se esforçaram para se manter fiéis a sua tradição pelo restante do século XIX, não permitindo a discussão deste tópico (e nem o do pré-milenismo) nos encontros sob os cuidados da National Holiness Association. Asbury Lowrey opôs-se ao pré-milenismo bem como à doutrina extrema da cura divina em seu livro *Divine Life* preocupado em que "não desviemos a atenção da santidade para essas novidades, elevando-se a cura do corpo acima da cura da alma"[387]. Na virada do século, o *Christian Witness* ainda lutava para que prevalecesse a "posição original e correta do Movimento de Santidade

---

[386] Daniel Steele. *Half Hours with St. Paul*. Boston: McDonald and Gill, 1894, especialmente o capítulo 35 de "*Faith Healing*", p. 250.

[387] Asbury Lowrey, "Spirit Leading and Other Truths Carried to Exams", *Divine Life and Bible Expositor*, no. 20 (maio de 1893): p. 133.

moderno sobre a doutrina da cura pela fé", representada por Carter em seu livro *"Faith Healing" Reviewed*[388].

Esta posição, entretanto, não foi fácil de ser mantida. Na medida em que o Movimento de Santidade se espalhava pelos Estados Unidos durante o final do século XIX, fragmentando-se em numerosas associações locais, o controle da liderança nacional perdeu força e com ele a resistência àquela tendência mais radical dos ensinos sobre a Santidade em suas variadas versões. Como exemplo, no Sudoeste do país,

> com a chegada da doutrina da plena santificação chegou também a doutrina da cura divina. Um verdadeiro maremoto varreu toda região. [...] Em quase todos os encontros de acampamento foram realizados cultos de cura, quando os enfermos puderam chegar até ao altar para receberem oração e unção com óleo[389].

Este relato condena os extremos, como, por exemplo, a negação dos recursos médicos, a tendência de substituir a busca da santidade pela cura do corpo, e, de modo interessante, a obra de B. H. Irwin, que foi ridicularizado devido aos seus malsucedidos esforços ao tentar curar uma mulher inválida.

---

[388] N. Hammond Follin, em J. N. Short, *Divine Healing*. Christian. Chicago: Christian Witness, s. d. p. 1.

[389] C. B. Jernigan. *Pioneer Days of the Holiness Movement in the Southwest*. Kansas City, MO: Pentecostal Nazarene Publishing House, 1919. p. 165.

Mesmo assim, é claro que o Movimento de Santidade como tal propagou a ênfase na cura em suas variadas versões. Isto poderia ser ilustrado amplamente, mas alguns poucos exemplos são suficientes. Já em 1862, B. T. Roberts, o fundador da *Free Methodist Church* [Igreja Metodista Livre], publicou em seu jornal *Earnest Christian and Golden Rule* [A Sincera Regra Cristã de Ouro] um editorial sob o título "O Senhor Nosso Curador", em que cita a maioria das passagens que mais tarde se tornariam importantes na defesa da cura pela fé, para afirmar uma "conexão entre pecado e enfermidade"[390]. Entre as muitas referências ao tema da cura no jornal de Roberts ao longo dos anos seguintes se acha um ensaio de Asa Mahan, que havia se interessado nesse tema após a cura de sua própria esposa. Mahan para defender sua posição, que se parece muito semelhante à doutrina da "cura na Expiação", chama atenção para o usual texto de Mateus 8.16-17, afirmando que,

> se de fato é válido afirmar-se que devemos confiar em Jesus para o perdão de nossos pecados porque ele no Calvário levou sobre si os nossos pecados em seu próprio corpo, então é igualmente válido afirmar-se que devemos confiar nele para a cura de nossas doenças porque também "ele levou sobre si as nossas enfermidades". Temos a mesma

---

[390] B. T. Roberts. "The Lord Our Healer", *Earnest Christian and Golden Rule*, no. 4, Julho de 1862, p. 1-7.

base revelada para confiar tanto em um caso como no outro.[391]

O argumento de Mahan, tanto exegética como historicamente, segue o padrão que pode ser encontrado na maioria das defesas da doutrina da cura divina no final do século XIX.

Na época, algumas ênfases sobre a cura divina passaram a caracterizar o Movimento de Santidade, especialmente em seus setores mais radicais onde se pode perceber maior motivação sobre o tema. Em 1895, W. B. Godbey, um evangelista do Estado de Kentucky e autor de um comentário multivolume do Novo Testamento de grande circulação, observou que

> desde o surgimento do Movimento de Santidade, o tema da cura divina tornou-se comum a tal ponto que deixou de ser um assunto controvertido. Entre os leitores simples da Bíblia frequentemente o tenho testemunhado nos últimos vinte e cinco anos. Logo será reconhecido e apreciado por toda a Igreja.[392]

Godbey também vai sugerir que "na medida em que a Igreja receba maior iluminação e alcance o terreno mais alto da santificação plena, o reconhecimento do Onipotente Curador se tornará tão comum como o foi nos tempos do Novo Testamento"[393].

---

[391] Asa Mahan. "Faith-Healing", *Earnest Christian and Golden Rule*, no. 48, Setembro de 1884, p. 76.

[392] Godbey, *Spiritual Gifts and Graces*, p. 25.

[393] Idem, p. 27.

Em 1897, Seth Cook Rees formulou sua visão da *Ideal Pentecostal Church* [A Igreja Pentecostal Ideal], a qual incluiria como um dos seus princípios básicos a afirmação, "*The Power of the Lord is Present to Heal the Sick*" [O Poder do Senhor Está Presente para Curar os Enfermos], título do seu capítulo 15. Segundo Rees, a preocupação com o fanatismo não deve levar o povo a negligenciar a doutrina e a prática da cura divina:

> No que diz respeito à cura divina, não há dúvidas que alguns têm chegado a extremos indefensáveis, caindo até mesmo no fanatismo. Entretanto, não se pode dizer o mesmo sobre experiências muito mais importantes? Provavelmente não há um só homem em todas nossas prisões que lá tenha sido colocado por ter falsificado um mero centavo de cobre. Da mesma forma o diabo só falsifica aquilo que é bom, aquelas coisas ordenadas e enviadas por Deus. Quanto mais valiosa for a original, mais elaborada e trabalhada será sua imitação. Não rejeitemos o ouro só porque está em circulação algum cobre. Quando o Pentecostes veio, "o poder do Senhor estava presente para curar". Ajudemo-nos uns aos outros na fé. É ser muito mais semelhante a Cristo do que quebrar as cabeças dos tenros brotos da fé em Deus e no seu poder e disposição para curar.[394]

---

[394] Rees, *The Ideal Pentecostal Church*, p. 81.

Perto da virada do século a cura divina foi um tema incorporado nas afirmações de fé oficiais e semioficiais. Em 1901, por exemplo, a *General Holiness Assembly*, reunida em Chicago, adotou uma declaração doutrinária que continha entre os seus seis itens, a seguinte declaração:

> 5. Desejamos declarar nossa crença de que um enfermo pode ser curado mediante a oração da fé, e que se o povo de Deus fosse medido pelos padrões do Novo Testamento no que diz respeito à vida de santidade, inclusive particularmente a consagração de seus corpos ao Senhor, manifestações maravilhosas de cura divina seriam muito mais numerosas do que são hoje, Deus seria melhor glorificado e o testemunho geral da Igreja no mundo seria muito mais efetivo.[395]

Entre as mais radicais correntes do Movimento de Santidade a defesa da cura divina veio a ser motivo de orgulho e ênfase. Em 1901, o *Guide to Holiness* publicou anúncios como o seguinte:

> O Acampamento "Harvest Home", do Ramo Pentecostal, será realizado em Indianapolis, no Estado de Indiana, de 20 de julho a 5 de agosto. Será um encontro de santidade radical. Uma oportunidade de regozijo para as pessoas que creem na cura divina e na segunda

---

[395] S. B. Shaw (ed.). *Echoes of the General Holiness Assembly Held in Chicago May 3-13. 1901.* Chicago: S. B. Shaw, s. d. p. 31

vinda de Cristo. Uma verdadeira cidade de barracas de lona. Mais de cem pregadores e missionários estarão presentes.[396]

Todo esse movimento significou que na virada do século a maioria das correntes do Movimento de Santidade que tinham adotado a doutrina pentecostal do batismo no Espírito Santo também tinham começado a ensinar as várias versões do tema da cura divina[397]. O terceiro vértice

---

[396] *Guide to Holiness*, no. 75 (julho de 1901): p. 23.

[397] Não pude identificar exatamente qual era nesta questão a posição da tradição "avivamentalista" de Moody e Torrey. As biografias tradicionais sobre isso mantêm um completo silêncio. As pesquisas sobre os trabalhos mais importantes de Moody revelam também muito pouco. Moody evidentemente evitou qualquer referência ao tema e aparentemente a partir de certas menções sobre oração em seus comentários pode inferir-se que não teria sido sensível a qualquer doutrina mecanicista sobre "oração da fé". Sobre Torrey, ver T. J. Shanks (ed.). *College Student: at Northfield*. New York: Fleming H. Revell, 1888, p. 201-203. Quanto ao batismo do Espírito, Torrey parece ter dado maior atenção, mas seu livro – que é uma defesa da cura milagrosa e da doutrina moderada da cura por meio da Expiação, ainda que crítico dos extremos como, por exemplo, a negação dos recursos médicos – foi escrito em 1924, quase duas décadas depois do surgimento do pentecostalismo, movimento que Torrey abominava. Como aconteceu em muitos outros temas, Torrey pode ter modificado seus ensinos procurando evitar qualquer confusão com as doutrinas pentecostais. Seu livro se intitulou *Divine Healing*. New York: Fleming H. Revell, 1924. Ver também a discussão de Torrey em J. Sidlow Baxter. *Divine Healing of the Body*. Grand Rapids: Zondervan, 1979, p. 96-7. Sabemos que em certa ocasião Torrey solicitou a John Alexander Dowie que orasse por sua filha. Dowie explorou esse incidente em sua publicação *Leaves of Healing*, no. 5, 8 de abril de 1899, p. 457-64. Há uma breve referência a este episódio na tese doutoral de Edith Lydia Waldvogel [Edith Waldvogel Blumhofer], "The 'Overcoming

do Evangelho quadrangular já estava bem estabelecido. Antes de nos voltarmos para o quarto vértice, contudo, temos de reconhecer um outro desenvolvimento.

Nosso argumento tem sido de que o surgimento das doutrinas sobre a cura divina se deveu muito à radicalização do impulso perfeccionista dos ensinos sobre a Santidade. Temos tentado demonstrar este processo não só rastreando sua evolução histórica, mas também mostrando que tal conexão está presente em toda manifestação maior do Movimento de cura divina no final do século XIX. Historiadores do Movimento Pentecostal e do Movimento de Cura Divina têm sugerido em geral que John Alexander Dowie de Zion City, no Estado de Illinois, seja uma fonte maior para o desenvolvimento das doutrinas da cura divina. Nossa resposta a estas sugestões é que a maioria ignora largamente o fato de que as doutrinas da cura divina já se tinham propagado antes do aparecimento de Dowie. Ignora ainda o fato de que o próprio Dowie revelou que o seu ensino estava enraizado na mesma radicalização das doutrinas da Santidade, embora também deixe claro sua tendência de abstrair as doutrinas sobre a cura divina do contexto do Movimento de Santidade para lhes dar uma base teológica ligeiramente diferente. Esta mudança está claramente evidenciada nas atas da reunião de fundação, em 1890, da *International Divine Healing Association*, que foi totalmente dominada por Dowie. Os debates no encontro produziram os seguintes diálogos:

Life': A Study of the Reformed Evangelical Origins of Pentecostalism", Harvard University, 1977, p. 123-24.

Sr. Hugh Craig, de Oakland Branch, perguntou: "Não seria mais sábio que o objetivo da Associação não fosse só a promoção do ensino bíblico da cura, mas também o ensino bíblico sobre a salvação e a cura divina?"

Sr. Dowie respondeu: "Não. Eu sou tão zeloso em querer ver salvação tanto quanto qualquer outra pessoa. [...] mas esta associação não está se formando para promover esta obra, por mais importante que ela seja, porque imediatamente entraria em conflito com as igrejas. É óbvio que um presidente local entenderia que não pode, pois não seria apropriado, tentar impedir que um membro diga que crê na vinda do Senhor ou que deseja ser totalmente *santificado*. Mas o objetivo desta associação é promover a doutrina da CURA POR MEIO DA FÉ EM JESUS. [...] Este é o ponto em que nos diferenciamos da *Christian Alliance*, cujo o lema é "Cristo nosso Salvador; Cristo nosso Santificador; Cristo nosso Curador; Cristo nosso Rei que vem".[398]

Mais tarde, as discussões revelariam até que ponto a teologia da Santidade estava por detrás de tais ensinos:

---

[398] Ver o apêndice que contém "Full Report of the First General Convention of the Divine Healing Association", dedicado a John Alexander Dowie e esposa. *Our Second Year's Harvest*. Chicago: International Divine Healing Association, 1891. p. 172, 174-75.

Sr. Morgan perguntou: "[…] não creio que as igrejas tenham um direito de patente sobre a salvação; não creio que a *National Holiness Association* tenha um direito de patente sobre a santidade divina. Toda pessoa nascida de novo tem o direito de pregar Cristo; toda pessoa que tenha sido totalmente santificada tem o mandato de pregar a grande salvação em toda sua plenitude. Bendigo a Deus para que possa fazê-lo a cada dia. [...] mas estou a favor de tudo que possa resguardar a obra de escândalos".

Sr. Dowie respondeu: "Amém. […] temos sempre ensinado que a pessoa não pode ser curada sem que também tenha sido salva, e que não pode alcançar a santificação plena sem que também tenha sido salva e curada. Ninguém vai querer limitar o testemunho e ridicularizá-lo, mas não posso promover a organização de uma nova igreja. Posso sim ajudar a formação de uma Associação de Cura Divina e nada mais.[399]

Estes debates revelam como a associação controlada por Dowie falava a partir do conjunto de costumes e hábitos mais amplo do Movimento de Santidade – em diálogo com a *Christian Alliance* dirigida por A. B. Simpson e com a *National Holiness Association*. Os debates daquela

---

[399] Idem, p. 168.

reunião também revelam como os temas da cura divina em Dowie estavam se afastando de seu enraizamento soteriológico na redenção e sendo recolocados em um braço mais distintivamente pentecostal. Cura estava então se tornando mais uma manifestação do "poder" pentecostal e uma evidência de que "Deus também testificava com eles, tanto por sinais como por prodígios, e pelos vários poderes (milagres) e dons do Espírito Santo.

Capítulo 6

O SURGIMENTO DO PRÉ-MILENISMO

QUANDO EM 1914 um grupo de pentecostais se reuniu em Hot Springs, no Arkansas, para formar nos Estados Unidos a organização que viria a ser conhecida como as Assembleias de Deus[400] (a maior denominação pentecostal

---

[400] Apesar de nomes semelhantes, as Assembleias de Deus no Brasil (1911) e as Assembleias de Deus nos Estados Unidos (1914) não tiveram qualquer relacionamento institucional nos seus primórdios. No Brasil, o título *Assembleia de Deus* só foi registrado oficialmente em 1918 pela Missão de Fé Apostólica, por iniciativa de Gunnar Vingren, missionário sueco independente no Brasil desde de 1911, que, juntamente com seu companheiro Daniel Berg, trouxe para o Norte do Brasil a fé pentecostal. O relacionamento institucional entre essas duas denominações pentecostais só foi ocorrer anos mais tarde. Para maiores informações, ver Gedeon Freire Alencar, *Matriz Pentecostal Brasileira. Assembleias de Deus - 1911-2011*. Rio de Janeiro: Novos Diálogos, 2013; Maxwell Pinheiro Fajardo. *Onde a luta se travar: uma história das Assembleias de Deus no Brasil*. Curitiba: Prismas, 2017; e, Marina Correa. *Assembleia de Deus: Ministérios, carisma e exercício de poder*. São Paulo: Fonte Editorial, 2013. [N.T].

norte-americana formada majoritariamente por pessoas brancas[401]), que se regozijaram não somente por causa do impacto internacional do Movimento Pentecostal, mas também devido a "profecia de que 'Jesus em breve virá' a este mundo, da mesma forma como ele o deixou, para estabelecer o seu Reino, doutrina esta que se tornou dominante em todo este derramamento do Espírito Santo"[402]. Alguns autores, como Robert Mapes Anderson e David William Faupel, entendem que o tema da *segunda vinda de Cristo* é de fato o núcleo integralizante da mensagem pentecostal.

O motivo escatológico que seguramente permeia a literatura nascente do Movimento Pentecostal, tem vindo à tona em períodos importantes como o do reavivamento da Chuva Tardia[403] em 1944 e, mais recentemente, também

---

[401] Assemblies of God, Combined Minutes. First General Council (1914), p. 2, citado por Robert Mapes Anderson em *Vision of the Disinherited: The Making of American Pentecostalism*. New York: Oxford University Press, 1979. p. 79.

[402] Ver Anderson, 1979, capítulo 5, "The Pentecostal Message". Também, David William Faupel, argumenta de forma parecida em sua tese de doutorado apresentada na University of Birmingham, Inglaterra.

[403] *Chuva tardia*, também traduzida por *chuva serôdia,* é a estação chuvosa que no Oriente Médio durante a primavera ajuda as plantações a finalizarem o processo de amadurecimento para a colheita da safra. A outra estação chuvosa na região, a da *chuva temporã*, é aquela que durante o outono, no tempo da semeadura, ajuda as sementes a germinarem e crescerem durante o inverno. Os movimentos avivalistas da segunda metade do século XIX conhecidos como *"Latter Rain Movement"*, consideravam que as passagens do profeta Joel que falam sobre as chuvas temporã e serôdia se referiam, a primeira ao derramamento do Espírito no início do Cristianismo no Dia de Pentecostes, e a segunda

em certos segmentos do Movimento Carismático da Igreja Católica. Nessas ocasiões, temas do pentecostalismo clássico, como o escatológico, têm sofrido mudanças dentro de um novo contexto teológico e tem caracterizado até mesmo primos mais distantes dos pentecostais como as igrejas independentes na África. O tema escatológico pelo menos merece, como já frisamos no primeiro capítulo, um lugar entre os quatro temas que têm definido a forma geral dos temas distintivos teológicos que caracterizam o Movimento Pentecostal. Ao mesmo tempo, o tema apresenta um desafio às teses gerais suscitadas por este nosso estudo – que a linhagem histórica do pentecostalismo deve ser traçada a partir das tradições do movimento de santidade do século XIX e mais indiretamente aos anteriores temas do Metodismo e, talvez, até mesmo, do pietismo e do puritanismo.

A história do Cristianismo nos leva a esperar certa ligação entre escatologia e pneumatologia em movimentos como o pentecostalismo. Aqueles movimentos que experimentam mais intensamente a infusão pessoal do Espírito também parecem ansiar mais ardentemente a volta de Cristo e a correspondente transformação cósmica deste mundo presente. De certa forma esta conjunção se acha

---

ao derramamento esperado para os anos que antecederiam o século XX. Para mais informações, ver Peter Althouse. "Pentecostal Eschatology in Context: The Eschatological Orientation of the Full Gospel". Peter Althouse e Robby Waddell (eds.). *Perspectives in Pentecostal Eschatologies: World Without End.* Eugene, OR: Pickwick Publications, 2010. p. 205-31. Ver também, Richard M. Riss, "Latter Rain Movement." *Dictionary of Pentecostal and Charismatic Movements*. Stanley M. Burgess, Gary B. McGee e Patrick H. Alexander (eds.). Grand Rapids: Zondervan, 1987. p. 532-34. [N.T.].

presente nos textos bíblicos mais usados pelos pentecostais. Na narrativa de Atos 2 sobre os acontecimentos do Dia de Pentecostes, por exemplo, o apóstolo Pedro cita o profeta Joel para afirmar que o que estava acontecendo era a efusão do Espírito Santo profetizada para os Últimos Dias. N. Q. Hamilton considera que nos escritos do apóstolo Paulo, Espírito Santo e escatologia estão tão claramente ligados que neles "é o Espírito que preenche o espaço entre o presente e o futuro"[404].

Se por uma comum influência dos textos bíblicos ou por alguma semelhante dinâmica experiencial, observa-se que na história da Igreja os movimentos com uma orientação maior para a pessoa do Espírito Santo têm demonstrado também uma fascinação maior pelos temas proféticos e apocalípticos. Assim, o Montanismo fez uma junção bastante próxima entre pneumatologia e escatologia.[405] De semelhante modo, embora com diferente conteúdo, Joaquim de Fiore ansiava por uma nova era que se caracterizaria por sua associação com a terceira Pessoa da Trindade[406]. Ambos os temas estão bem presentes no

---

[404] Neill Q. Hamilton, "The Holy Spirit and Eschatology in Paul", em *Scottish Journal of Theology, Occasional Papers*, no. 6. Edinburgh: Oliver and Boyd, 1957, p. 33. Ver também Marie E. Isaac, *The Concept of the Spirit*, Heythrop Monographs, no. 1, London: s. e., 1976; e Eduard Schweizer e outros, *Spirit of God*. London: Adam and Charles Black, 1960.

[405] Sobre o Montanismo, ver especialmente Maurice Barnett. *The Living Flame: Being a Study of the Gift of the Spirit in the New Testament with Special Reference to Prophecy, Glossolalia, and Perfection*. London: Epworth, 1953.

[406] Sobre o uso que Joaquin de Fiore faz dos textos e imagens apocalípticas ver os trabalhos de Marjorie Reeves, especialmente *Joachim of Fiore and the Prophetic Future*. London: SPCK, 1976.

movimento Irvingita no século XIX[407]. Por outro lado, é digno de nota o fato de que nas subsequentes "conferências de profecia" norte-americanas no final do século XIX a ordem só foi quebrada pela introdução entre elas de uma conferência sobre o Espírito Santo, o único tema que se permitiu fora do padrão usual da fascinação causada pelo tema da escatologia[408].

Refletindo sobre tal fenômeno, Emil Brunner, teólogo suíço neo-ortodoxo que ensinou teologia na Universidade de Zurique, comentou:

> Podemos traçar na história do cristianismo algo parecido como uma lei, que na medida em que a esperança está presente mais vitalmente na Ecclesia, mais poderosamente a vida no Espírito também nela está presente, e é maior a expectativa sobre a Vinda de Jesus Cristo; deste modo, a plenitude da possessão do Espírito e a urgente expectativa são achadas sempre juntas, da mesma forma como estiveram juntas na comunidade cristã primitiva.[409]

---

[407] Os cinco volumes de G. Carlyle (ed.), *Collected Writing of Edward Irving* [London: Alexander Strahan, 1864], são complementados por dois volumes de *The Prophetical Work of Edward Irving* [London: Alexander Strahan, 1867]. Ver ainda C. Gordon Strahan, *The Pentecostal Theology of Edward Irving*. London: Darton, Longman, and Todd, 1973.

[408] A. C. Dixon (ed.). *The Person and Ministry of the Holy Spirit*. Baltimore: Wharton, Barron, 1891.

[409] *The Christian Doctrine of the Church, Faith, and the Consummation (Dogmatics/Vol. III)*. London: Lutterworth, 1962 (publicação original em alemão, 1960. Vol. 3, p. 400). J. Rodman Williams chamou minha atenção para esta passagem no trabalho apresentado em 1980 no Encontro

Ressaltando-se tais fatos, podemos mais facilmente afirmar que o direcionar-se para a doutrina do Espírito Santo no final do século XIX necessariamente incluiu também o direcionar-se para a escatologia. Então, de imediato, devemos observar o crescente impacto do movimento pré-milenista do século XIX desde suas origens entre os Irmãos de Plymouth na Inglaterra, especialmente entre os seguidores de John Nelson Darby, e seu grande impacto na América do Norte nas séries de conferências proféticas desde 1878 e, finalmente, no surgimento, na virada daquele século, dos "Institutos Bíblicos", que se tornaram o modelo das instituições educacionais dos pentecostais[410]. O conjunto de raciocínios Pentecostal sobre tais temas seria então produto das "afinidades eletivas"[411]

Anual da Society for Pentecostal Studies, intitulado "The Holy Spirit and Eschatology", e publicado em *Pneuma*, no. 3, outono de 1981, p. 54-58. Williams, um dos líderes do Movimento Carismático entre os presbiterianos norte-americanos, comenta que ele mesmo "não sentia alegria na expectativa da volta do Senhor" antes dele "ter conhecido o Espírito Santo". Desde então, continua, "mal podemos esperar sua plena manifestação". Este comentário e o texto citado de Brunner não estão na versão publicada em *Pneuma*.

[410] Esta história foi relatada por Timothy P. Weber em *Living in the Shadow of the Second Coming: American Premillenialism, 1875-1925*. New York: Oxford University Press, 1979 (Versão Revisada – Grand Rapids: Zondervan, 1983). Anteriormente, Ernest R. Sandeen publicou *The Roots of Fundamentalism: British and American Millenarianism, 1800-1930,* Chicago: University of Chicago Press, 1970.

[411] Para maiores esclarecimentos sobre esta expressão weberiana, ver, Michael Löwy. "Sobre o conceito de "afinidade eletiva" em Max Weber." *Plural* [Revista do Programa de Pós-Graduação em Sociologia da USP], 2011: p. 129-42. [N.E.]

entre uma certa pneumatologia do final do século XIX e essa penetrante nova escatologia. Sem dúvida, na medida em que a explanação deste desenvolvimento tem sido buscada, como vimos fazendo ao longo de nossa discussão, enxergamos o pré-milenismo como uma das fontes do pensamento do pentecostalismo moderno[412].

Não pretendendo desmerecer inteiramente a força deste argumento, diversos fatores devem ser considerados a fim de que ele venha ser devidamente afirmado. Em primeiro lugar, não fica claro que a escatologia pentecostal com sua ênfase na inauguração da "nova ordem da chuva tardia" e na "restauração dos dons espirituais" como prelúdio da volta de Cristo, se encaixa com facilidade dentro das categorias dispensacionalistas como muitas vezes se tem pretendido. Geralmente pré-milenial foi uma expectativa num reino milenial a ser inaugurado pelo iminente retorno de Cristo, que contradiz, porém, os distintivos dispensacionalistas quando adota diferentes periodizações da história humana (em geral tripartite), ao aplicar à Igreja muitas das promessas do Antigo Testamento e ao apropriar-se mais diretamente de textos (como a oração do Pai Nosso, o Sermão do Monte e outros) que os dispensacionalistas relegam ao reino milenial[413]. Esta constatação sugere que

---

[412] Ver especialmente os trabalhos de Melvin E. Dieter e William Menzies em Vinson Synan (ed.). *Aspects of Pentecostal-Charismatic Origins.* Plainfield, NJ: Logos International, 1975. Ver também, Edith Lydia Waldvogel [Edith Waldvogel Blumhofer], "The 'Overcoming Life': A Study of Reformed Evangelical Origins of Pentecostalism", tese doutoral, Harvard University, 1977, p. 123-24.

[413] Sobre o dispensacionalismo, ver Daniel P. Fuller. *Gospel and Law: Contrast or Continuum? The Hermeneutics of Dispensationalism.* Grand

os motivos escatológicos pentecostais têm sua própria integridade, mas que o tema pode fundir-se com, ou, talvez melhor, expressar-se, com uma variedade de esquemas escatológicos distintos que vão desde o dispensacionalismo até ao "Israelismo Britânico"[414], que circulavam na fluida cultura popular evangélica no final do século XIX.

Também há o perigo de uma distorção cultural e historiográfica ao se tratar com temas que têm a ver com escatologia. As fontes mais acessíveis e frequentemente as reflexões teológicas mais elaboradamente articuladas sobre a escatologia pentecostal ocorrem precisamente naqueles setores do movimento cultural e teologicamente mais afinados com o fundamentalismo dispensacionalista. Tais tradições nos Estados Unidos, como as que estão enclausuradas nas Assembleias de Deus, têm recrutado suas membresias principalmente nos círculos fundamentalistas e ao longo dos anos têm geralmente assimilado aquela cultura teológica.

Embora mais pesquisa seja necessária, alguma evidência há de que quanto mais longe alguém se afasta

---

Rapids: Eerdmans, 1980; Clarence B. Bass. *Background to Dispensationalism*. Grand Rapids: Eerdmans, 1960; C. Norman Kraus, *Dispensationalism in America*. Richmond: John Knox, 1958.

[414] "Israelismo Britânico" é a ideologia de grupos fundamentalistas britânicos que afirmavam que "as dez tribos perdidas de Israel acabaram migrando, atravessando o Cáucaso e dando origem aos variados povos nórdicos e anglo-saxônicos. O Israelismo Britânico sustenta que os povos de origem celta e anglo-saxã seriam o povo escolhido de Deus, e não os judeus". Tatiana Poggi, "Faces do Extremo". Anais Eletrônicos do X Encontro Internacional da ANPHLAC, São Paulo – 2012. Disponível em http://anphlac.fflch.usp.br /sites/anphlac.fflch.usp.br/files/tatiana_poggi2012.pdf. Acessado em 25 de abril de 2018. [N.T.]

de tais correntes teológicas – em direção dos ramos "Holiness" do pentecostalismo ou dos pentecostais étnicos (negros e outros) – menos a escatologia é expressada em termos do pensamento dispensacionalista. Isso sugere que não devemos assumir tão rapidamente que a escatologia pentecostal é meramente uma assimilação de temas do emergente dispensacionalismo[415].

Entretanto, talvez tão importante seria aceitar-se de imediato a tese do empréstimo da escatologia dispensacionalista pela escatologia pentecostal, o que alteraria os resultados de nossa busca também pelas raízes dos dois primeiros temas já examinados, isto é, o batismo do Espírito Santo e o da cura divina. Seria então o caso de termos de alterar nossa tese, ampliando-a com um maior reconhecimento de raízes mais plurais do que já sugerimos. Mas antes de adotarmos esta solução óbvia, precisamos examinar mais de perto as tradições as quais temos sido levados por nossa pesquisa nos capítulos anteriores, a fim de perceber se a emergência da escatologia pentecostal pode ter sido um produto das dinâmicas internas daqueles movimentos.

Esta busca, à primeira vista, parece ter sido condenada ao fracasso porque as tradições Metodistas e de Santidade teriam tido historicamente pouco interesse

---

[415] Algumas das ideias contidas nestes dois parágrafos devo a conversas com o Professor Gerald T. Sheppard, do Emmanuel College de Toronto, e de sua conferência "Pentecostals and Dispensationalism: The Anatomy of an Uneasy Relationship", apresentada em 1983 na Encontro Anual da Society for Pentecostal Studies e publicada sob o título "Pentecostalism and the Hermeneutics of Dispensationalism: Anatomy of an Uneasy Relationship", em *Pneuma*, no. 6, outono de 1984, p. 5-33.

em temas escatológicos ou se inclinado para uma escatologia pós-milenial muitas vezes considerada como o oposto da pré-milenial, não somente em virtude de sua expectativa de um milênio precedendo a volta de Cristo (o que tornaria a volta menos iminente), mas também porque ofereceria uma esperança escatológica voltada mais para "este mundo" presente, dando suporte para ações voltadas à transformação da presente ordem social e outros compromissos culturais mais amplos. O fato é que ao examinarmos melhor os padrões escatológicos das correntes teológicas que têm chamado nossa atenção na busca de outros distintivos elementos pentecostais, são reveladas dinâmicas e temas internos dessas correntes que não somente ajudam a explicar o surgimento da escatologia pentecostal, mas também lançam luz sobre desenvolvimentos outros mais amplos. Na medida em que estes argumentos vão se desdobrando, somos mais inclinados a ver a emergência da escatologia pentecostal como um desenvolvimento paralelo (ou ocasionalmente que lhe antecedeu) ao surgimento do dispensacionalismo, embora, naturalmente, possamos perceber entre ambos movimentos dinâmicas comuns e uma grande medida de compartilhamentos.

Ao entramos no emaranhado labirinto da história das versões escatológicas e mileniais é desesperador tentar-se reconciliar visões opostas e discernir padrões de seu desenvolvimento. Pouco do esforço acadêmico que tem sido feito, todavia, tem realmente ido atrás das questões que temos levantado, pois a maioria tem se mostrado pouco crítica e mais apologética[416]. A despeito de todas estas dificuldades, pode ser traçado um amplo esboço sobre tais desenvolvimentos que, por mais simplificado que seja, ilumina o surgimento da escatologia pentecostal. Tal esboço vai demandar, como nos capítulos anteriores, um rápido olhar sobre os movimentos Puritano e Pietista, uma olhada maior sobre o Metodismo primitivo, dando uma atenção maior sobre como o Metodismo se envolveu no avivalismo norte-americano, discernindo as transformações que ocorreram dentro do avivalismo perfeccionista, e, finalmente, desvelando as novas formas da escatologia que predominou nas diferentes correntes do final do século XIX.

INFLUÊNCIAS PURITANAS E PIETISTAS

Como emergida no final do século XIX, a escatologia pentecostal se distanciou dos esquemas que tinham prevalecido por diversos séculos em várias correntes. Puritanismo e Pietismo, por exemplo, que tinham como objetivo "reformar" o cristianismo de então, demandavam uma visão otimista sobre o futuro e a possibilidade de transformação. Ainda que a escatologia dos Puritanos fosse diversificada, em geral via no futuro a aparição de um "dia-final-de-glória" para Igreja, ou, para usar o título de um volume de sermões de John Howe, datado de

---

[416] Além da literatura já mencionada em outras notas, considero bastante útil o estudo de Robert K. Whalen, "Millenarianism and Millennialism in America, 1790-1880", tese doutoral, State University of New York at Stony Brook, 1971.

1678, *O Estado Próspero do Interesse Cristão Antes do Fim dos Tempos* [*The Prosperous State of the Christian Interest Before the End of Time*][417].

É interessante notar que da perspectiva pentecostal, o dia-final de glória geralmente foi entendido como associado a um derramamento especial do Espírito Santo. Mas a visão Puritana esperava o colapso do Papado, a conversão dos judeus, e uma era de grandes sucessos na obra missionária que teria o caráter milenial. Crescentemente esta visão tendeu para aquilo que chamaríamos hoje de pós-milenismo, tal era identificada com o milênio descrito em Apocalipse 20. Ela focava a volta de Cristo, mas não tão logo porque a esperada era do "dia-final de glória" da Igreja teria de acontecer antes da segunda vinda. Como veremos mais adiante, na América períodos de avivamentos acentuariam a esperança de que a aurora desta era podia estar surgindo[418].

Insinuando um consenso mais amplo sobre esta era do que algumas vezes se tem considerado, estava a esperança do Movimento Pietista por "tempos melhores" para a Igreja num futuro próximo. O Pietismo, como já

---

[417] Os sermões, todavia, não foram publicados até 1715. Foram incluídos em algumas edições das obras de Howe, porém estão reproduzidas na obra de Iain H. Murray intitulada "*The Puritan Hope: A Study in Revival and the Interpretation of Prophecy*". London: Banner of Truth, 1971. p. 241-55.

[418] No controvertido tema da escatologia puritana sigo o ponto de vista de Iain H. Murray, The Puritan Hope, e a contribuição dos autores dos capítulos do livro editado por Peter Toon, *Puritans, the Millennium and the Future of Israel: Puritan Eschatology 1600 to 1660*. London: James Clarke, 1970.

observamos, tendia ao rompimento com a dialética entre o bem e o mal do Luteranismo clássico, com sua ênfase na justificação ao mudar o foco para o indivíduo na regeneração e na santificação ressaltando o indivíduo no plano histórico e a esperança maior numa era de melhores dias logo à frente[419]. Philipp Jakob Spener apresentou esse ensino em sua *Pia Desideria*[420], ampliando-o em 1693 em sua obra *Behauptung der Hoffnung künfftiger Besserer Zeiten* [Afirmação da Esperança em Tempos Futuros Melhores]. Spener também previu no futuro a queda da Roma papal e a conversão dos judeus, mas se sentia menos inclinado do que os Puritanos em se assumir explicitamente como "milenista" (ou pós-milenista) em sua descrição sobre aquela era de "melhores tempos" antes do retorno de Cristo[421].

Contudo, foi Johann Albrecht Bengel, o grande estudioso bíblico do Pietismo, que em sua fascinação com o Apocalipse procuraria datar com maior precisão os eventos do final dos tempos. Seu trabalho sobre profecia e cronologia convergia para a produção um sistema cronológico que relacionaria a aparição desses "tempos mais

---

[419] Jürgen Moltmann afirmará então que sua "teologia da esperança" pode ser vista como uma elaboração da dinâmica do Pietismo (Notas pessoais tomadas durante suas conferências "Glauben und Wissen" [Fé e Conhecimento], proferidas em Tubingën (Alemanha), semestre do verão de 1980).

[420] Philipp Jakob Spener. *Pia Desideria: um clássico do pensamento protestante*. São Bernardo do Campo: Imprensa Metodista e Programa Ecumênico de Pós-Graduação em Ciências da Religião, 1985. [N.T.]

[421] Estas questões já foram bem analisadas por K. James Stein em "Philipp Jakob Spener's Hope for Better Times for the Church – Contribution in Controversy", *Covenant Quarterly*, no. 37 (agosto de 1979): p. 3-20.

favoráveis" com o surgimento do Pietismo, a fundação das Sociedades Bíblicas e a expansão da obra missionária – datando essa era aproximadamente para o período de 1617 a 1836. Esta última data mencionada marcaria o clímax de um período de tribulação e a derrota da "Besta" com a volta de Cristo, inaugurando assim o milênio propriamente dito.

Portanto, Bengel, segundo os padrões escatológicos posteriores, é um tanto quanto ambíguo ao esperar os melhores tempos tanto para antes como para depois do retorno de Cristo. Este esquema ganhou muita influência com a publicação do seu *Gnomon*, já mencionado no capítulo anterior[422]

WESLEY *VERSUS* FLETCHER: PUXANDO A CORDA EM DIFERENTES DIREÇÕES

Ainda que Wesley tenha herdado de certa forma as tradições do Puritanismo e do Pietismo, no que diz respeito à escatologia, bem como em outros temas também, não é fácil a interpretação de seus ensinos. Posteriormente, tanto pós-milenistas como pré-milenistas reivindicaram

---

[422] O *Gnomon* existe em várias formas. Certas versões em Inglês foram modificadas para acomodar seus ensinos com posteriores visões escatológicas, quando não se deram suas previsões cronológicas no século XIX. A cronologia de Bengel foi reproduzida detalhadamente por J. C. F. Burk em *A Memoir of the Life and Writings of John Albert Bengel*. London: William Ball, 1837. p. 291-93. Ver ainda de Gottfried Mälzer, *Johann Albrecht Bengel: Leben und Werk*. Stuttgart: Calwer Verlag, 1970. p. 220 ss.

sua paternidade[423], a depender da hermenêutica de quem interpreta Wesley e de quais textos seus são considerados normativos – aqueles nos quais Wesley recepciona ou transmite adiante uma certa tradição, ou daqueles nos quais dá total liberdade aos seus próprios distintivos teológicos. Por exemplo, em suas *Explanatory Notes upon the New Testament*, que, como já mencionado, em sua maior parte são condensações do *Gnomon* de Bengel, ao comentar o livro do Apocalipse Wesley incorpora em suas notas muito do que está em *Ekklärte Offenbarung*, livro de autoria do mesmo Bengel. Mesmo não estando convencido dos comentários de Bengel sobre tais passagens, Wesley publica os seus esquemas com alguma desconfiança e adverte a seus leitores ao dizer: "não me comprometo em defender cada uma dessas ideias"[424].

Na verdade, tais temas suscitavam pouco interesse por parte de Wesley, cujo o foco estava, como também já sugerimos, muito mais voltado para a soteriologia. Quando em certa ocasião por mencionar certas previsões de Bengel acabou por levantar alguma controvérsia, ele numa de suas cartas contra-argumentou dizendo que

---

[423] Ver, por exemplo, Harris Franklin Rall, *Was Wesley a Premillennialist?* New York: Methodist Book House, 1921, originalmente publicado em *Modern Premillennialism and the Christian Hope*. New York: Abingdon, 1920, onde afirma que Wesley não era pré-milenista. Para uma posição contrária, ver Nathaniel West. *John Wesley and Premillennialism*. Cincinnati: God's Revivalist, 1894.

[424] Citação retirada do Prefácio de suas Notes of the Revelation of Jesus Christ", em *Explanatory Notes*.

em relação ao fim do mundo, na Igreja de Bradford não disse nada, nem mais nem menos; nem tão pouco dei a conhecer minha própria opinião, salvo o seguinte: que Bengel expressou sua opinião, não que o mundo iria terminar, mas sim que no ano de 1836 começaria o reino milenar de Cristo. Não tenho qualquer opinião a respeito deste assunto. Não posso afirmar nada sobre isso. Estes cálculos estão muito acima de meu entendimento, fora de minha visão. A única coisa que tenho a fazer é salvar a minha alma e de todas pessoas que me venham ouvir.[425]

Como também já afirmamos, a soteriologia de Wesley é de uma certa forma de "escatologia realizada" que dá ênfase à continuidade entre a salvação experimentada nesta nossa presente vida e a glória ainda por vir. Embora Wesley possa referir-se e afirmar acontecimentos de um fim dos tempos (Segunda Vinda, julgamento, e outros semelhantes), ele se inclinava a relegá-los a um futuro vago e distante sem maiores implicações sobre sua vida. Seu interesse real era em questões que poderiam ser usufruídas já nesta vida, e que outras tradições teológicas adiavam para o céu porvir. Suas discussões sobre a possibilidade da santificação plena parecem assumir um padrão que não atribui muito peso à iminência da

---

[425] Carta a "Mr. Christopher Hopper", só com o ano de 1788; reimpressa na edição de Jackson de 1872 das *Wesley's Works*, vol. 12, p. 319.

volta de Cristo[426]. Certamente refletem a falta de gosto de Wesley para com especulações escatológicas e apocalípticas[427]. Nem todos os seguidores de Wesley, porém, tinham a mesma opinião dele. Logo após sua conversão, George Bell anunciou o fim do mundo para o dia 23 de fevereiro de 1763, sendo solenemente reprovado logo em seguida por Wesley.

Muito mais importante para o nosso estudo sobre este tema é o pensamento de John Fletcher. Como já sugerimos, é muito importante a doutrina de Fletcher sobre as dispensações, na qual baseou sua interpretação para o progresso tanto da experiência espiritual de cada pessoa como para o progresso da história humana. Tanto uma como outra se desenvolvem ao longo das dispensações do Pai, do Filho e do Espírito Santo. Na história humana, os pontos de demarcação são sinalizados por João Batista e pelo Pentecostes. No desenvolvimento espiritual pessoal os conceitos-chave são a conversão pessoal e recepção especial do Espírito associada com a

---

[426] A análise mais esclarecedora sobre este tema é a de Clarence L. Bence, "Processive Eschatology: A Wesleyan Alternative", publicada em *Wesleyan Theological Journal*, no. 14 (primavera de 1979). p. 45-59. Ver também sua tese sobre doutoral "John Wesley's Teleological Hermeneutic", Emory University, 1981.

[427] Por isso, certos autores minimizam a importância das Notas de Wesley sobre o livro de Apocalipse para qualquer formulação de uma escatologia wesleyana-metodista. Ver Michael Lodahl. "Wesleyan Reservations About Eschatological 'Enthusiasm". *Wesleyan Theological Journal*. Vol. 29, no. 1 and 2 (Primavera-Outono), 1994: p. 50-63. Ver também, Mortimer Arias. *Venga tu Reino – La memoria subversiva de Jesús*. Ciudad de México: Casa Unida de Publicaciones, 1980. [N.T.].

santificação plena. Temos já esboçado anteriormente as tensões entre Wesley e Fletcher sobre os elementos do esquema e a importância do modo como Fletcher formulou as questões que posteriormente possibilitariam o surgimento da doutrina do batismo do Espírito associado à terminologia pentecostal.

Digno de nota nesta altura do estudo é o significado das diferenças entre Wesley e Fletcher sobre a doutrina da escatologia. Fletcher estava muito mais inclinado a especular sobre questões escatológicas, inclinação revelada em sua doutrina sobre as dispensações. Em *Portrait of Saint Paul* [O Retrato de São Paulo] ele afirma que a cada dispensação corresponde a uma promessa. Deste modo, "sob a dispensação do Pai, a grande promessa foi a que dizia respeito à manifestação visível do Filho". Sob a dispensação do Filho, outra "promessa foi feita para o exercício da fé e da esperança [...] com respeito à plena manifestação do Espírito Santo". Esta última promessa é obvio que se cumpriu no Dia de Pentecostes. E, finalmente, sob a presente dispensação do Espírito Santo, nós temos "a promessa da segunda vinda de Cristo para "reunir o seu trigo no celeiro e queimar a palha com fogo inextinguível". Mas desde que as dispensações também reproduzem tais estágios no desenvolvimento espiritual,

> esta vinda de Cristo, que por muitos é desprezada [...] é grandemente esperada por aqueles que vivem sob a dispensação do Espírito, e que

constantemente estão "buscando e antecipando a chegada do dia de Deus".[428]

Estes textos de Fletcher decididamente não soam nada wesleyanos. E qualquer que tenha sido a razão, Fletcher parece que antevia a iminente volta de Cristo a se dar na próxima geração, e quem sabe se não em sua própria geração. Chegou até mesmo a predizer que esse evento se daria entre 1750 e 1770, e instou a Wesley dar maior atenção a tais temas e não julgar duramente aquelas pessoas que desejassem examinar tais questões[429]. Em 1775 escreveria de novo a Wesley defendendo os esquemas escatológicos de um "grande teólogo estrangeiro" anônimo com quem teria discutido tais assuntos.[430]

Mais importante que a estrutura mental de Fletcher ou o uso que fez de sua doutrina das dispensações, é o fato que seu ensino apresentava tendências que lhe eram próprias ou até mesmo uma distinta lógica, a qual

---

[428] John William Fletcher. *The Portrait of St. Paul*. New York: Phillips and Hunt, s. d., p. 168-69. Esta e outras citações se encontram numa seção intitulada "O verdadeiro ministro crê e prega as três grandes promessas de Deus, junto com as três grandes dispensações da Graça", que se acha na segunda parte do livro, como reimpresso nas diferentes versões das *Obras* de Fletcher.

[429] John William Fletcher, "Letter to Wesley", publicada em *Arminian Magazine*, no. 16, 1793: p. 370-76, 409-16. [N.T.: A publicação dessa carta se deu só após a morte tanto de Fletcher, em 1785, como de Wesley, em 1791].

[430] John William Fletcher. "A Letter on the Prophecies" (segundo evidências do próprio texto, possivelmente destinada a Wesley). *The Works of Rev. John Fletcher*. London: John Kershaw, 1826, vol. 4. p. 529-50.

em outra época e tempo, com mais liberdade, pode ser elaborada progressivamente numa direção pentecostal. Como temos sugerido, fez do Pentecostes um evento na *Heilsgeschichte* (História da salvação) comparável à vinda de Cristo pelo menos como sinalizando as dispensações, e o evento que define a era da Igreja. Combinado com a ênfase na promessa correspondente, como em Fletcher, esta estrutura de pensamento pode acentuar explicitamente o tema escatológico. No entanto, outros temas mais sutis também forçaram o desenvolvimento na mesma direção do pentecostalismo.

As narrativas pentecostais do livro dos Atos dos Apóstolos (e talvez a teologia Lucana como um todo) tendem a unir escatologia e pneumatologia, como já foi mencionado. Quando são elevados ao ponto de se tornarem a chave hermenêutica pela qual toda a Escritura Sagrada é lida, as tendências que temos observado podem ganhar maior força. Também pode acontecer que dando ênfase ao Pentecostes desta maneira se acabe por acentuar a descontinuidade entre os dois Testamentos.

Wesley e outros metodistas menos inclinados a uma retórica pentecostal puderam mais facilmente apropriar-se de modelos de piedade veterotestamentários, especialmente de figuras como Noé e Abraão que são descritas como tendo vivido "perfeitamente diante do Senhor". Entretanto, quando a piedade cristã se torna mais uma questão de ser cheio com o Espírito que desceu sobre a comunidade reunida no Cenáculo no Dia de Pentecostes, aplicações do Antigo Testamento se tornam um pouco mais difícil e há a tendência correspondente de lê-lo primariamente como uma antecipação do evento do Pentecostes, reforçando assim a leitura das Escrituras basicamente centrada no modelo *profecia/cumprimento*. E, esperando não estar forçando demasiadamente, também é possível discernir maior ênfase na monergética soberania divina do que nos modelos mais sinergéticos wesleyanos sobre a cooperação humana com a iniciativa divina.

Os textos chaves nas narrativas do Pentecostes sugerem que a atitude básica do cristão é "vigiar e esperar" pelo revestimento que vem do alto. Em ambos, tanto na visão escatológica como na visão pessoal, a ideia chave é "descida" e uma "irrupção" desde o além, que é mais característica de uma estruturação mental em termos apocalípticos, contrastando com modelos mais graduais, orientados para o crescimento, próprios da posição pós-milenista ou do desenvolvimento visando a perfeição. Todas estas mudanças vão na direção de motivos fundamentalmente pentecostais.

Tais interesses, naturalmente, antecipam nossa narrativa de alguma forma. Mas sobre a doutrina da escatologia, bem como sobre o surgimento da doutrina pentecostal de um batismo do Espírito Santo, podemos observar a importância dos ensinos de Fletcher face-a-face suas divergências com o pensamento de Wesley. Como em outros temas teológicos, os esquemas teológicos de Wesley predominaram no Metodismo e nos demais movimentos que caíram sob sua influência por cerca de cem anos. Mas quando no final do século XIX a moldura do pentecostalismo de Fletcher passou a predominar mais e mais, sua doutrina sobre as dispensações também ganhou maior proeminência.

Qualquer que tenha sido a intenção de Fletcher com a doutrina das três dispensações, está claro que a própria terminologia veio a se constituir numa espécie de ponte para o dispensacionalismo e isto um pouco antes da virada do século. Fletcher passou a ser altamente considerado nas listas dos antecessores do dispensacionalismo, mesmo onde era menos conhecido onde foi anonimamente descrito como "em certo Mr. Fletcher" que ensinou "uma doutrina de dispensações."[431]

Foi o pensamento de Wesley, entretanto, que deu o tom por todo um século – tanto na escatologia como no vocabulário da plena santificação – avançando numa direção contrária. A própria ênfase de Wesley na perfeição cristã foi a chave dessa discussão. Sua soteriologia individualista tendendo para uma escatologia "realizada" ou "antecipada" afirmava um certo grau de derrota do mal nesta vida. Essa soteriologia perfeccionista também se inclinava para uma visão social otimista. Como resultado temos uma posição ambígua que pode facilmente mover-se na direção do pós-milenismo, pois, segundo Wesley,

> cumpre a todo que ama sua vinda orar para que se apresse o tempo; para que esse seu reino, o reino da graça, venha rapidamente e absorva todos os reinos da terra; para que

---

[431] Ver, por exemplo, de Arnold Ehlert, *A Bibliographic History of Dispensationalism*, Grand Rapids. Baker, 1965 p. 41-2. Este pequeno livro reuniu artigos publicados pela *Bibliotheca Sacra*, vols. 101-102.

> toda a humanidade, recebendo-o como seu Rei, verdadeiramente creia em seu nome, encha-se de justiça, paz e alegria, com santidade e felicidade, — até que os crentes sejam arrebatados para o reino celestial, para ali reinarem com Ele pelos séculos dos séculos. [...] Oramos pela vinda de seu reino eterno, o reino de glória no céu, que é a continuação e o aperfeiçoamento do reino da graça, iniciado na terra. [432].

A orientação de Wesley era tão voltada para a soteriologia que seus seguidores puderam combinar o esquema basicamente wesleyano de salvação com uma variedade de escatologias sem qualquer sentimento óbvio de traição. Mas o interesse básico do pensamento de Wesley provavelmente pode ser melhor percebido por esquemas menos apocalípticos e mais pós-milenistas. Enquanto o próprio Wesley não estava consciente de adotar um esquema milenial, ele ajudou a desencadear forças que poderiam e iriam mover-se naquela direção. Tal desenvolvimento acabou por dar-se na América do Norte onde o Metodismo encontrou uma casa acolhedora e um contexto que permitiriam suas tendências arminianas e perfeccionistas encontrar liberdade para florescerem com maior vigor.

---

[432] John Wesley. Sermão 26 "Sobre o Sermão do Monte", vol. 1. Edição brasileira publicada pela Imprensa Metodista. São Bernardo do Campo, SP: 3a. Edição. 1985. p. 555. Disponível em http://www.eventosfateo.com.br/ sermoes/. Acessado em 25 de abril de 2018.

CORRENTES MILENISTAS NOS AVIVAMENTOS

As correntes norte-americanas avivalistas já haviam desenvolvido sua própria tradição milenial. Períodos de avivamentos muitas vezes pareciam a seus participantes estar liberando uma nova era de bênçãos divinas especiais. No Grande Avivamento do século XVIII, Jonathan Edwards começou a perguntar-se se tal avivamento sob seu ministério não poderia ser o início de um novo milênio pelo qual Deus traria no Novo Mundo – o dia final de glória da Igreja pelo qual tanto anelavam os Puritanos:

> De fato, frequentemente tenho dito, como o faço agora, que considero os maravilhosos recentes avivamentos da religião como percursores daqueles gloriosos tempos profetizados nas Escrituras, o primeiro alvorecer daquela luz e o começo daquela obra que no seu progredir traria finalmente o último dia de glória da Igreja [...] e o Reino de Cristo será em paz estabelecido e firmado em todos os lugares, o prolongamento do milênio.[433]

Num artigo muito prestigiado, C. C. Goen sugere que Edwards se baseou na exegese de Daniel Whitby e Moses Lowman para desenvolver uma visão pós-milenial que determinou um "novo ponto de partida" na escatologia

---

[433] Carta de 5 de março de 1743/4 a William McCulloch, reimpressa em Jonathan Edwards, *The Great Awakening*. Works of Jonathan Edwards, C. C. Goen (ed). New Haven: Yale University Press, 1972, vol. 4. p. 560.

norte-americana[434]. Tal visão se distanciaria acentuadamente daquela que seria desenvolvida posteriormente no pentecostalismo. De muitas maneiras, Edwards soava muito mais como o seu contemporâneo Wesley. Por um lado, Edwards não era atraído pelos dons extraordinários do Espírito. Assim se expressou sobre essa questão:

> Não espero, e nem desejo, a restauração desses dons milagrosos quando estiver próximo o tempo glorioso da Igreja, pois me parece que não acrescentam coisa alguma à glória daqueles tempos, mas, pelo contrário, a diminuem. De minha parte, preferiria antes desfrutar por um quarto de hora das doces influências do Espírito, que me mostram a beleza espiritual divina de Cristo, sua infinita graça e amor a ponto de se entregar à morte, levando-me ao santo exercício da fé e do amor divino, à doce segurança e à humilde alegria em Deus, desfrutadas por um quarto de hora, muito mais do que visões e revelações proféticas por todo um ano.[435]

Por outro, a visão de Edwards era pós-milenial, esperando um amanhecer gradual do milênio, mesmo que iminente, antes do retorno de Cristo.

---

[434] C. C. Goen. "Jonathan Edwards: A New Departure in Eschatology". *Church History*, 28 de março de 1959: p. 25-40.

[435] Jonathan Edwards. "The Distinguishing Marks". *The Great Awakening*, 4: p. 281.

O significado de Edwards para nossa teoria parece ser que ele contribuiu para o reforço da expectativa de um milênio literal e ajudou à formação de uma tradição de pensamento milenial que ganharia mais força no século seguinte. Aqueles que se mantiveram na tradição de Edwards cultivaram e refinaram sua doutrina. Joseph Bellamy publicou um sermão sobre esse tema como um apêndice aos escritos de Edwards, e Samuel Hopkins publicou em 1793 o *Treatise on the Millenium* [Tratado sobre o Milênio][436].

Portanto, quando o Metodismo chegou à América do Norte e começou a misturar-se com os movimentos de avivamentos que existiam na terra no início do século XIX, já encontrou formalmente estabelecida uma doutrina do milênio. As tendências perfeccionistas do Metodismo tiveram ampla liberdade numa nova e otimista nação, que por sua vez aceleraram e reforçaram as expectativas pós-mileniais. Tal desenvolvimento aconteceu particularmente no perfeccionismo do Oberlin College de Finney e Mahan, que representou de muitas maneiras a síntese entre o Metodismo e o avivalismo norte-americano. A nova síntese radicalmente "Arminianizada" nas tradições na Nova Inglaterra tornou a inauguração do milênio contingenciada pelo esforço humano, e, cavalgando sobre o lombo do Segundo Grande Avivamento, juntou os temas da perfeição, reforma social e expectativa milenial.

---

[436] Não tenho visto o sermão de Bellamy, mas aparentemente é um apêndice da edição de 1794 da obra de Edwards, *Humble Attempt*. Samuel Hopkins. *A Treatise on the Millennium*. Boston: Isaiah Thomas and Ebenezer Andrews, 1793; reimpresso por New York: Arno Press, 1972.

Charles Finney não articulou totalmente suas expectativas mileniais, mas suas opiniões escatológicas estão implícitas em muitas de suas afirmações, como, por exemplo, sobre as reformas sociais:

> A grande tarefa da Igreja é a reforma do mundo – dar fim a todo tipo de pecado. A Igreja foi organizada originalmente para ser um corpo de reformadores. A própria tarefa do cristianismo implica na tarefa e virtualmente no compromisso de fazer tudo que estiver ao seu alcance para a reforma do mundo. A Igreja cristã foi designada para fazer movimentos avançados em todas as direções – levantando sua voz e pondo toda sua energia nos lugares altos e baixos – para reformar indivíduos, comunidades e governos, e não descansar até que o Reino e a grandeza do Reino sob o céu sejam dadas aos santos do Deus Altíssimo – até que toda forma de iniquidade seja varrida da face da terra.[437]

Finney estava propenso a dizer que se a "Igreja cumprisse com o seu dever" o milênio aconteceria em "seis meses" ou em "três anos" ou em algum tempo que fizesse iminente esse acontecimento. Mas ele foi radicalmente

---

[437] "The Pernicious Attitude of the Church on the Reforms of the Age", numa série de "*cartas*" publicadas por Finney no *Oberlin Evangelist*. Esta carta foi publicada originalmente em 21 de janeiro de 1846, mas foi omitida em edições posteriores das cartas selecionadas em forma de livro até que foi incluída em *Charles G. Finney: Reflections on Revival* (compilação de Donald W. Dayton. Minneapolis: Bethany Fellowship, 1979).

wesleyano na medida em que sua *Teologia Sistemática*[438] foi soteriologicamente orientada a tal ponto que ele nunca chegou a desenvolver uma doutrina do milênio e parece ter deixado essa tarefa para outros colegas seus em Oberlin.

O *Oberlin Evangelist* [O Evangelista Oberlin] foi o meio principal usado para difundir as ideias do Oberlin College. Entre os seus objetivos regularmente afirmados estava o de "chamar a atenção dos cristãos para o fato de que o milênio consistia na plena santificação da Igreja"[439]. A expansão do Movimento de Santidade parecia anunciar a chegada do milênio como havia acontecido um século antes quando os avivamentos sob Edwards criaram expectativas semelhantes. Em 1841, o *Oberlin Evangelist* publicou uma série de vinte e três artigos sobre o milênio de autoria do seu editor Henry Cowles.

Refletindo a reforma e a fermentação de sua época, Cowles notou que "uma agitação nos elementos do mundo moral e social com um potencial de mudança nunca visto antes" parecia sugerir que "o presente é, ou pelo menos está vindo a ser, uma época para o estudo das profecias"[440]. Segundo Cowles, um iminente milênio era a resposta óbvia às aspirações cristãs pelo milênio, dedicando ele cinco ensaios no *Evangelist* ao delineamento do estado social e religioso durante tal período: o Reino de Cristo substi-

---

[438] Charles Finney. *Teologia Sistemática*. Rio de Janeiro: Casa Publicadora das Assembleias de Deus, 2001. [N.E.].

[439] Esta citação aparece numa lista de propósitos publicada regularmente nos primeiros números do *Oberlin Evangelist*.

[440] Henry Cowles. "The Millennium – No. 1". *Oberlin Evangelist*, nº 3, 17 de fevereiro de 1841, p. 28.

tuirá o império do mundo; guerra, governos opressores, escravidão serão vencidos; um sistema de governo civil poderá ainda persistir; o conhecimento correto de Deus prevalecerá; como nunca, Deus estará presente com o seu povo; o Espírito Santo será dado "em gloriosos e imensos derramamentos"; piedade e santidade serão espalhadas por toda parte; "as grandes massas serão cristãs" – inclusive com a conversão do povo judeu e "numerosas multidões de gentios"; hipocrisia e divisões não mais perturbarão a vida das igrejas; e muito mais...[441]

Cowles tratou então do tempo do início do milênio. Depois de rejeitar os vários esquemas que pretendiam predizer uma data exata, optou ao invés por tentar discernir a mão da Providência divina nos eventos históricos. Entre os sinais que indicavam que havia "alguma ação profunda permeando os vastos elementos da atmosfera social e moral", apontando que:

> o conhecimento se está estendendo pelo mundo; o conhecimento sobre quase todo e qualquer assunto que contribua para o progresso da sociedade e a multiplicação das comodidades humanas. As artes e as ciências – pioneiras do milênio – tudo estão preparando para que os filhos de Deus possuam a terra. Os recentes progressos nas artes gráficas são de tal sorte que poderiam ser considerados como verdadeiros milagres. O que necessita ser mais

---

[441] Henry Cowles, "The Millennium – No. 9". *Oberlin Evangelist* nº. 3, 9 de junho de 1841, p. 94.

demonstrado senão o fato de que Deus está preparando tal instrumento para seu próprio uso na conversão do mundo e sustentação do milênio. [...] O conhecimento geográfico tem aberto o mundo diante dos olhos dos cristãos [...] Deus tem dado às nações cristãs admirável acesso aos povos pagãos. Não mencionando as facilidades de se alcançá-los proporcionadas pelo comércio, pois as relações políticas da Europa e de nossa própria nação têm aberto ao Evangelho imensas áreas do mundo pagão. [...] Deus tem exaltado a influência das nações cristãs – e esmagado a influência das pagãs. [...] Deus tem garantido a paz geral do mundo civilizado.[442]

Estes e outros desenvolvimentos religiosos convenceram a Cowles que estavam "suficientemente justificados em depositar nossos planos sobre esta base: O MILÊNIO ESTÁ PRÓXIMO!"[443] Seus artigos continuaram a ser publicados tratando de outros assuntos: a restauração dos judeus, o destino dos ímpios, se os mil anos são literais ou alegóricos (Cowles optou pela segunda alternativa), e outros mais. Para nossos objetivos, nossa atenção deve voltar-se só para mais um tema.

Cowles entendia que a Igreja tinha o papel na introdução do milênio. Ele polemizou com aqueles que

---

[442] Henry Cowles, "The Millennium – No. 10". *Oberlin Evangelist*, no. 3, 23 de junho de 1841, p. 101.

[443] Idem.

"pensam que Deus trará o milênio por um milagre sem nenhuma participação humana". Achava isto um "terrível erro. Se toda a Igreja crer e agir segundo esta ideia, nunca teremos o milênio no fim dos tempos". Estes temas que soam como arminianos são confirmados pelos ataques daquelas perspectivas teológicas (calvinistas) que desencorajavam "o zelo e o eficiente trabalho da Igreja",

> que a salvação é possível só para os eleitos – que o homem nada pode fazer a não ser esperar pelo tempo em que Deus o converterá – que a salvação é uma questão do destino e não da livre escolha humana – que Deus executa sua obra sozinho e nela não pede a interferência do cristão – que Deus não quer que se salvem se não aquelas pessoas a quem realmente ele que salvar.[444]

O resultado foi colocar uma sinistra responsabilidade sobre a Igreja: "Na medida em que a Igreja refrear sua participação, ela retardará cada vez mais o Milênio".[445] O último artigo é um vibrante chamado para ação com a advertência sobre "esperar grandes coisas", "esperar grandes transformações", e esperar oposição contra as mudanças de sentimento e as reformas no modo de agir". Deve "viver-se como se o Milênio estivesse à

---

[444] Henry Cowles. "The Millennium – No. 11". *Oberlin Evangelist*, no. 3, 7 de julho de 1841, p. 110.

[445] Henry Cowles. "The Millennium – No. 12". *Oberlin Evangelist*, no. 3, 21 de julho de 1841, p. 119.

porta, esperando somente por nossa cooperação para que irrompa com toda sua luz e amor"[446]

Isto é um pouco da visão sobre o milênio que dominou as tradições às quais nossa investigação em busca das raízes do pentecostalismo nos conduziu. O problema para nossa tese é que esta posição é muito diferente da escatologia que encontraremos no movimento pentecostal moderno. De fato, é o que tem sido geralmente considerado como o oposto da teologia pré-milenial que predominou no pentecostalismo nascente.

Todavia, será que fomos enganados pelas pistas que nos temas anteriores dirigiram nossa atenção para o perfeccionismo de Oberlin como um termo fornecedor da chave para a mediação entre o metodismo e o pentecostalismo? Não necessariamente. Há um modo de se construir a relação entre o pós-milenismo e o pré-milenismo que faz da visão radicalmente otimista de Oberlin uma etapa decisiva no caminho do metodismo ao pentecostalismo.

PROFÉTICO *VERSUS* APOCALÍPTICO

Esta proposta implica na afirmação aparentemente paradoxal de que foi exatamente a ala mais radical do pós-milenismo que eventualmente veio a ser a mais atraída pelo pré-milenismo. O pós-milenismo, particularmente na versão mais radical de Oberlin, prometeu mais do que podia entregar. Suscitou esperanças e expectativas de um

---

[446] Henry Cowles. "The Millennium – No. 23". Oberlin Evangelist, no. 3, 22 de dezembro de 1841, p. 204.

iminente milênio, vindo a ser um grande fracasso ao não se concretizar. O otimismo desvaneceu-se em desespero. O único caminho para sustentar a esperança num milênio foi rearranjar a cronologia agora ao longo das linhas do pré-milenismo.

Podemos entender melhor esta proposta examinando o paralelo bíblico de como a visão profética do Antigo Testamento se transformou na visão apocalíptica de mundo no pós-Exílio. Um dos esforços mais úteis para explanar esse desenvolvimento se acha no trabalho de Paul Hanson, que definiu "escatologia profética" como,

> a perspectiva religiosa que focaliza o anúncio profético à nação sobre o plano divino para Israel e para o mundo, o qual o profeta tem visto se desdobrar diante de si no conselho divino, e que foi traduzido pelo profeta em termos de história completa, de política real, e de instrumentalização humana; isto é, o profeta interpreta, para o rei e o seu povo, como os planos do conselho divino se concretizarão dentro do contexto da história do seu próprio povo e do mundo.[447]

E também definiu a "escatologia apocalíptica" como a que

> focaliza a revelação (geralmente de natureza esotérica) que se abre aos eleitos sobre a visão cósmica da soberania de Yahweh

---

[447] Paul D. Hanson. *The Dawn of Apocalyptic*. Philadelphia: Fortress, 1975, p. 11.

> – especialmente relacionada com o seu agir para salvar os seus fiéis – a revelação que de modo geral os visionários tem cessado de traduzir em termos de história concreta, da política real, e da instrumentalização humana, devido à visão pessimista da realidade que emerge das desoladoras condições pós-exílicas.[448]

Hanson percebeu nos profetas pré-exílicos, a partir do Segundo Isaías, um equilíbrio sutil entre a "visão de um reino cósmico e sua tradução em termos históricos" – a "tensão vital entre visão e realismo que é o coração da autêntica religião ética".[449] Escatologia é o ponto de continuidade quando a profecia começa a tornar-se em apocalíptica, quando a tensão entre visão e realidade começa a desmoronar, quando a experiência do mundo não pode ser mais relacionada com a visão religiosa. Apesar das diferenças na "forma da escatologia profética e da escatologia apocalíptica, deve dar-se ênfase ao fato de que a visão da restauração persiste em ambas, a visão do povo de Yahweh restaurado como uma comunhão santa numa glorificada Sião".[450]

Para Hanson, a apocalíptica é um esforço para manter intata aquela visão em face de uma nova realidade histórica que demanda uma análise mais pessimista do curso da história e do potencial da instrumentalidade humana. A resposta muito frequente é transferir a responsabilidade

---

[448] Idem, p. 11-12.

[449] Idem, p. 17, 31.

[450] Idem, p. 12.

de efetuar a restauração para uma supra-histórica soberania divina.

A mudança da escatologia pós-milenial para a pré-milenial na América do Norte no século XIX é grandemente iluminada por esta análise – sem dúvida, foi de muitos modos uma mudança do profetismo ético para o apocalipsismo ahistórico. Certamente implicou na mudança do foco dos textos bíblicos proféticos para os apocalípticos. As tendências arminianas e perfeccionistas elevaram as expectativas pós-mileniais quando os acontecimentos históricos começavam a puxar o tapete sob os seus pés. A tensão entre visão e realidade começavam a desintegrar-se sob conflitos internos criados pelo aumento de expectativas irrealistas e sob o ataque externo na medida em que a história tomava novos rumos que consistente e cumulativamente acentuavam o fosso entre a esperança milenial e as reais experiências históricas. O único modo para a manutenção da esperança milenial e sua iminência foi colocar as peças da visão escatológica numa nova arrumação. A esperança milenial foi preservada ao colocar-se o retorno de Cristo antes do milênio, tornando-a num evento cataclísmico que estreitaria o crescente abismo entre a esperança e a realidade histórica.

UMA VISÃO EM MUTAÇÃO

Tão logo se articulou, a visão pós-milenista de Oberlin começou a mostrar rachaduras e brechas[451]. Nas décadas

---

[451] Sobre as tensões vividas às vésperas da Guerra Civil pelos segmentos evangélicos do protestantismo norte-americano motivadas pelo conflito

de 1840 e 1850, com seus vais-e-vens, as tensões internas aumentaram, como, por exemplo, quando o compromisso de Oberlin com o movimento abolicionista entrou em conflito com o seu compromisso com a não-violência. Logo, especialmente durante a Guerra Civil Norte Americana (1861-1865) seus defensores tiveram que decidir entre paz e antiescravidão. Tais escolhas pareciam adiar a chegada do milênio e a vida se tornava mais complexa e o mal parecia ser mais intransigente do que se imaginava.

Após a Guerra Civil, o pós-milenismo avivalista teve de enfrentar golpes fatais um após outro. Grandes ondas de imigração a partir da década de 1840 forçaram um novo pluralismo na sociedade norte-americana, envolvendo grandes contingentes de imigrantes provindos de países católicos (para muitos avivalistas o aumento de "catolicismo romanismo" poderia expandir a base do "anticristo"), de novas formas de Protestantismo (tais como os luteranos da Alemanha que não se encaixavam tão facilmente no ethos avivalista e temperante da América do Norte), e, eventualmente, de numerosos imigrantes judeus e de outras religiões não-cristãs. Concomitantemente, estava também se dando o desenvolvimento da crítica bíblica e das novas ciências (geologia, Darwinismo, etc.) que chocavam as concepções tradicionais da Bíblia e sobre a origem da humanidade – e dava maior ímpeto à interpretação liberal do Cristianismo ou até mesmo sua rejeição. Todas essas mudanças ao mesmo tempo se deram no contexto

---

nacional sobre a escravatura, ver Timothy L. Smith, *Revivalism and Social Reform: American Protestantism on the Eve of the Civil War*. Eugene, OR: Wipf and Stock Publishers, 2004 [primeira edição em 1957]. [N.T.].

do duro processo de urbanização e industrialização, cujo maior peso estava caindo sobre os protestantes rurais que migravam para as cidades fora do centro-oeste e do sul norte-americanos, na esteira do impacto dos avivamentos.

A visão pós-milenista se tornou inconcebível a muitos dentro desse contexto sociorreligioso. Ao invés de um mundo crescentemente melhor, muitos viam só o declínio progressivo de um mundo que se tornava pior cada vez mais. As batalhas literárias entre pós-milenistas e pré-milenistas algumas vezes apontavam para questões concretas. Progresso ou declínio, qual seria a melhor descrição da direção que a cultura estava tomando? Pós-milenistas e os seus primos mais próximos, os defensores liberais do progresso, apelavam para a crescente alfabetização das massas (como Cowles fez nas citações feitas acima), o avanço das missões, o progresso da ciência e do comércio, etc.

Pré-milenistas eram aqueles que começaram a duvidar desses sonhos. Observavam a mesma paisagem, mas tinham uma leitura distinta. Em 1878, em Nova Iorque, deu-se o início de uma série de conferências proféticas em defesa do pré-milenismo que continuam até o presente. Em 1914, na Conferência Bíblica Profética de Chicago, aconteceu uma Conferência cujos participantes refletiram sobre as diferentes dinâmicas que terminaram por convertê-los ao pré-milenismo – significativamente quase sempre vindos do pós-milenismo. O testemunho do Rev. Howard W. Pope, superintendente do Moody Bible Institute, foi um exemplo típico de tal conversão, que, segundo ele,

> esta verdade sobre a vinda pré-milenial de Nosso Senhor veio a mim em duas etapas,

provavelmente porque não era capaz de recebê-la de uma vez só. Quando terminei meu curso na Universidade e no Seminário Teológico de Yale, nosso professor de teologia dedicou ao tema duas frases, dizendo-nos que essa doutrina era uma ilusão inofensiva sustentada por certas pessoas chamadas "adventistas". [...] Porém, há cerca de vinte anos, quando era pastor [congregacional] na Nova Inglaterra, ao estudar o tema geral das missões, concluí que este mundo jamais seria convertido por meio das atuais agências missionárias. Lembrei que a Nova Inglaterra tinha tido no passado alguma oportunidade, já que tinha tido o Evangelho por cerca de duzentos e cinquenta anos; entretanto, não há uma cidade, aldeia ou povoado em toda Nova Inglaterra onde todos seus habitantes tenham se convertido. Tal situação veio a ser muito desalentadora para mim. [...] Descobri então que nos últimos cem anos da obra missionária cerca de três milhões de pagãos se converteram ao cristianismo. Porém, neste mesmo período nasceram, viveram e morreram três bilhões de pessoas que nunca ouviram falar de que há um Cristo. Nesse ritmo, perguntei-me: quando é que poderemos ultrapassar o cortejo? Daí, cheguei à conclusão que para essa situação não havia qualquer esperança; desse modo, o mundo nunca seria convertido. [...] A esta conclusão cheguei sem qualquer referência ao ensino do pré-milenismo.[452]

O crescimento dessas convicções predispôs Pope tempos mais tarde a aderir ao pré-milenismo.

Esta mudança radical, que ocorreu nas principais correntes do avivalismo evangélico entre o tempo de Charles Finney e de Dwight L. Moody, é um dos desenvolvimentos mais marcantes do cenário religioso do século XIX. Compare-se o explosivo otimismo de Finney, já mencionado, com o seguinte texto de Moody cheio de autoconfiança, meio século depois:

> O advento pré-milenial significa que Cristo virá antes do Milênio. Não haverá Milênio até que Ele venha. Isto é plenamente bíblico. Muita gente tem assumido a ideia de que alcançaremos o Milênio por meio dos telefones, das máquinas a vapor, dos transatlânticos velozes e de todos os aparatos da civilização moderna. Imaginam que todas estas coisas precipitarão o Milênio, e, então, Cristo voltará no fim do Milênio. Mas a Bíblia afirma que Cristo voltará primeiro. Ele tem de vir antes do seu reino de mil anos. É ele quem, em sua vinda, vai inaugurar o Milênio. Se a concepção pós-milenial fosse correta, quando então começaria o Milênio? Certamente ele ainda não veio e nem parece estar vindo. Vejam Londres com

---

[452] *The Coming and Kingdom of Christ*. Chicago: Bible Institute College Colportage Association, 1914. p. 75-6.

seus milhões vivendo em degradação e pecado.
Vejam nosso próprio país com suas grandes
cidades, como Chicago, com anarquistas e
comunistas propagando suas doutrinas. Se
o mundo deve primeiro tornar-se melhor,
estamos mui longe do Milênio. Na verdade,
aqui está a morte, aqui está o pecado.[453]

Sentimentos semelhantes foram expressos numa conferência profética em 1886 liderada por A. T. Pierson, importante líder missionário e defensor do pré-milenismo:

> Qual é o verdadeiro carácter de nossa civilização? Enfrentemos abertamente os fatos. É gigantesca quando se trata das invenções, dos descobrimentos, das empresas, das realizações, mas também é gigantescamente mundana; por vezes e em alguns lugares se mostra monstruosa ao desafiar e negar a Deus. [...] A filosofia agora floresce num refinado e poético panteísmo, ou num brutal e pálido materialismo, ou sutilmente racionalista, ou absurdamente agnóstica. A ciência constrói seus sistemas evolucionistas para deixar fora o Deus pessoal. Homens como Strauss e Renan, Hegel e Comte, Goethe e Kant, Mill e Spencer, Darwin e Huxley. Matthew Arnold e Theodore Parker são pessoas que devem sua educação, refinamento e realizações ao cristianismo que tanto atacam [...] Temos

---

[453] *D. L. Moody at Home*. London: Morgan and Scott, 1910. p. 163.

a forma mais amadurecida da civilização mundial, mas também os MADUROS EXTREMOS DA PODRIDÃO [...] e aquela terrível anarquia que é o resultado do ateísmo que ameaça agora mesmo dissolver a própria sociedade [...] A nossa idade de ouro está longe de pronunciar até mesmo a promessa do Milênio.[454]

Análises como as de Pierson foram elaboradas e desenvolvidas acabando por tornar-se uma espécie de litania padrão sobre "os males do século" e "os sinais dos tempos". O fim próximo foi sinalizado não pelo progresso do mundo, mas sim por seu declínio.[455]

Esta mudança demandou sutil adaptação nas visões anteriores. Enquanto a visão pós-milenial havia voltado seu olhar para a conversão do mundo, esperanças eram agora reduzidas ao evangelismo mundial de forma muito mais pessimista acerca do percentual de respostas ao apelo do Evangelho. Evangelismo tornou-se cada vez menos um instrumento para transformação da cultura e mais e mais um processo para a convocação de uns "poucos

---

[454] A. T. Pierson. *"World Wide Evangelism", Prophetic Studies of the International Prophecy Conference, Chicago, 1886.* Chicago: Fleming H. Revel, 1886. p. 31.

[455] Ver, por exemplo, a influente defesa do pré-milenismo feita por W. E. Blackstone, em *Jesus is Coming* [New York: Fleming H. Revell. 1898], que foi traduzido para cerca de quarenta idiomas; ver também estudos posteriores, como os de Henry Clay Morrison, *Is the World Growing Better, or Is the World Growing Worse?* Louisville, KY: Pentecostal Publishing, 1932.

escolhidos", os eleitos, que deveriam dedicar-se à tarefa do testemunho enquanto se preparavam como uma noiva para encontrar-se com o seu noivo.

No entanto, ainda que procuremos explicar o fenômeno, é claro que esta nova escatologia varreu o mundo do avivalismo conservador no final do século XIX e, com poucas exceções, tornou-se a opinião dominante praticamente em todos aqueles setores onde o batismo pentecostal e a doutrina da cura pela fé já tinham se instalado. Nas principais correntes do avivalismo isto ficou ainda mais claro. Onde ocorrera alguma hesitação quanto à doutrina da cura divina (como nos círculos sob influência de Moody e Torrey), não houve qualquer desconfiança quanto à nova escatologia. Moody abriu o caminho e deu o tom sobre a questão escatológica[456]. Outros rapidamente o seguiram. A. B. Simpson e A. J. Gordon, por exemplo, se fizeram ardorosos defensores da doutrina do pré-milenismo.

PRÉ-MILENISMO NO MOVIMENTO SANTIDADE

A ala Metodista do Movimento de Santidade sobre o tema da escatologia, contudo, não mostrou maior resistência. Para sermos mais exatos, o pré-milenismo, ao lado da doutrina da cura divina, foi um dos temas que sofreu maior resistência por parte da liderança da National Holiness

---

[456] Sobre Moody, ver Stanley N. Gundry. *Love Them In: The Proclamation Theolog of D. L. Moody*. Chicago: Moody, 1976. Sobre Torrey, ver Roger Martin. *R. A. Torrey: Apostle of Certainty*. Murfreesboro, TN: Sword of the Lord, 1976.

Association. G. W. Wilson[457] e Daniel Steele polemizaram consistentemente contra as novas doutrinas em seus livros.

Particularmente Steele se envolveu nessas polêmicas. Ele observou que aquelas pessoas pertencentes às tradições reformadas se mostravam mais atraídas pelo pré-milenismo – com base nas estatísticas sobre o número dos dirigentes e dos participantes nas conferências de profecia. Para ele, as novas doutrinas eram uma afronta direta aos temas característicos do Metodismo. Segundo ele,

> podemos entender como um calvinista tradicional, que crê na graça irresistível, pode aceitar esta doutrina; mas como um arminiano, ensinado a exaltar a liberdade humana e o poder persuasivo da mensagem evangélica para a renovação da vontade mediante a obra do Espírito Santo que aplica a verdade admitida pelo intelecto, e ensinado a rechaçar a salvação somente pela soberania divina, pode aceitar a ideia milenista do triunfo universal de Cristo, está muito além de nosso próprio entendimento.[458]

Esta correlação foi observada também por outros autores[459] e isto ajuda a explicar porque o lado Metodista do Movimento de Santidade resistiu por mais tempo a

---

[457] G. W. Wilson. *The Sign: of Thy Coming*. Boston: Christian Witness, 1899.

[458] Daniel Steele. *Steele's Answers: A Substitute for Holiness, or Antinomianism Revived* (reimpresso em Salem, OH: Schmul Publishers (s. d.). p. 91-2.

[459] Ver, por exemplo, Whalen, "Millenarianism and Millennialism in America, 1790-1880".

pressão pré-milenista – mesmo quando em pleno século XX A. M. Hills escreveu a primeira teologia sistemática completa do Movimento e se defrontou com um dilema pessoal sobre este tema. Hills, originalmente pastor Congregacional formado em Yale e Oberlin, defendia firmemente a doutrina pós-milenista, mas se tornou ministro da recém-formada Igreja do Nazareno, na qual predominava o pré-milenismo. Ele resolveu esse dilema pessoal produzindo uma teologia sistemática com duas escatologias, a pós-milenial escrita por ele mesmo e a pré-milenial por um autor que era líder dessa segunda corrente[460].

Porém, mesmo Steele mostrou indícios da mudança que estava para acontecer no pensamento do Movimento de Santidade no final do século XIX. A doutrina de Fletcher sobre as dispensações foi sistematicamente analisada nas obras de Steele e suas exposições foram largamente reproduzidas em diversos periódicos do Movimento. Já mencionamos antes o chamamento que Steele fez para adoção do vocabulário pentecostal.

Onde as sementes foram semeadas, o mover para o pré-milenismo aconteceu mais de forma natural. Assim como pós-milenismo pode ser considerado como correlato à doutrina da santificação plena – já que ambos dão ênfase ao papel da agência humana e o processo de transformação gradual que culmina em um nível de erradicação do pecado e do mal dentro da história –o pré-milenismo também pode ser considerado como o correlato social da doutrina do batismo no Espírito Santo – já que ambos dão ênfase a

---

[460] A. H. Hills. *Fundamental Christian Theology*. Kansas City, MO: Nazarene Publishing House, 1931.

um evento transformador instantâneo, mediante a agência divina, e uma resposta humana de "permanecer e esperar" pela "bênção" ou pela "esperança bendita".

Portanto, na metade da década de 1890 a maioria da liderança das alas mais radicais do Movimento de Santidade Metodista se tornou defensora da nova doutrina. Esta mudança poderia ser abundantemente ilustrada de modo bastante extenso, mas certamente são suficientes somente uns poucos exemplos. W. B. Godbey revela a luta que alguns metodistas tiveram de enfrentar devido à doutrina pré-milenista, ao escrever:

> Um grande evangelista ligado ao Movimento de Santidade disse ao irmão Pickett: "sou um pós-milenista". Ao responder ao irmão Pickett que lhe pedira as razões desse seu posicionamento, o evangelista disse: "tenho que ser pós-milenista para poder ser metodista". Quando o irmão Pickett me contou esta conversa, senti muito pois havia muito me alegrado porque aquele irmão, que, como eu mesmo, teria sido salvo do Metodismo. Nasci metodista – meu pai era um pregador metodista – mas quando o Senhor me batizou com o Espírito Santo e com fogo em 1868, ele queimou o metodista junto com o maçom, o "Odd Fellow", o reitor da faculdade e o candidato ao episcopado.[461]

---

[461] W. B. Godbey. *An Appeal to Postmillennialists*. Nashville, TN: Pentecostal Mission Publishing, s.d. p. 5-6.

George Watson, um evangelista do Sul dos Estados Unidos e prolífico autor (inclusive tendo escrito sobre escatologia e a necessidade da "noiva" se preparar para o encontro com o seu "noivo"), mudou de ideia por volta de 1896:

> Durante vinte e cinco ou trinta anos de minha vida aceitei a velha noção católica romana, também aceita pela maioria dos protestantes, de que a segunda vinda de Cristo seria após o Milênio, quando do julgamento final. Então, por alguns anos passei a me sentir intranquilo sobre aquelas minhas opiniões antigas porque percebi que muitas porções das Escrituras não poderiam ter qualquer interpretação razoável que se harmonizasse com aquela velha teoria. [...] No começo de 1896 passei a orar ardentemente para que o Espírito Santo abrisse as Escrituras claramente para mim sobre essa questão. Em duas ou três semanas depois, de maneira surpreendente, o Espírito começou a abrir em minha mente o livro do Apocalipse, as parábolas de Jesus e outras passagens bíblicas que tratam da vinda de Cristo antes do Milênio, e desde então a luz sobre aquele tema tem aumentado cada vez mais.[462]

---

[462] George D. Watson. *Steps to the Throne*. Cincinnati: God's Revivalist, 1898. p. 5.

Na década de 1890, W. B. Godbey afirmou que o Movimento de Santidade era por convicção majoritariamente pré-milenista:

> Alguns gritavam: "Olhem, Ele vem! Olhem, Ele vem!" Tenho gritado isto por vinte anos. Que bela torrente de luz sobre este tema inunda o mundo! O irmão Carradine somente a dois anos atrás foi iluminado sobre este tema e desde então o tem pregado. Dr. Watson também pregou o seu primeiro sermão sobre o mesmo tema. Nos últimos poucos anos mais revelação tem regularmente havido sobre o pré-milenismo. Não se conhece uma pessoa em mil que tenha sido santificada e que não esteja procurando abreviar a volta do Senhor.[463]

Em 1897, Martin Wells Knapp, o editor de *God's Revivalist*, anunciou uma nova política, ao indicar que "O alvo do *Revivalist*"

> é apresentar uma experiência pentecostal como a base de um genuíno avivamento na vida dos indivíduos e da Igreja, não ignorando a doutrina bíblica que é um incentivo ou resultado desta vida. Estamos totalmente persuadidos de que uma destas doutrinas é aquela da segunda vinda de Nosso Senhor, como ensinada no Novo Testamento e que toda experiência pentecostal plena inclui a

---

[463] W. B. Godbey e Seth Cook Rees. *The Return of Jesus*. Cincinnati: God's Revivalist Office, s. d. p. 16.

expectativa pentecostal da vinda do Rei. Em nenhum sentido real da palavra pensamos substituir por isto o nosso principal assunto que é a obra santificadora de nosso Salvador. Entretanto, resolvemos ressaltá-la, dando-lhe seu devido lugar em nossas colunas. E poderá que por algum tempo lhe demos mais atenção, ao contrário do que fizemos, compensando essa negligência passada.[464]

Na virada do século, pelo menos, as alas mais radicais do Movimento de Santidade já tinham trabalhado este tema em suas teologias. Santificação não era mais parte da transformação do mundo a ser operada por Deus, o meio pelo qual inauguraria o Milênio, como o fora meio século antes em Oberlin. Como no sermão de C. W. Ruth intitulado "O que é o Movimento de Santidade senão um chamado para o povo de Deus cobrir-se com o vestido de casamento?", pregado num encontro de acampamento no final daquele século[465].

Estes desenvolvimentos teológicos preparam o palco para o surgimento do pentecostalismo. Praticamente cada uma das alas do avivalismo no final do século XIX estava ensinando uma forma ou outra de todos os temas básicos do pentecostalismo aqui discutidos, exceto a experiência da glossolalia, ou seja, o "falar em línguas".

---

[464] Como relatado em A. M. Hills, *A Hero of Faith and Prayer; or, Life of Rev. Martin Well Knap*. Cincinnati: Mrs. M. W. Knapp, 1902. p. 154.

[465] C. W. Ruth. *Electric Shocks from Pentecostal Batteries; or, Food and fire from Salvation Park Camp-Meeting*. Cincinnati: M. W. Knapp, 1899. p. 122.

Epílogo

O SURGIMENTO DO PENTECOSTALISMO

NOSSA BUSCA PELAS RAÍZES TEOLÓGICAS tem nos conduzido ao fechamento de seu ciclo completo. No primeiro capítulo consideramos que só quando colocássemos entre parêntesis por um momento o fenômeno do "falar em línguas" poderíamos entender teologicamente o pentecostalismo situando-o em seu próprio contexto teológico e eclesiástico. Nossa análise nos levou a identificar quatro temas cristológicos definindo assim o conjunto de formas do *ethos* e do pensamento do pentecostalismo: Cristo como o Salvador, Cristo como o Batizador com o Espírito Santo, Cristo como o Curador, e Cristo o Rei que Vem. Esta descrição quadrilateral foi sendo confirmada pela explanação da lógica de como estes temas acabaram por se entrelaçar no discurso pentecostal.

A análise deste quadrilátero tem sido também confirmada na medida em que permite uma descrição dos processos históricos e teológicos nos quais estes quatro temas nasceram e se aglutinaram para formar a tradição pentecostal. O primeiro tema coloca o pentecostalismo dentro da tradição avivalista orientada para o conversionismo. O segundo, é o tema-chave e a ele foram dedicados os capítulos 2, 3 e 4 deste livro, traçando a evolução da doutrina da santificação plena até à doutrina pentecostal do batismo no Espírito Santo. Acerca do fim do século XIX, o avivalismo norte-americano, o Movimento de Santidade propriamente dito, e o "mais amplo" movimento das espiritualidades que combatiam em favor de uma vida cristã "superior" [*higher*] foram inundadas pela retórica pentecostal e as diversas versões da doutrina de um batismo pentecostal do Espírito Santo.

Com este esboço básico devidamente esclarecido, o resto da história acabou por se encaixar. No capítulo 5 fica evidente que o surgimento da doutrina da cura pela fé, embora tivesse raízes mais amplas, pode ser considerada como uma radicalização da doutrina da santificação instantânea do Movimento de Santidade na qual as consequências do pecado (i.e., a doença), assim como o pecado mesmo, são vencidas pela obra expiatória de Cristo e derrotadas ainda nesta vida. De igual modo, no capítulo 6 vimos como a lógica interna e as transformações do pensamento do Movimento de Santidade durante o século XIX desenvolveram uma tendência para o pré-milenismo de tal modo que por volta de 1900 este tema está tão integrado aos outros três que produziu o "Evangelho Pleno" ou "o Evangelho Quadrangular" encontrado no coração do pentecostalismo.

Uma vez que estes quatro temas foram devidamente identificados é impressionante perceber a extensão em que permearam no final daquele século o evangelicalismo popular e o Movimento Fundamentalista. Alguém pode argumentar, sem dúvida, que toda a rede das instituições e movimentos populares que combatiam em defesa de uma "vida cristã superior" constituiu na virada do século um "barril de pólvora" protopentecostal à espera de uma centelha que o explodisse. Este fato poderia ser exaustivamente demonstrado, mas, para este nosso estudo, poucos exemplos são suficientes.

No final do século XIX, o Movimento de Santidade propriamente dito estava preocupado não só com a Reforma Pentecostal da doutrina wesleyana, mas também de modo mais específico com os temas do "evangelho quadrangular" – apesar dos esforços feitos por sua liderança nacional opondo-se aos desvios de seu foco principal, isto é, a experiência da santificação plena. Um exemplo ilustrativo disto pode ser encontrado nos relatórios do *Salvation Park Camp Meeting*, em Cincinnati, que foi um dos muitos encontros relatados numa série de volumes sob o título *Electric Shocks From Pentecostal Batteries* [Choques Elétricos das Baterias Pentecostais]. Os quatro temas tratados neste livro se constituíram virtualmente no princípio organizador dos relatórios. No prefácio da edição de 1900, Martin Wells Knapp reproduziu o testemunho de Seth Cook Rees sobre os eventos em um dos acampamentos:

> Estamos no ministério do evangelho de Cristo há vinte e sete anos, e este acampamento foi

o mais próximo de um "voltemos-ao-Pentecostes", mais do que tudo presenciado por nós ao longo desses anos; não porque durante estes dez dias quinhentas pessoas tenham encontrado a salvação ou a santificação, pois temos em outras ocasiões testemunhado um número bem maior durante o mesmo período de tempo. Mas, nunca antes presenciamos uma obra tão profunda e satisfatória como a obra que aqui vimos. As experiências de conversão e santificação foram muito mais diferentes, definidas e evidentes. Nada menos do que cem pessoas foram ungidas para sua cura, segundo o capítulo 5 de Tiago, e uma grande parte delas recebeu o testemunho instantâneo e definitivo de que tinham sido curadas. Talvez o número de pessoas em busca de salvação tenha sido igual ao número daquelas buscando o testemunho de cura para seus corpos. Neste acampamento, o Espírito Santo tem novamente reduzido a nada a loucura daqueles que afirmam que permitir um lugar para a cura divina dentro do Movimento de Santidade prejudica a busca da santidade. Conhecemos algo sobre o trabalho dos encontros de acampamentos e nunca participamos de um em que se tenha advertido como "desvios" as semelhantes manifestações do poder que aqui vimos. Ao pregarmos sobre a "A Volta de Nosso Senhor", o altar se encheu e transbordou de pessoas que buscavam a salvação.[466]

Martin Wells Knapp instava para que "aquelas pessoas que desejam espalhar as boas novas do Evangelho Pleno o façam pela circulação deste livreto" sobre as "faíscas elétricas" da "bateria pentecostal"[467]. Dois anos mais tarde, no mesmo acampamento, foram muitos os testemunhos na base do "Eu sei em quem tenho crido. O Senhor é o meu Salvador, Santificador, Curador e Rei que Vem"[468].

Sem dúvida, quando o pentecostalismo surgiu dentro de poucos anos, líderes do Movimento de Santidade reconheceram que era somente o dom de línguas que separavam os pentecostais dos seus ensinos. Por exemplo. O Rev. B. W. Huckabee, editor do *Pentecostal Advocate* [O Defensor Pentecostal – uma publicação próxima das raízes da Igreja do Nazareno], após encontrar um certo "pessoal das línguas" [tongues people], relatou que em uma carta de um amigo havia a informação de que tais pessoas

> pregam o Evangelho pleno, dão ênfase ao ministério de santidade e também à universalidade do chamado ao Evangelho. Ensinam com grande convicção a volta iminente de

---

[466] *Electric Shocks – No. II, from Pentecostal Batteries; or, Pentecostal Glories from Salvation Park Camp-Meeting – 1l900*. Cincinnati: M. W. Knapp, 1900. p. 3-4.

[467] Idem, p. 4.

[468] *Electric Shock – No. IV, from Pentecostal Batteries; or, Salvation Park Camp-Meeting, 1902*. Cincinnati: M. W. Knapp, 1902. p. 115.

Nosso Senhor e a necessidade de ser cheio do Espírito Santo como uma preparação para o arrebatamento. Ensinam a cura divina, o Evangelho Pleno como o entendemos, agregando o dom de línguas.[469]

No fim do capítulo 4, observamos que por volta de 1890 A. B. Simpson (a maior figura por detrás da Aliança Cristã Missionária, que ficou se equilibrando entre as estritas correntes de santidade e as mais amplas correntes pré-milenistas do final do século XIX), articulou seus ensinos na forma de um "evangelho quadrangular" expresso no moto "Cristo nosso Salvador, Cristo nosso Santificador, Cristo nosso Curador e Cristo o Senhor que Vem". Tal formulação está bem próxima da visão Pentecostal, exigindo apenas a mudança do segundo elemento: ao invés de "Cristo nosso Santificador", "Cristo o nosso Batizador com o Espírito Santo". Em meados da última década do século XIX, Simpson estava se movendo na direção de uma linguagem mais explicitamente pentecostal, especialmente em seus estudos bíblicos. Portanto, não foi surpreendente que no surgimento do pentecostalismo, alguns observadores pensassem que ele era só uma divisão dentro da Aliança Cristã e Missionária.

Mas estes quatro temas na virada do século também podiam ser encontrados, embora com ligeira diferença, no avivalismo reformado do evangelicalismo popular norte-americano. Já nos referimos aos vários livros de Adoniran Judson Gordon, figura destacada por detrás

---

[469] B. W. Huckabee, *Pentecostal Advocate*, 14 de março de 1907, p. 8.

do contemporâneo evangelicalismo da Nova Inglaterra. Para se ver seu compromisso com os temas do "evangelho quadrangular", basta somente mencionar-se suas principais obras: *The Ministry of the Healing; or, Miracles of Cure in All Ages* [O Ministério da Cura; ou Milagres de Cura em Todas as Épocas](1882); *The Two-Fold Life; or, Christ's Work for Us and Christ's Work in Us* [A Vida em Dobro; ou a Obra de Cristo por Nós e a Obra de Cristo em Nós] (1883); *Ecce Venit* [Eis que Vem](1889); e *The Ministry of the Spirit* [O Ministério do Espírito] (1894). Também assinalamos um padrão semelhante nos escritos de R. A. Torrey, que na virada do século serviu como diretor do Moody Bible Institute, ainda muito lembrado por sua violenta polêmica contra o pentecostalismo. O evangelicalismo popular se distinguiu do pentecostalismo por um fio-de-cabelo.

O fio-de-cabelo da diferença foi a experiência do falar em línguas como evidência de se ter recebido o batismo do Espírito Santo. Este fenômeno não foi uma parte natural das correntes que temos pesquisado neste estudo e, certamente, é uma novidade significativa que, realmente em sua maior parte, afastou o pentecostalismo dos outros movimentos que defendiam uma "vida cristã superior". A questão da evidência, porém, não era nova ou inteiramente estranha a estes círculos.

Desde o tempo do Puritanismo e do clássico Metodismo a questão da segurança tinha estado na linha de frente. A própria preocupação de Wesley com a presença do fruto moral do Espírito Santo como uma confirmação do seu testemunho interno foi uma influência moderadora deste ensino sobre as línguas. Todavia, sua insistência em falar de "um testemunho direto do Espírito Santo" foi uma das causas principais das acusações de "entusiasmo" que sofreu em diversas ocasiões e circunstâncias[470]. A mesma preocupação surgiu de várias formas durante o século XIX e foi se radicalizando junto com os demais desenvolvimentos que temos já rastreado.

Com Phoebe Palmer e no início do Movimento de Santidade estes temas ficaram emudecidos, ainda que tenha havido controvérsias quanto ao papel do "testemunho" como evidência de se ter recebido a "bênção"[471]. No final do século XIX, entretanto, questões sobre a evidência vieram mais distintamente à tona. Embora, sem dúvida, seja um caso extremo, Hannah Whitall Smith deixou em seus escritos publicados postumamente um relato de um certo "Dr. R" que teria afirmado que o "batismo do Espírito Santo era algo físico, sentido mediante deliciosos estremecimentos percorrendo o corpo da cabeça aos pés. Ninguém realmente poderia saber o que era o batismo do Espírito até que experimentasse tais estremecimentos"[472].

---

[470] Sobre a doutrina de Wesley acerca da segurança da salvação e seus antecedentes, ver Forest T. Benner, "The Immediate Antecedents on the Wesleyan Doctrine of the Witness of the Spirit", tese doutoral, Temple University, 1966; Arthur S. Yates, *The Doctrine of Assurance*. London: Epworth, 1952; Mark Noll, "John Wesley and the Doctrine of Assurance", *Bibliotheca Sacra*, no. 132 (abril-junho de 1975): p. 161-77.

[471] Sobre a controvérsia do "testemunho", ver Melvin E. Dieter. *The Holiness Revival of the Nineteenth Century* (Studies in Evangelicalism, no. 1). Metuchen, NJ: Scarecrow Press, 1980. p. 35-7.

[472] Ray Strachey. *Group Movements of the Past and Experiments in Guidance*. London: Faber and Faber, 1934. p. 167.

Qualquer que seja a razão, no final do século XIX a liderança da ala mais moderada do Movimento de Santidade fazia advertências conta a excessiva ênfase nas evidências físicas e emocionais da experiência da segunda bênção. Em 1891, o metodista Asbury Lowrey, escrevendo nas páginas do jornal *Divine Life* (Vida Divina), num ensaio intitulado "Evidências da Salvação Plena", opôs-se ao ensino do "esperar sinais externos" a clássica doutrina wesleyana da segurança[473]. O tema estava claramente vindo à tona, e não se constituiu em algo surpreendente quando no fim daquele século a questão foi colocada de modo bastante explícito. Uma vez colocada, a narrativa do livro dos Atos dos Apóstolos, especialmente quando lidas através de certos textos Paulinos, como 1 Coríntios 12 a 14, proporcionou uma resposta-pronta: a "evidência do falar em línguas desconhecidas".

O fenômeno do "falar em línguas" já não era desconhecido nessa altura dos acontecimentos. Pesquisas diversas sobre os antecedentes desta prática pentecostal contemporânea têm compilado listas de relatos sobre manifestações desse fenômeno que indicavam um crescente número delas a partir de 1870[474]. Chama atenção o fato de que não está incluído entre esses relatos um sobre o incidente ocorrido em um encontro de acampamento "Holiness", em 1881, no qual,

---

[473] Asbury Lowrey, *Divine Life 16*, abril de 1891, p. 85-87. Um ensaio semelhante com este mesmo título pelo mesmo autor apareceu também em *Divine Life 10*, março de 1887, p. 235-37.

[474] Sobre este ponto, é ilustrativa a lista compilada por William W. Menzies em *Anointed to Serve*. Springfield: Gospel Publishing House, 1971, p. 29-33.

um dia, em meio de um grande sermão, uma mulher do Condado de Carrol, que professava a doutrina da santidade, caiu estatelada no meio de corredor. Por si só, este acontecimento não demandava muita explicação porque esse cair e levantar era algo corriqueiro nesses encontros. Mas aconteceu algo de inesperado nesse caso. Durante certo tempo, algumas irmãs procuraram a todo custo manter aquela irmã com uma aparência razoavelmente decente. De repente ela começou a compor e cantar uma porção de rimas de uma canção muito esquisita. Ela persistiu nisso até que o culto desandou totalmente e o acampamento se transformou numa enorme confusão. Por mais estranho que possa parecer, o acampamento ficou dividido quanto ao que havia acontecido. Algumas pessoas afirmavam que era uma repetição do falar-se em línguas desconhecidas do Dia de Pentecostes. Mas todos os pregadores que lá estavam, sem exceção, declararam que aquilo era coisa do diabo. O acampamento ficou tão dividido que o acontecido teve de ser tratado com o maior cuidado.[475]

Este acontecimento ilustra o fato de que o falar em línguas já estava acontecendo nos acampamentos mais distantes dos centros urbanos do Movimento de Santidade

---

[475] A. M. Kiergan. *Historical Sketches of the Revival of True Holiness and Local Church Polity*. Fort Scott, KS: Church Advocate and Good Way, 1971, p. 31.

e antecipou a variedade de interpretações que lhe seriam atribuídas duas décadas mais tarde.

Digno de nota é o fato que manifestações semelhantes se espalharam por diversas partes do país sem qualquer relação entre si. Parece que houve uma tendência para o surgimento da prática de modo espontâneo em diferentes contextos. Em lugar tão distante do Kansas, como a Suécia, Lewi Pethrus, que posteriormente seria alçado a liderança do Movimento Pentecostal naquele país, relata que 1902 teve a mesma experiência. Embora sendo batista, Pethrus em sua mocidade teria ouvido oficiais do Exército de Salvação falarem sobre a doutrina do batismo do Espírito Santo. O que o levou a se perguntar se não seria tal experiência também para os seus dias. Então, em 1902, quando regressava de barca à Suécia de um encontro de oração na casa de um norueguês defensor da "experiência de santidade", no qual temas de uma "vida cristã superior" e cura divina foram explorados, ao entrar na embarcação começou a orar para, então, experimentar algo em que "sob a influência de um poderoso poder que encheu totalmente o seu ser, começou a falar palavras que ele não podia entender"[476]. Somente cinco anos depois, ao ouvir relatos sobre o Avivamento da Rua Azusa, na América do Norte, foi que Pethrus teve ao seu alcance as categorias que a partir de então usaria para interpretar sua experiência de falar em línguas como evidência externa de ter recebido o batismo do Espírito Santo.

---

[476] Lewi Pethrus. *A Spiritual Memoir*. Plainfield, NJ: Logos International, 1973, p. 20.

Como apresentado no capítulo 1, podemos agora entender muito melhor o contexto no qual um evangelista "Holiness" independente de nome Charles Fox Parham pôde descrever um outro incidente semelhante ao de Pethrus, agora no Bethel Bible College, em Topeka, Kansas:

> Em dezembro de 1900 tivemos nossos exames sobre os temas de arrependimento, conversão, consagração, santificação, cura e volta iminente de Cristo. A esta altura tínhamos em nossos estudos um problema diante de nós. O que fazermos com o segundo capítulo de Atos dos Apóstolos? Determinei aos estudantes que trabalhassem diligentemente sobre qual seria a evidência do batismo do Espírito Santo.[477]

Foi esta tarefa, pelo menos segundo relatos posteriores, que poucos dias depois levou a Agnes Ozman "receber o Espírito Santo" e supostamente ter falado no idioma chinês, evento este considerado como o começo do pentecostalismo moderno.

Este livro deixa muitas perguntas sem resposta. Seria muito tentador buscar o desfecho para muitos dos temas levantados neste nosso estudo. Assuntos tais como o surgimento da doutrina da santificação segundo o ensino da "Obra Consumada do Calvário" de William Durham que dividiu o Movimento Pentecostal entre segmentos mais ligados ao Movimento de Santidade e os mais ligados ao Movimento de Keswick. Mas este e outros temas

---

[477] Sarah E. Parham. *The Life of Charles F. Parham*. Joplin, MO: Tri-State Printing Co., 1930, p. 51-2.

são muito mais parte da história do Pentecostalismo do que da sua pré-história. Pertencem a um estudo sobre a história da teologia do Movimento e não à história das raízes teológicas do pentecostalismo.

catálogo

DE LIVROS
E LANÇAMENTOS

EDITORA
CARISMA

William Seymour: a biografia
VINSON SYNAN & CHARLES FOX JR.

A mais completa biografia disponível sobre a vida e obra de William Joseph Seymour, o ex-escravo da Lousiana que se tornou o maior líder Pentecostal de todos os tempos, à frente de um movimento revolucionário do Espírito que trouxe novos ventos, rumos e intensa vitalidade à Igreja. Conheça tudo sobre Seymour, o avivamento que liderou e acesse os maisimportantes documentos históricos.

320 páginas, ISBN 978-85-92734-05-3

O Dom de Profecia no Novo Testamento e Hoje
WAYNE GRUDEM

O conhecido clássico de Wayne Grudem, renomado estudioso bíblico e sistemático, está de volta. Um dos livros mais completos sobre o dom de profecia e outros vinculados à discussão. O livro apresenta análises detalhadas de importantes passagens e oferece respostas necessárias e indispensáveis para o conhecimento da verdade de Deus sobre seus dons.

360 páginas, ISBN 978-85-990138-4-3

2000 anos de Cristianismo Carismático
EDDIE HYATT

2000 Anos de Cristianismo Carismático é um rico volume sobre a surpreendente história dos movimentos do Espírito no decorrer de 21 séculos de cristianismo. Conheça tudo sobre personagens, grupos hegemônicos e minorias, rivalidades, biografias e muito mais sobre os movimentos carismáticos e pentecostais desde os primórdios do cristianismo histórico até o século XXI.

260 páginas, ISBN 978-85-92734-07-7

Evidência Inicial
GARY MCGEE

Este livro apresenta trezes capítulos assinados pelos mais renomados teólogos e historiadores da área, tais como Stanley Burgess, Larry Hurtado, Robert Menzies e Gary McGee. Evidência Inicial é daquelas ferramentas imprescindíveis aos que desejam estudar os desdobramentos da doutrina do falar em línguas como evidência física inicial do batismo do Espírito.

288 páginas, ISBN 978-85-92734-04-6

lançamento

Teologia Bíblica Pentecostal
ROGER STRONSTAD

Neste volume, Roger Stronstad, notável estudioso bíblico pentecostal, volta sua atenção para a construção de uma teologia bíblica abrangente que percorre de Gênesis a Apocalipse. Trazendo suas consideráveis habilidades narrativas e teológicas para essa tarefa, Stronstad apresenta uma proposta ousada de que todo o cânon, da criação à nova criação, revela forma e conteúdo distintamente claros que podem ser traçados por uma série de sete ciclos decisivos na história da redenção.

312 páginas, ISBN 978-85-92734-21-5

lançamento

No Poder do Espírito
WILLIAM & ROBERT MENZIES

No poder do Espírito é sucesso de crítica e vendas em todo o mundo, especialmente porque apresenta o raciocínio da teologia pentecostal e sua estruturação, de maneira muito bem elaborada e acessível ao mais variado universo de leitores. Os autores, William Menzies e Robert Menzies, apresentam um trabalho de altíssimo nível ao responderem com muita perspicácia às principais objeções à teologia pentecostal, principalmente quando interagem com nomes consagrados da academia, entre os quais, James Dunn e Max Turner.

304 páginas, ISBN 978-65-990138-2-9